Mark Zahel

Ötztal

Oetz · Umhausen · Längenfeld · Sölden · Vent · Obergurgl

58 ausgewählte Touren

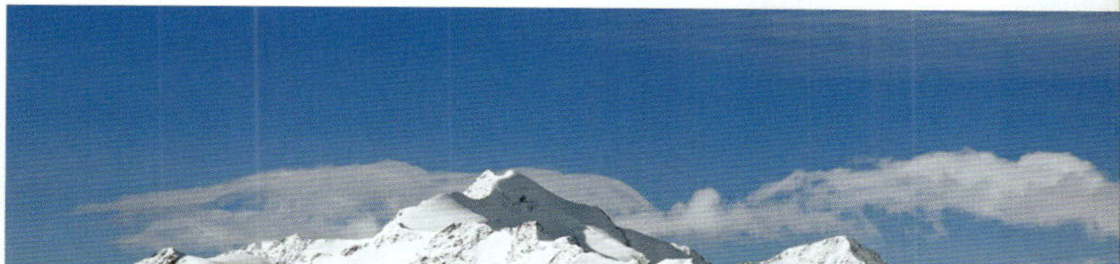

ROTHER
BERGVERLAG

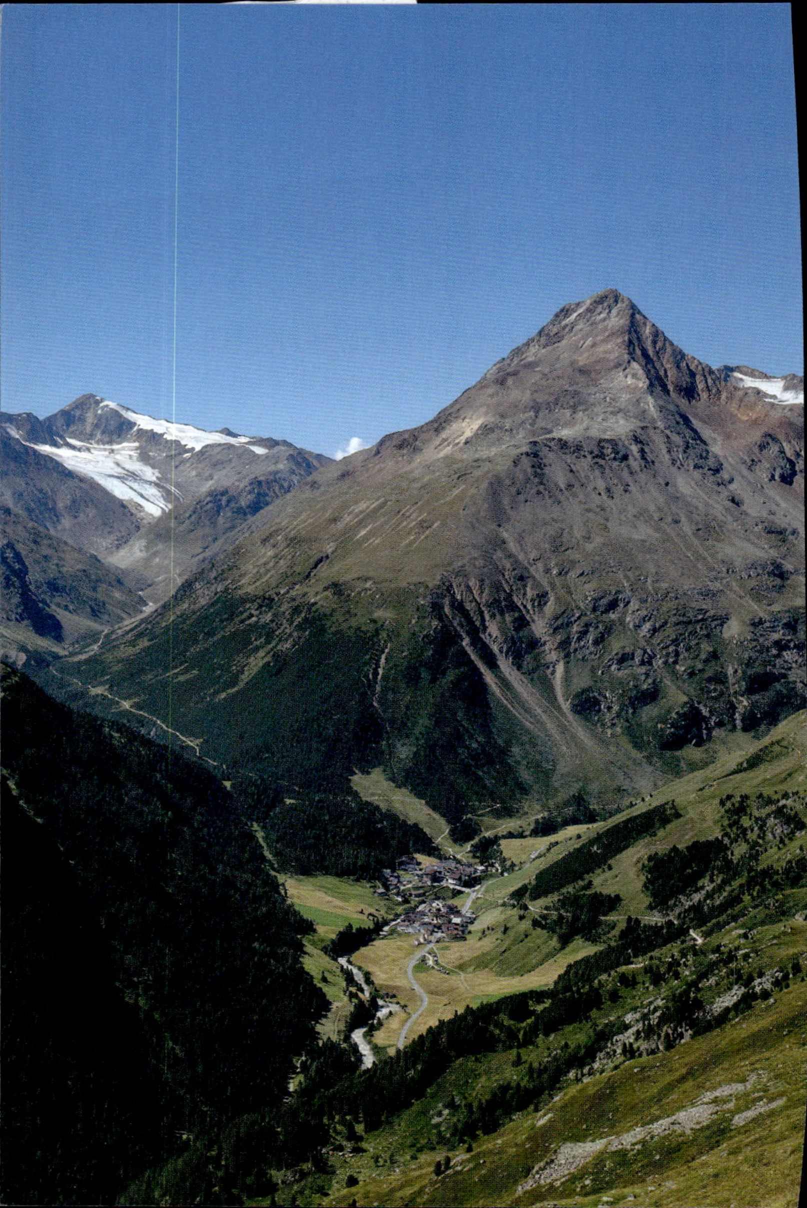

VORWORT

Das Ötztal in Tirol zählt zu den alpenweit bedeutendsten Tourismusdestinationen. Eingebettet zwischen den Ötztaler Alpen im Westen und den Stubaier Alpen im Osten zieht es sich vom oberen Inn in mehreren Stufen bis gegen den Alpenhauptkamm hinauf und zählt damit geografisch zu den Zentralalpen. Kenner verbinden mit dieser Tatsache verschiedene offenkundige Merkmale: Die Berge sind hier typischerweise aus Kristallingesteinen – vor allem Gneisen und Glimmerschiefern – aufgebaut und das ganze Relief in starkem Maße glazial überformt. Die (eiszeitlichen) Gletscher fungierten also in einer wunderbaren Weise als Landschaftsarchitekten. In den höchsten Lagen herrscht eine noch recht intensive Vergletscherung vor, bis in mittlere Etagen oft ausgeprägter Bewuchs – was traditionell zu verbreiteter Almwirtschaft geführt hat. Wildbäche und Seen spielen ebenfalls eine tragende Rolle im Landschaftsbild. Begriffe wie Wildheit und Erhabenheit, aber auch Liebreiz und Idylle mögen floskelhaft erscheinen, aber nicht für denjenigen, der mit offenen Sinnen unterwegs ist und sie mit lebendigen Inhalten zu füllen versteht. Dabei soll dieses Büchlein mit seinem Sammelsurium der schönsten Wanderrouten behilflich sein.
Nach Übernahme der Autorenschaft meinerseits und einer damit verbundenen völligen Neukonzeption in der 6. Auflage kann der Wanderführer Ötztal aufgrund des anhaltenden Interesses nun in einer aktualisierten und erweiterten Auflage erscheinen. Neben detallierten Infos und Routenbeschreibungen sind mir stets auch die würdigenden Einleitungsworte zu jeder Wanderung wichtig – gleichsam als Appetitanreger.
Die Tourenauswahl berücksichtigt nahezu alle Winkel beidseits des Ötztals. Das Angebot reicht von gemütlichen talnahen Unternehmungen über typische Höhenwege, Wanderungen zu Almen und Hütten, gerne auch zu einem Bergsee, bis hin zu zünftigen Gipfelbesteigungen im Dreitausender-Niveau. Diese Vielfalt bildet nicht nur die Möglichkeiten vor Ort ab, sondern auch die Vorlieben der Wanderer. Wenn Sie als Gast ins Ötztal kommen, finden Sie eine sehr gut ausgebaute touristische Infrastruktur, die Zeitgeist und Moderne aufgreift, ohne die Tradition zu verleugnen. Dieser Spagat ist nicht immer ganz einfach, doch mit Ihrem Verhalten als Besucher nehmen Sie auf die künftigen Entwicklungen durchaus Einfluss.
Viel Inspiration und Nutzen mit diesem Führer sowie die schönsten Erlebnisse draußen wünscht Ihnen

Frühjahr 2024 Mark Zahel

Blick ins Venter Tal mit Talleitspitze und Similaun.

INHALTSVERZEICHNIS

TOP-TOUREN

Plenderlesseen
Gemütliche Höhenwanderung zu einigen Bergseen im Kühtai *(Tour 3, 2.15 Std.)*.

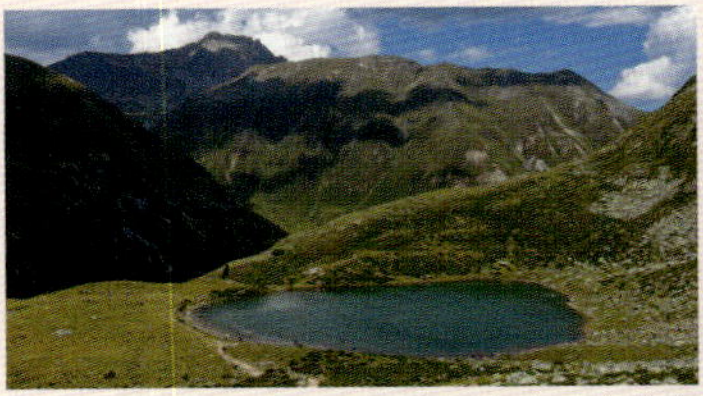

Wilhelm-Oltrogge-Weg
Spektakulärer Höhenweg zwischen Bielefelder Hütte und Schweinfurter Hütte, ein absolutes Highlight für ausdauernde und routinierte Alpinwanderer *(Tour 9, 8.00 Std. von Hütte zu Hütte)*.

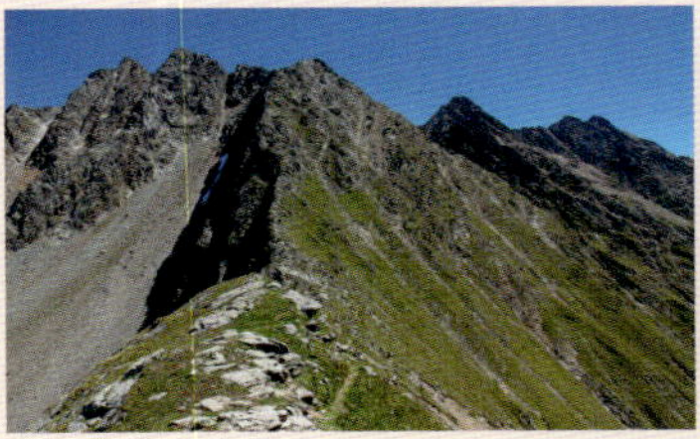

Erlanger Hütte
Von den Almen zu einer besonders urigen Hütte und einem der schönsten Bergseen weit und breit *(Tour 12, 5.20 Std.)*.

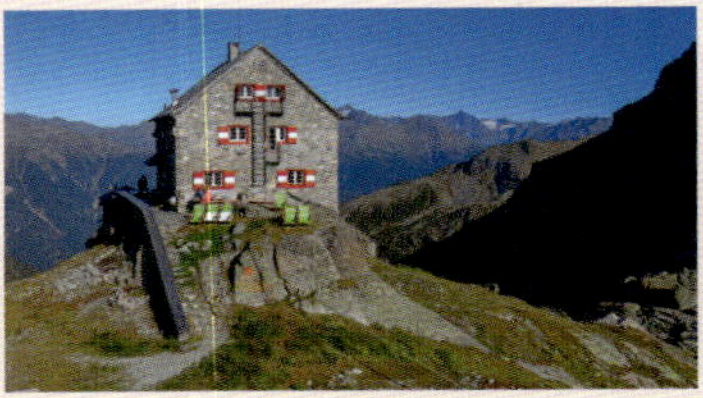

Stuibenfall – Umhauser Höhenweg
Das Naturschauspiel bei Umhausen, Tirols höchster Wasserfall, kombiniert mit einer gemütlichen Wanderung am Hang oberhalb *(Tour 18, 3.30 Std.)*.

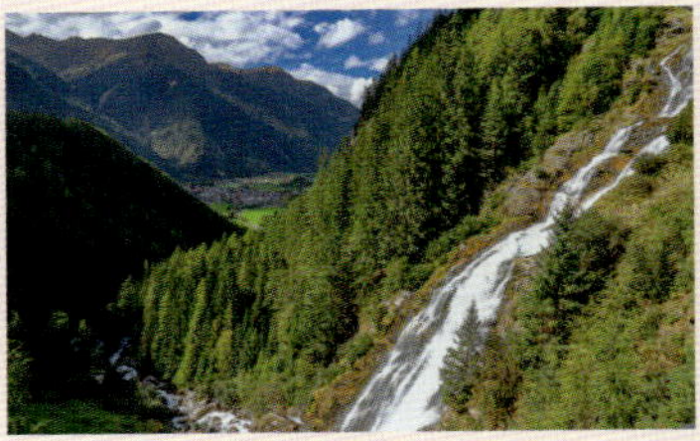

Grastalsee – Hemerkogel
Geheimtipp für Freunde abgeschiedener Winkel. Der See ist eine Perle der Hochalpen, der Gipfel eine tolle Aussichtsloge *(Tour 20, 7.00 Std.)*.

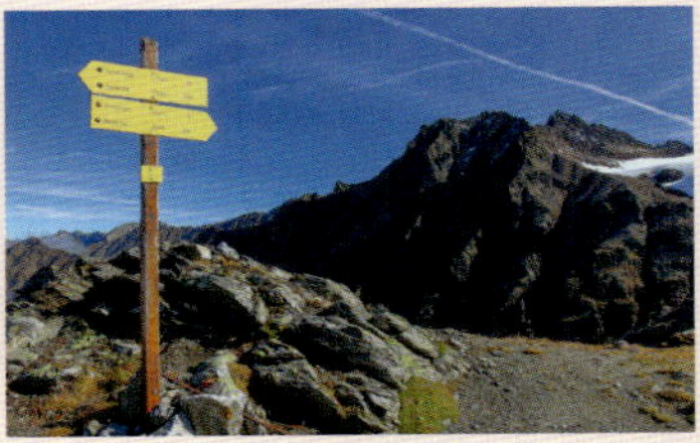

Stabelealm – Rauher Oppen
Schöne Verbindung von Alm zu Alm über dem Längenfelder Becken und als i-Tüpfelchen der Aussichtspunkt mit der Wöckelwarte *(Tour 24, 6.00 Std.)*.

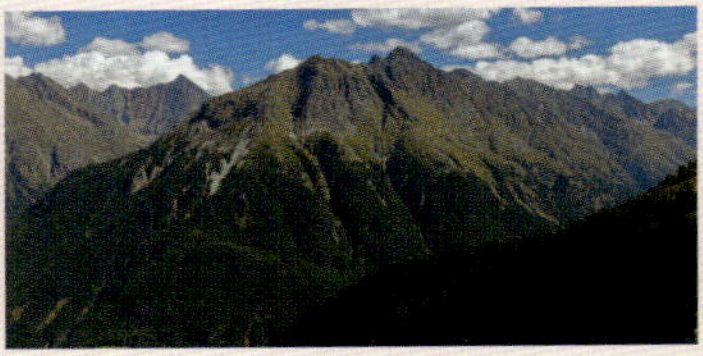

Schrankogel
Der höchste mit einem markierten Steig erschlossene Berg in ganz Österreich – muss man mehr sagen? *(Tour 30, 7.15 Std. ab Amberger Hütte.)*

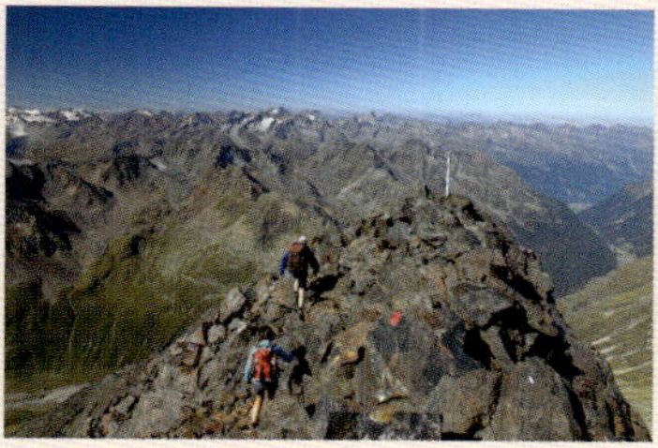

Bergler See – Dr.-Bachmann-Weg
Söldens bewahrte Idylle – gar nicht weit weg vom verdrahteten Skigebiet, doch um so viel reizvoller *(Tour 34, 5.20 Std.).*

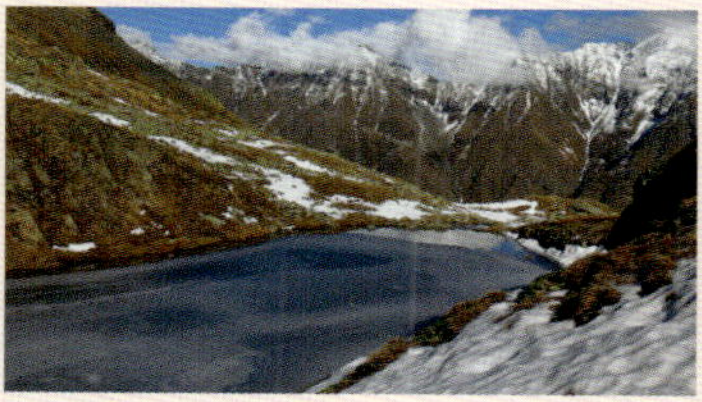

Hochstubaihütte
Das Schutzhaus auf der Wildkarspitze zählt zu den höchstgelegenen in den Ostalpen – ein überwältigender Logenplatz für den Sonnenuntergang *(Tour 39, 6.30 Std.).*

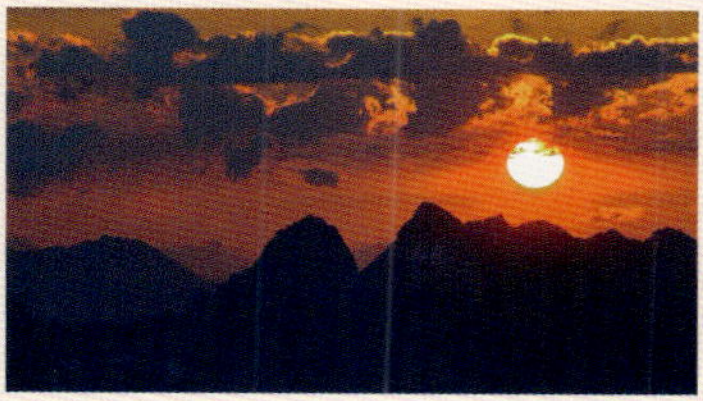

Breslauer Hütte – Vernagthütte
Der vor über 100 Jahren eingeweihte Seuffertweg ist ein Schaupfad der Extraklasse über dem Rofental; dazu zwei klassische Bergsteigerhütten *(Tour 46, 6.50 Std.).*

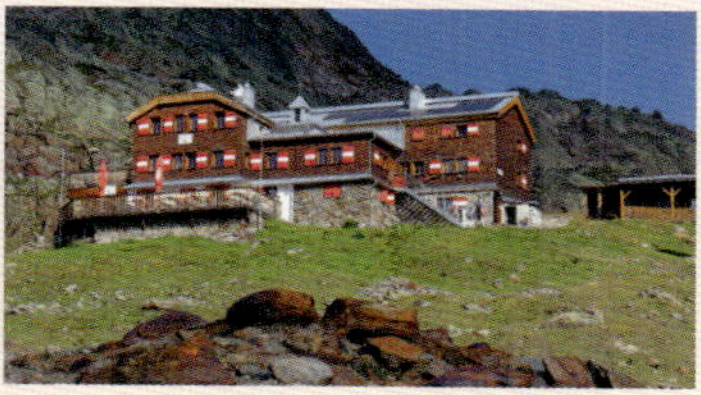

Saykogel
Venter Wander-Dreitausender, der etwas im Schatten der berühmteren Kreuzspitze liegt, aber ähnlich schöne Ausblicke bietet *(Tour 49, 5.30 Std. von Hütte zu Hütte).*

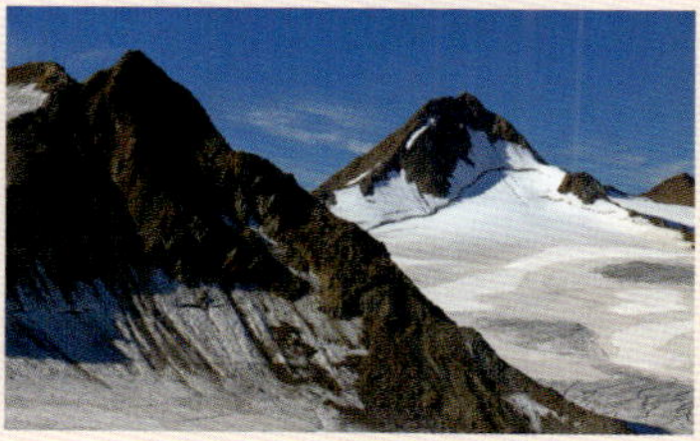

Ramolhaus
Eine Trutzburg auf 3000 Metern – und welch ein Logenplatz über dem Gurgler Ferner! *(Tour 54, 6.45 Std.)*

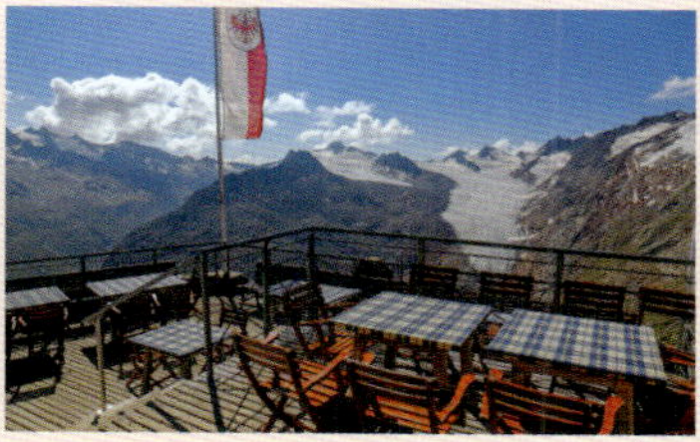

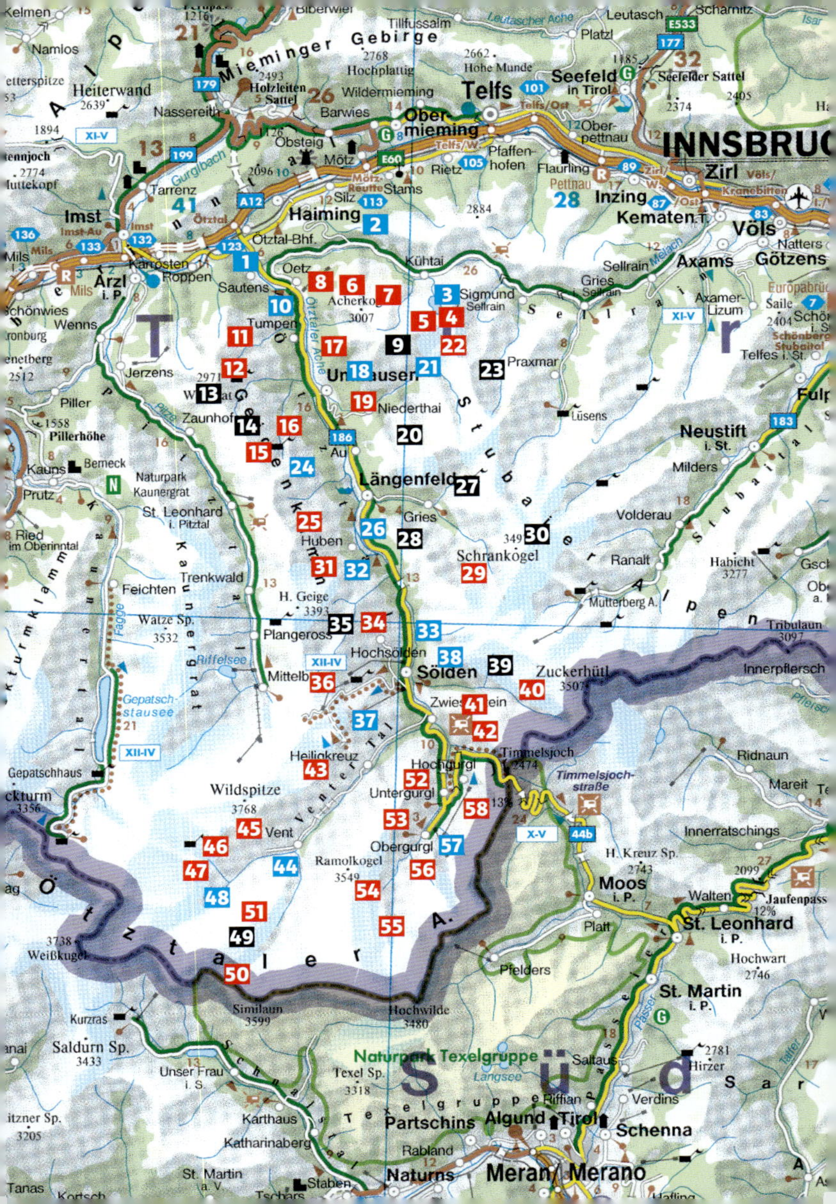

Kelmen
Namlos
Heiterwand
2639
Mieminger Gebirge
2768
Hochplattig
Holzleiten Sattel
2493
Wildermieming
Nassereith
Barwies
Obermieming
Obsteig
Mötz
Telfs
Telfs/Ost
Telfs/W
Tillfussalm
Leutascher Ache
Leutasch
Platzl
Scharnitz
Isar
2662
Hohe Munde
Seefeld in Tirol
Seefelder Sattel
2374
2405
Oberpettnau
Pfaffenhofen
Rietz
Flaurling
Pettnau
INNSBRUCK
Zirl
Völs/
Kranebitten
Inzing
Kematen i. T.
Völs
Natters
Götzens
Axams
Sellrain
Melach
Tarrenz
Gurglbach
Stams
Silz
Haiming
2884
Imst
Imst-Au
Mils
Arzl i. P.
Karrösten
Roppen
Ötztal
Ötztal-Bhf.
Sautens
Oetz
Acherkogl
3007
Kühtai
Sigmund Sellrain
Gries i. Sellrain
Axamer Lizum
Saile
2404
Schönberg
Stubaital
Telfes i. St.
Schönwies
Wenns
Tumpen
Ötztaler Ache
Umhausen
Niederthai
Praxmar
Lüsens
Jerzens
2971
Wenns
Zaunhof
Piller
1558
Pillerhöhe
Kauns
Bemeck
Naturpark Kaunergrat
Prutz
St. Leonhard i. Pitztal
Pitze
Au
Längenfeld
Gries
Huben
Neustift i. St.
Milders
Volderau
Ranalt
Stubaital
Habicht
3277
Ried im Oberinntal
Schrankogel
3497
Stubaier Alpen
Trenkwald
Feichten
Kaunergrat
H. Geige
3393
Watze Sp.
3532
Plangeross
Mutterberg A.
Tribulaun
3097
Riffelsee
Hochsölden
Sölden
Zuckerhütl
3507
Innerpflersch
Pflersch
Mittelberg
Gepatschstausee
Zwieselstein
Timmelsjoch
2474
Timmelsjochstraße
Ridnaun
Mareit
Heiligkreuz
Venter Tal
Hochgurgl
Untergurgl
Gepatschhaus
Wildspitze
3768
Vent
Obergurgl
Ramolkogel
3549
Innerratschings
H. Kreuz Sp.
2743
2099
Moos i. P.
Walten
Jaufenpass
12%
13%
St. Leonhard i. P.
Platt
Hochwart
2746
Weißkugel
3738
Ötztaler Alpen
Pfelders
Passer
St. Martin i. P.
Similaun
3599
Hochwilde
3480
Kurzras
Saldurn Sp.
3433
Naturpark Texelgruppe
Texel Sp.
3318
Langsee
Saltaus
2781
Hirzer
Unser Frau i. S.
Schnalstal
Karthaus
Katharinaberg
Texelgruppe
Partschins
Algund
Riffian
Tirol
Verdins
Schenna
Süd
Sarntal
Rabland
Naturns
Meran/Merano
St. Martin a. V.
Staben
Tschars
Kortsch
Tanas
Hafling
Tirol
XI-V
XII-IV
X-V
E533
177
179
101
199
E60
105
89
87
83
A12
113
136
133
132
123
186
183
44b
1 2 3 4 5 6 7 8 9 10 11 12 13 14 15 16 17 18 19 20 21 22 23 24 25 26 27 28 29 30 31 32 33 34 35 36 37 38 39 40 41 42 43 44 45 46 47 48 49 50 51 52 53 54 55 56 57 58

ZUM WANDERFÜHRER

Schwierigkeitseinstufung

Die in diesem Wanderführer vorgestellten Touren richten sich ausnahmslos an Bergwanderer und verlaufen zumeist auf markierten, mehr oder weniger gut ausgebauten Wegen und Steigen. Dennoch gibt es aufgrund der Steilheit und Beschaffenheit des Geländes, der Höhenlage und der Länge eine erhebliche Spannbreite in den Anforderungen. Die Farbe der Tourennummer in der Titelzeile vermittelt einen groben Hinweis auf das Schwierigkeitsniveau. Es werden drei Kategorien unterschieden:

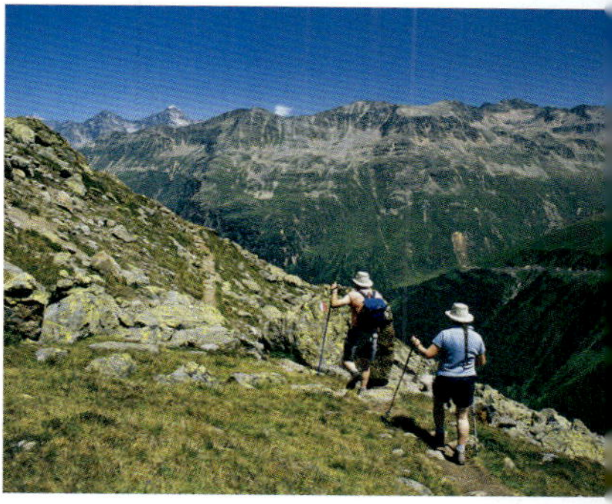

Aussichtsreiches Höhenwandern über dem Gurgler Tal.

SCHWIERIGKEITSKATEGORIEN

■ = Leicht

Bergwanderung auf gut ausgebauten und markierten Wegen von meist nur mäßiger Steilheit. Passagen in abschüssigem Gelände sind selten. Ein Grundmaß an Trittsicherheit kann vorteilhaft sein, sonst stellen sich aber keine besonderen Anforderungen. Auch konditionell nicht überdurchschnittlich fordernd.

■ = Mittel

Wege und Bergpfade, die solide Trittsicherheit erfordern, in ausgesetztem Gelände auch Schwindelfreiheit. Sie sind in der Regel ebenfalls ausreichend markiert, weisen aber nicht selten einen schmalen Verlauf auf und können stellenweise gesichert sein. Im alpinen Gelände nimmt die Abhängigkeit von den herrschenden Verhältnissen zu. Ist bei technisch leichteren Routen allein der konditionelle Anspruch besonders hoch, wird ebenfalls in diese Kategorie eingestuft.

■ = Schwierig

Anspruchsvollere Routen in oft hochalpinem, beschwerlichem Gelände. Eventuell kann eine erkennbare Trasse am Boden fehlen, außerdem ist mit einfachen Kletterstellen (in diesem Führer höchstens I. Schwierigkeitsgrad, UIAA) zu rechnen. Absolute Trittsicherheit und Schwindelfreiheit sind ebenso unerlässlich wie eine umfassendere alpine Erfahrung. Die Abhängigkeit von Wetter und Verhältnissen ist umso mehr zu beachten.

Hinweis: Die Bewertung auf Wegweisern vor Ort kann zuweilen abweichen. Denn offenbar kommen die »harten Kriterien« dort nicht immer streng zur Anwendung. Ohnehin wäre allgemein eine differenziertere Bewertungspraxis wünschenswert. Deshalb soll in diesem Führer zusätzlich auf die ursprünglich vom Schweizer Alpenclub entworfene »T-Skala« zurückgegriffen werden. Bis T2 gilt üblicherweise die Einstufung »blau«, spätestens ab T4 »schwarz«. Nachfolgend die maßgeblichen Definitionen in angepasster Form:

DIE SCHWIERIGKEITSSKALA NACH MUSTER DES SAC

Grad	Weg, Gelände	Anforderungen
T1 Wandern	Weg gut gebahnt, Gelände flach oder leicht geneigt, keine Absturzgefahr.	Keine Anforderungen, auch mit Turnschuhen geeignet, Orientierung problemlos.
T2 Bergwandern	Weg mit durchgehender Trasse, Gelände teilweise steil, Absturzgefahr nicht vollkommen ausgeschlossen.	Etwas Trittsicherheit, Trekkingschuhe empfehlenswert, elementares Orientierungsvermögen.
T3 Anspruchsvolles Bergwandern	Weg nicht unbedingt durchgehend, ausgesetzte Stellen evtl. gesichert, ggf. etwas Händeunterstützung, Geröllflächen, einfache Schrofen.	Trittsicherheit, Trekkingschuhe, elementare alpine Erfahrung, durchschnittliches Orientierungsvermögen.
T4 Alpinwandern	Weg nicht zwingend vorhanden, stellenweise leichte Kletterei, Gelände recht exponiert, heikle Grashalden, Schrofen, Firnfelder.	Gute Trittsicherheit, Vertrautheit mit exponiertem Gelände, solide alpine Erfahrung, gutes Orientierungsvermögen.
T5 Anspruchsvolles Alpinwandern	Teils weglos mit Kletterpassagen im I. bis II. Grad, evtl. nicht markiert. Häufig exponiertes bzw. heikles Gelände.	Sehr hohe Trittsicherheit, vertiefte alpine Erfahrung und sicheres Beurteilungsvermögen im hochalpinen Gelände.
T6 Schwieriges Alpinwandern	Meist weglos und in der Regel nicht markiert. Kletterpassagen bis II bei diffizilen Rahmenbedingungen.	Umfassende alpine Erfahrung inkl. grundlegender Kletterkenntnisse.

SYMBOLE

Symbole im Tourenkopf

- Mit Bahn/Bus erreichbar
- Einkehrmöglichkeit unterwegs
- für Kinder geeignet

Symbole im Höhenprofil

- Ort mit Einkehrmöglichkeit
- Einkehrmöglichkeit, bewirtschaftete Hütte
- unbewirtschaftete Hütte
- eingerichteter Parkplatz
- Busanschluss
- Fahrt mit Seilbahn
- Fahrt mit Sessellift
- Kirche, Kapelle, Marterl
- Gipfel
- Pass, Sattel
- Brücke
- Aussichtsplatz
- Abzweigung

Gehzeiten

Maßgeblich ist immer die reine Gehzeit ohne Pausen, wobei in der Praxis abhängig von diversen Faktoren, besonders natürlich der Leistungsfähigkeit jedes Einzelnen, eine breite Streuung auftreten kann. Der Autor orientiert sich an berggewohnten, ausdauernden Wanderern ohne erhöhten sportlichen Anspruch, die im Aufstieg normalerweise 300 bis maximal 400 Höhenmeter pro Stunde zurücklegen, im Abstieg etwa das 1,5-Fache. Bei flachem, hindernisarmem Gelände – das im Hochgebirge freilich selten in Reinkultur zu finden ist – kalkuliert man etwa vier Streckenkilometer pro Stunde, was auf typischen Höhenwegen normalerweise aber schon

Alpenrosenblüte im Zwieselbachtal.

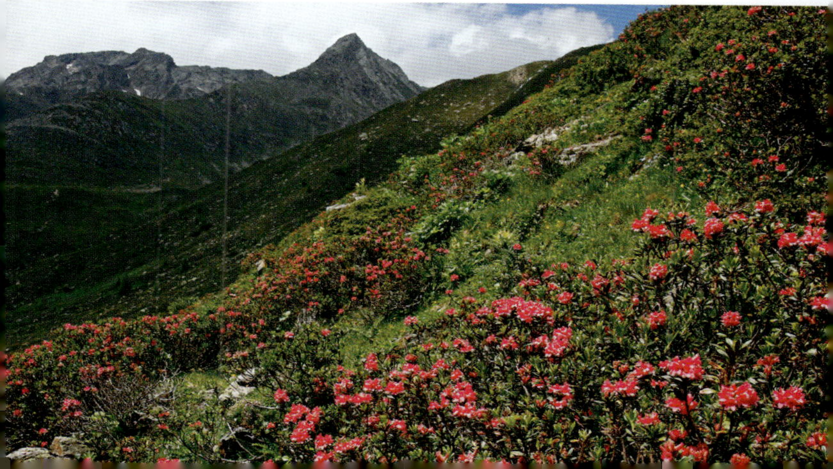

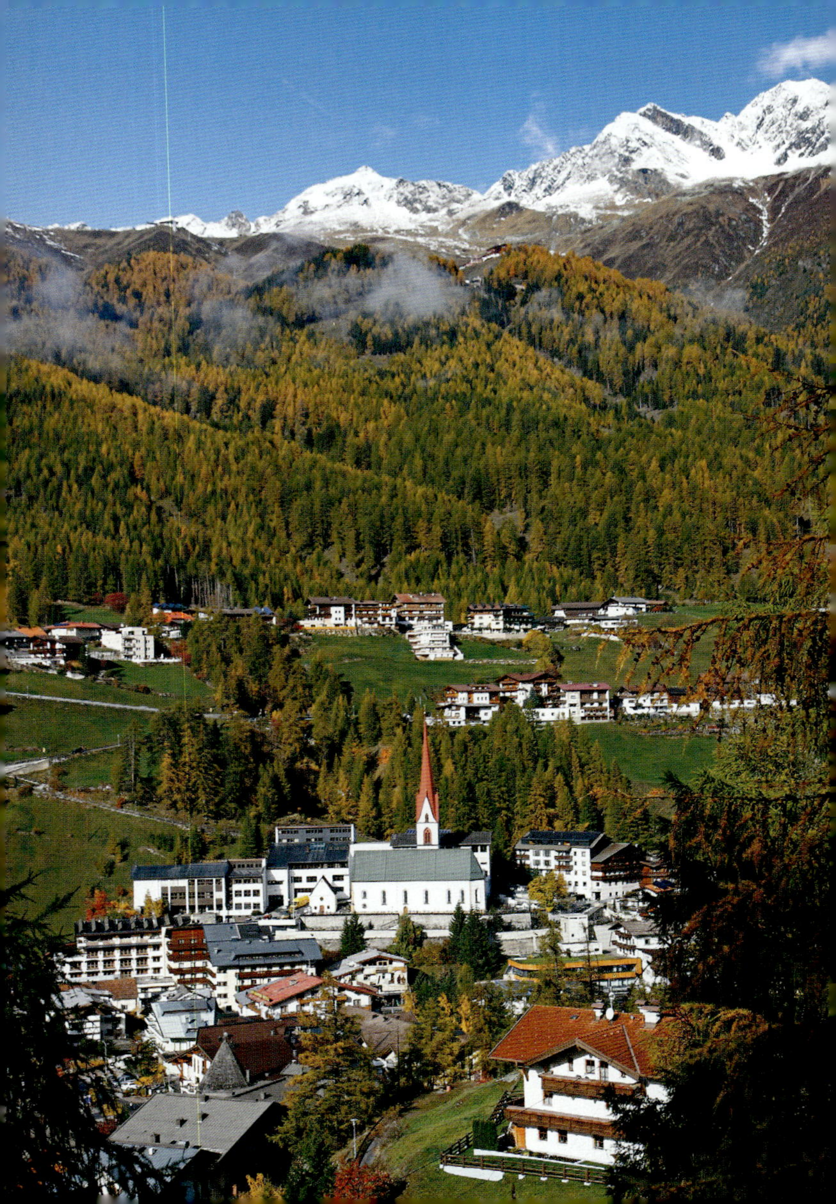

deutlich zu reduzieren ist, selbst wenn der Steig phasenweise quasi horizontal verlaufen mag. Die Gesamtgehzeit, die mitunter von Wegweisern oder anderswo veröffentlichten Angaben abweichen kann, steht als wichtige Größe sofort erkennbar in der Titelzeile. Darüber findet man auch die Höhenmeter im Auf- und Abstieg sowie die Gesamtdistanz.

Der Tourensteckbrief

In jedem Kapitel wird vorab in einem Prosatext auf Besonderheiten, Hintergründiges und den jeweiligen Grundcharakter eingegangen. Darunter steht der Tourensteckbrief als wichtigstes Werkzeug zur konkreten Planung. Folgende Elemente sind üblicherweise enthalten:

- **Ausgangspunkt:** Gewöhnlich wird eine Parkmöglichkeit empfohlen und ein Hinweis auf die Erreichbarkeit mit öffentlichen Verkehrsmitteln gegeben. Sofern der Endpunkt abweicht, wird dieser ebenfalls genannt.
- **Anforderungen:** Es wird über Beschaffenheit der Wege bzw. des Geländes, über besonders relevante Schwierigkeiten sowie an die Begeher gestellte Voraussetzungen Auskunft gegeben. All dies gründet sich allein auf objektive Kriterien und daher immer auf die Annahme günstiger Verhältnisse. Dass z.B. Schlechtwetter die Anforderungen spürbar erhöhen kann, muss zusätzlich einkalkuliert werden. Die Summe dieser hier präzisierten Fakten drückt sich letztlich auch in der Farbe der Tourennummer und der Einordnung in die Wanderskala (siehe oben) aus.
- **Einkehr/Unterkunft:** Aufgeführt werden sämtliche Stationen, die Verpflegung bzw. Übernachtungsmöglichkeit anbieten. Für Letzteres werden ungefähre Bewirtschaftungszeiten und die Telefonnummer genannt, um ggf. Erkundigungen einholen oder einen Schlafplatz reservieren zu können.
- **Beste Jahreszeit:** Diese Angabe beruht auf Erfahrungswerten und ist als Tendenz zu verstehen. Natürlich geben immer die aktuellen Bedingungen den Ausschlag für die Durchführbarkeit einer Tour.
- **Varianten:** Viele Unternehmungen bieten Spielraum zur individuellen Gestaltung, z.B. Abkürzungen, Abstecher, Erweiterungen und Kombinationsmöglichkeiten mit anderen Touren. Darauf wird in knapper Form hingewiesen.

Routenbeschreibungen

Der Autor ist um angemessene Ausführlichkeit bemüht, damit die Route an Zwischenpunkten oder auch an Wechseln der Geländebeschaffenheit gut nachzuvollziehen ist. Jedes denkbare Detail zu erwähnen, würde den Rahmen aber sprengen und auch im Sinne der Übersichtlichkeit eher kontraproduktiv sein. Gleichwohl kann man sagen, dass die Beschreibungen

Sölden ist das Touristenmekka im hinteren Ötztal.

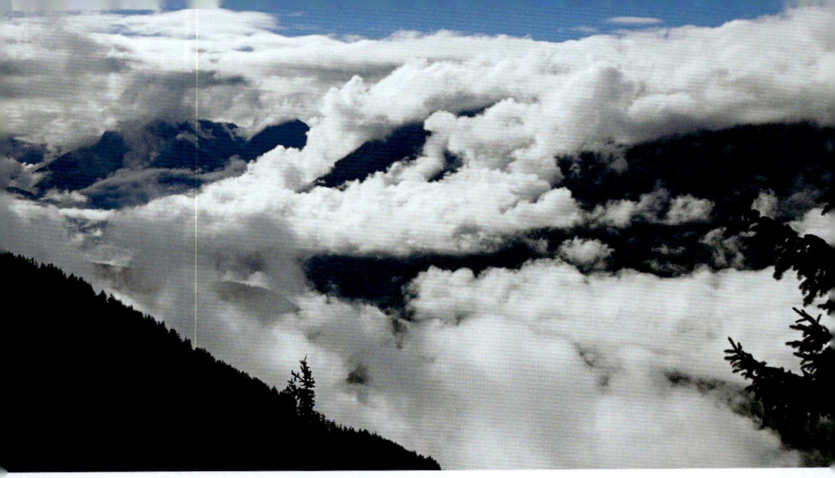

Wolkenstimmung über dem Ötztal.

wesentlich akribischer ausfallen als in Broschüren der Tourismuswerbung – ein essenzieller Mehrwert für den Nutzer!

Kartenausschnitte und Profile

Weitere visuelle Planungshilfen sind der Kartenausschnitt sowie das Höhenprofil, das die wesentlichen Steigungsverläufe wiedergibt und den Überblick über die Gehzeiten (einschließlich Zwischenwerte) enthält. Zudem sind jeweils wichtige Wegpunkte, die auch in der Routenbeschreibung kenntlich gemacht werden und mit dem GPS-Track korrespondieren, verortet.

GPS-TRACKS UND KOORDINATEN DER AUSGANGSPUNKTE

Auf **gps.rother.de** stehen zu diesem Wanderführer GPS-Tracks und die Koordinaten der Ausgangspunkte zum kostenlosen Download bereit. Dieser QR-Code führt direkt zum Download.
9. Auflage, Passwort: **446109hcu**
Die GPS-Tracks können in die **Rother App** importiert werden. In der App kann man unterwegs stets sehen, wo man gerade ist und wo es langgeht. **Anleitungen dazu: rother.de/gps**
Trotz sorgfältiger Prüfung können wir Fehler und zwischenzeitliche Veränderungen nicht ausschließen. Verlassen Sie sich für die Orientierung niemals einzig und allein auf die GPS-Daten, sondern beurteilen Sie die Verhältnisse vor Ort.

Der Umwelt zuliebe ...

Auch beim Wandern hinterlassen wir einen ökologischen Fußabdruck, aber im Einklang mit der Natur unterwegs zu sein, ist gar nicht so schwer!

VORBEREITUNG UND ANFAHRT

- Sich vorab informieren, worauf in Bezug auf Natur und Umwelt in der jeweiligen Wanderregion besonders zu achten ist.
- Soweit möglich mit Bahn und Bus anreisen, Wander- und Rufbusse nutzen.
- Ist eine Anfahrt mit dem Auto nötig, Fahrgemeinschaften bilden.
- Bei weiten Anfahrten Mehrtagestouren planen oder von einem Quartier vor Ort aus mehrere Touren absolvieren.
- Flugreisen möglichst reduzieren und durch Beiträge zu Klimaschutzprojekten kompensieren.

KLEIDUNG UND AUSRÜSTUNG

- Beim Kauf von Outdoor-Kleidung auf umweltfreundliche und faire Herstellung achten und Kleidungsstücke möglichst viele Jahre nutzen.
- Ausrüstung kann man eventuell auch gebraucht kaufen oder ausleihen.
- Reparieren statt neu kaufen.

VERPFLEGUNG

- Beim Einkauf Bio-Ware, regionale und saisonale Erzeugnisse bevorzugen.
- Hütten und Gasthäuser auswählen, die regionale Produkte verwenden.
- Auf Einwegflaschen und Plastikverpackungen verzichten, stattdessen wiederverwendbare Trinkflaschen und Brotzeitboxen benutzen.

ÜBERNACHTUNG

- Bei lokalen Anbietern buchen, damit Menschen vor Ort profitieren.
- Auf Hütten und in anderen Unterkünften Strom und Wasser sparen.

UNTERWEGS

- Wege benutzen und Abkürzer vermeiden.
- Sperrungen von Wegen und Schutzgebieten respektieren.
- Keine Blumen pflücken und keine Pflanzen entnehmen.
- Waldbrandgefahr beachten.
- Müll wieder mit nach Hause nehmen und dort entsorgen.
- Toilettengänge in freier Natur möglichst vermeiden.
- Lärm vermeiden.
- Hunde an die Leine nehmen.

ROTHER
BERGVERLAG

ALLGEMEINE HINWEISE

Ausrüstung

Der wichtigste Ausrüstungsgegenstand ist das Schuhwerk, das möglichst robust sein soll, ohne dabei den Tragekomfort zu vernachlässigen. Bei Bergwanderern haben deshalb sogenannte Trekkingschuhe weite Verbreitung gefunden. Bei hochalpinen Touren sollte man Schuhe mit festerem Schaft bevorzugen. Von den Herstellern wird heutzutage eine schier unüberschaubare Auswahl an outdoortauglicher Kleidung angeboten. Prinzipiell gilt Analoges zu den Schuhen, nämlich in Abstimmung auf den Charakter der Tour sowie der Witterung ein zweckmäßiges und gleichzeitig bequemes Material zu wählen. Die Mitnahme von Regen- und Kälteschutz ist im Hochgebirge Standard, auch wenn ein sonniger, warmer Tag avisiert wird. Freilich hat man dann auch gern einmal die kurze Hose zur Hand, will man nicht über Gebühr schwitzen.

Das Vorhandensein von bewirtschafteten Hütten oder Jausenstationen gibt den Ausschlag über die Bemessung des Proviants. Etwas für Zwischendurch sollte zumindest bei tagfüllenden Wanderungen nie fehlen, vor allem ist immer an ausreichend Flüssigkeit zu denken. Sonnenbrille und Sonnenschutzcreme, ein Taschenmesser und eine kleine Notfallapotheke gehören zum wichtigen »Kleinkram«, der nicht vergessen werden sollte,

Still ruht der Piburger See.

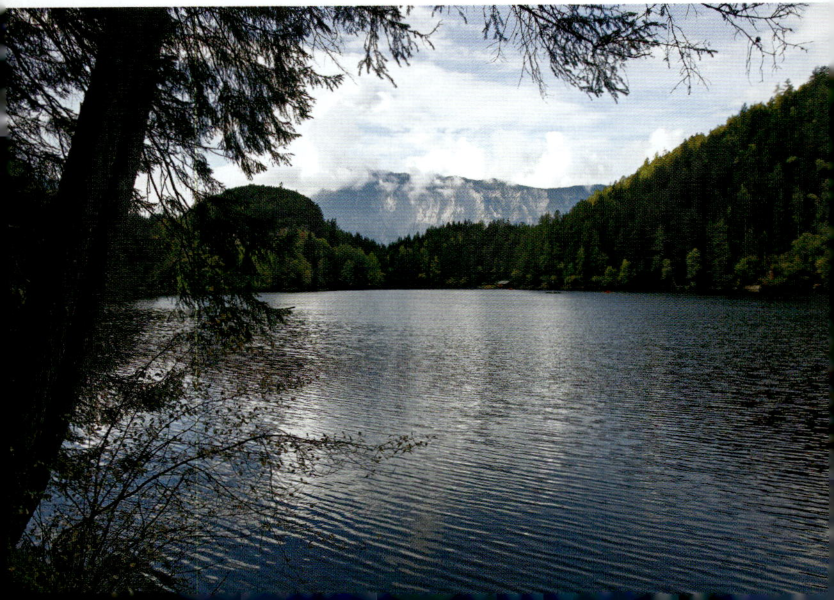

ebenso wie die Wanderkarte und natürlich dieser Führer. Ein GPS-Gerät kann optional nützlich sein, ist aber sicher nicht essenziell für Wanderungen auf markierten Wegen. An der Verwendung von Teleskopstöcken scheiden sich die Geister. Vorteile gewähren sie durch Entlastung der Gelenke (vor allem im Abstieg) sowie zur Unterstützung der Balance. In manchem Gelände sind sie allerdings hinderlich und können schlimmstenfalls sogar selbst zur Stolperfalle werden. Man sollte Stöcke deshalb der Situation angepasst einsetzen.

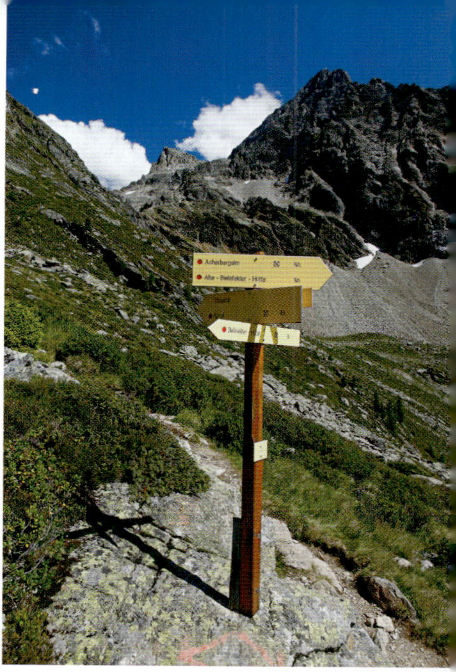

Zumeist sind unsere Wanderwege zuverlässig beschildert.

Wanderkarten

Die Kartenausschnitte in diesem Führer basieren auf der Wanderkarte von Freytag & Berndt. Sie sind teils im Originalmaßstab 1:50.000 enthalten, aus Platzgründen teils auch auf 1:75.000 verkleinert. Im Wesentlichen ist für das gesamte Gebiet nur ein einziges Blatt nötig, nämlich WK 251 »Ötztal – Pitztal – Kaunertal – Wildspitze«. Allenfalls in den äußersten Randbereichen der Kühtaier Berge und des Windachtals muss man ein Anschlussblatt zu Rate ziehen.
Wer unterwegs Karten mit präziserer Geländedarstellung und größerem Maßstab schätzt, kann auf die Alpenvereinskarte zurückgreifen. Im Maßstab 1:25.000 sind folgende Blätter verfügbar: 30/1 »Gurgl«, 30/2 »Weißkugel«, 30/5 »Geigenkamm«, 31/1 »Hochstubai« und 31/2 »Sellrain«. Speziell gegen Norden hin sind allerdings Bereiche davon ausgeklammert.

Wetter

Das grundsätzlich Schöne am Bergwandern ist das Draußensein in der Natur, womit natürlich eine gewisse Abhängigkeit vom Wetter besteht. Denn der berühmte Satz »es gibt kein schlechtes Wetter, sondern nur falsche Kleidung« besitzt für Gebirgstouren angesichts potenzieller Gefahren nur eingeschränkte Gültigkeit. Da sich unser Tourengebiet zentralalpin zwischen Inntal und dem Alpenhauptkamm erstreckt, gelten die

Wetterbedingungen der Alpennordseite, bei Staulagen mitunter in etwas abgeschwächter Form, aber dafür von einer größeren durchschnittlichen Höhe geprägt als in den Kalkalpen nördlich des Inn. Bei Schlechtwetter von Süden her ist hingegen zunächst meist nur der unmittelbare Alpenhauptkamm betroffen, bis die in diesem Fall häufig auftretenden Föhneffekte zusammenbrechen und die Fronten über das ganze Land ziehen.
Es gehört also zum Elementaren, sich mit der Wetterprognose gründlich auseinanderzusetzen. Diverse Medien überfluten uns mittlerweile mit derartigen Informationen – leider nicht immer in hoher Qualität –, doch die schlechteste aller Varianten wäre, gar keine Information zu haben und aufs Geratewohl loszulaufen.
Die Standard-Websites für das Wetter in Tirol lauten:
wetter.orf.at/tirol/prognose und zamg.ac.at.
Auch unter alpenverein.at bzw. alpenverein.de gibt es gute Vorhersagen.

Gefahren

Auch wenn man die alpinen Gefahren in einem Wanderführer wie diesem keinesfalls hochstilisieren muss, so gilt es doch daran zu erinnern, dass jedwedes Unterwegssein im Gebirge mit einem Restrisiko verbunden ist. Eine der häufigsten Ursachen für eine Notsituation oder gewisse Unannehmlichkeiten liegt bei Bergwanderungen wohl in der Selbstüberschätzung. Diese kann sich sowohl auf den geländebedingten als auch auf den konditionellen Anspruch beziehen, ist aber durch eine sorgfältige Vorbereitung und umsichtige Durchführung der Tour vermeidbar. Mit reifender Erfahrung tut man sich diesbezüglich leichter. Nicht zu vernachlässigen ist der Einfluss einer etwaigen Gruppendynamik mit ihren (scheinbaren) Zwängen. Daneben gibt es aber auch objektive Gefahren, die das Gebirge an sich mitbringt, vor allem im Zusammenspiel mit dem Wetter. Dazu eine kurze Auflistung:

- **Absturzgefahr:** In ausgesetztem Gelände müssen Trittsicherheit und Schwindelfreiheit entsprechend ausgelegt sein, was eine verantwortungsvolle Selbsteinschätzung erfordert. Konzentrierte Fortbewegung und erhöhte Vorsicht speziell bei brüchigem Fels, instabilen Geröllhalden und nassen Grashängen sind angezeigt.
- **Schneefelder:** Diese treten hauptsächlich im Frühsommer auf und können – falls hart gefroren – sehr tückisch sein. Teleskopstöcke bieten nur in mäßig steilem Gelände eine gewisse Hilfe, andernfalls muss mit Pickel und Steigeisen vorgesorgt werden. Im Falle eines Sturzes sofort in die bremsende Liegestützhaltung gehen, bevor der Körper beschleunigt. Besser man unternimmt die Tour erst, sobald der Altschnee vom letzten Winter weithin abgeschmolzen ist. Im Fall eines Kaltlufteinbruchs mit Neuschnee ist besonders kritisches Beurteilungsvermögen gefragt, je nach Intensität bleibt manchmal nur ein Verzicht bzw. Abbruch.

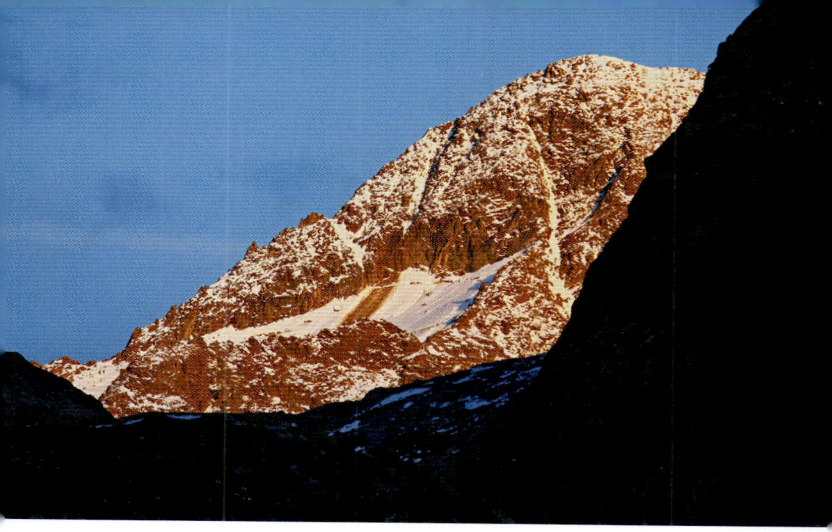

Abends lässt sich mitunter das Alpenglühen einfangen.

- **Wildbäche:** Ohne Brücken oder Stege können diese je nach Wasseraufkommen ein erhebliches Hindernis bedeuten. Man sucht geduldig eine geeignete Stelle zum Queren (bei Blöcken auf deren Stabilität achten!) und setzt mit Vorteil Stöcke zum Abstützen ein.
- **Steinschlag:** Dieser tritt vor allem in steilen, brüchigen Fels- und Schrofenzonen, besonders im Bereich von Rinnen, auf und wird von Wanderern nicht selten selbst ausgelöst. Die gefährdeten Passagen sind rasch, aber konzentriert hinter sich zu bringen.
- **Gewitter:** Es besteht unmittelbare Lebensgefahr durch Blitzschlag, daher sind exponierte Punkte und Gerinne unverzüglich zu verlassen. Am besten deutet man die Warnsignale (zunehmende Quellbewölkung, schwüle Luft, Fallen des Luftdrucks) und sucht rechtzeitig Schutz auf. Lokalen Wärmegewittern, die bevorzugt in der zweiten Tageshälfte auftreten, lässt sich recht effektiv durch frühen Aufbruch begegnen. Frontgewitter werden in der Regel gut vorhergesagt, sodass wir Gelegenheit haben, unsere Taktik danach auszurichten. Man bedenke stets auch die mittelbaren Gefahren wie Nässe, Abkühlung und mögliche Vermurungen bei Starkregen.
- **Schlechte Sicht:** Dadurch verkompliziert sich speziell auf weniger gut markierten Routen die Orientierung. Hilfsmittel wie Kompass, Höhenmesser oder GPS können nützlich werden. Wegloses Gelände sollte bei anhaltend dichtem Nebel tabu sein. Bei Verlust der Markierung gehe man zurück bis zum letzten bekannten Punkt.

Notsituationen

Falls man in eine Notlage gerät oder sich sogar ein ernsthafter Unfall ereignet hat, gilt es zunächst Ruhe zu bewahren und dem Verletzten Erste Hilfe zu leisten. Mit einem Mobiltelefon lässt sich direkt die Rettung verständigen: In Tirol lautet die Nummer für die Bergrettung 140 (ohne Vorwahl). Sollte dies nicht möglich sein, muss das alpine Notsignal abgegeben werden: 6-mal pro Minute ein optisches oder akustisches Zeichen. Mit je einer Minute Pause dazwischen wird dies so lange wiederholt, bis man Antwort erhält. Diese besteht aus 3-maligem Zeichen innerhalb einer Minute.

Anreise und öffentliche Verkehrsmittel

Ins Ötztal gelangt man über die Inntal-Autobahn (Ausfahrt Ötztal), von Norden auch ohne Vignettenpflicht über den Fernpass; in diesem Fall ab Imst die B 171 bis zum Taleingang benutzen. Im Ötztal selbst verläuft die gut ausgebaute B 186 bis zum Timmelsjoch, das auch eine Anfahrt von Südtirol her ermöglicht (nur im Sommer zwischen Juni und Oktober). Eine Verbindungsstraße gibt es über den Kühtaier Sattel ins Sellrain, Stichstraßen nach Niederthai im Horlachtal, Gries im Sulztal, Vent und Obergurgl sowie mautpflichtig ins Gletscherskigebiet von Sölden.
All die genannten Strecken werden auch von Linienbussen bedient, in den Seitentälern aber teils nur in der Hauptsaison. Die Hauptverbindung führt dabei von Imst bzw. Ötztal-Bahnhof (Halt überregionaler Züge) über Oetz, Umhausen, Längenfeld und Sölden nach Obergurgl. Somit bleiben im Grunde nur einige kleine, abseits gelegene Weiler vom öffentlichen Nahverkehr unberücksichtigt.

Touristische Informationen

Die Einstiegsseite im Internet lautet:
- oetztal.com, Tel. +43 57200 0

In allen größeren Orten des Ötztals gibt es Tourismusbüros, wo man sich Auskünfte diverser Art holen und bei der Quartiersuche behilflich sein lassen kann.
Nachfolgend die Kontaktdaten der wichtigsten Büros:
- 6432 Sautens, Tel. +43 57200 700, sautens.com
- 6433 Oetz, Tel. +43 57200 500, oetz.com
- 6441 Umhausen, Tel. +43 57200 400, umhausen.com
- 6444 Längenfeld, Tel. +43 57200 300, laengenfeld.com
- 6450 Sölden, Tel. +43 57200 200, soelden.com
- 6456 Obergurgl, Tel. +43 57200 100, obergurgl.com
- 6458 Vent, Tel. +43 57200 260, vent.at

Rechts: Blick über die Gransteinalm bei Sölden.
Folgende Doppelseite: Großartiges Ötztal-Panorama mit dem Längenfelder Becken.

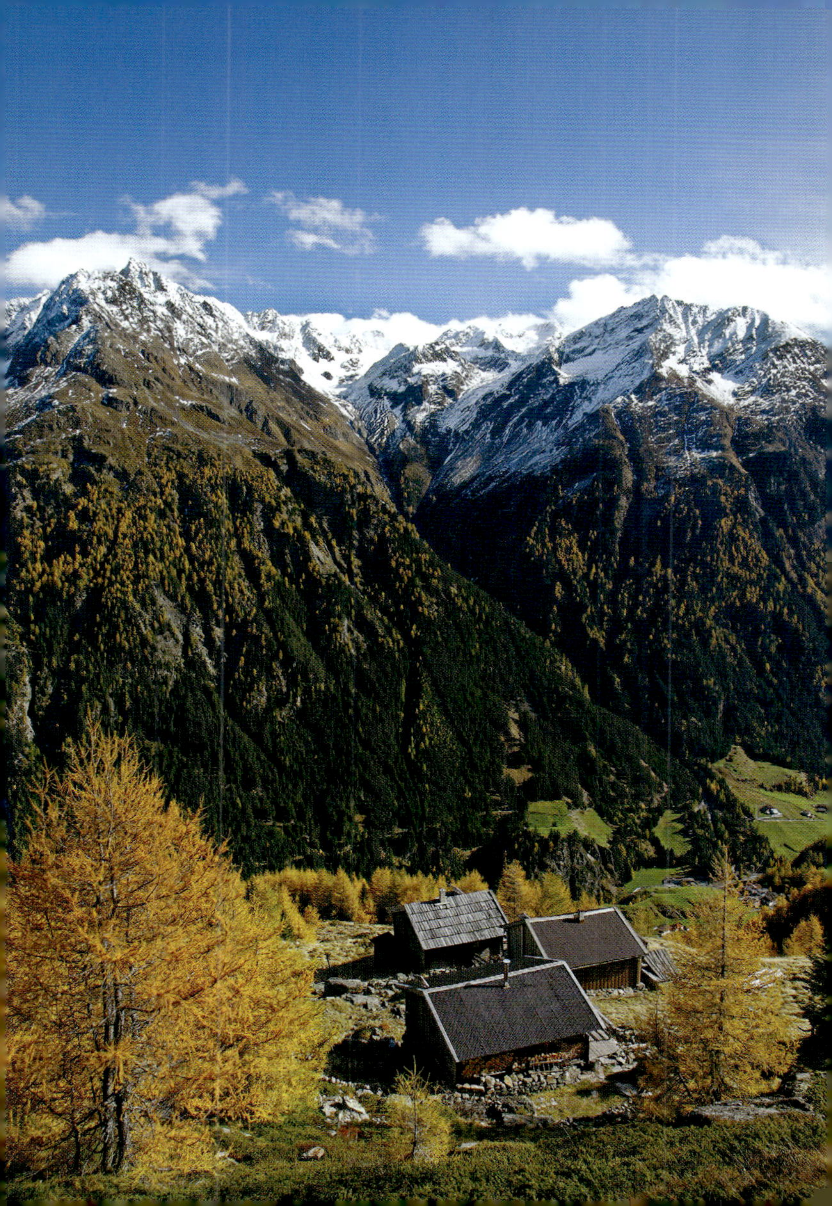

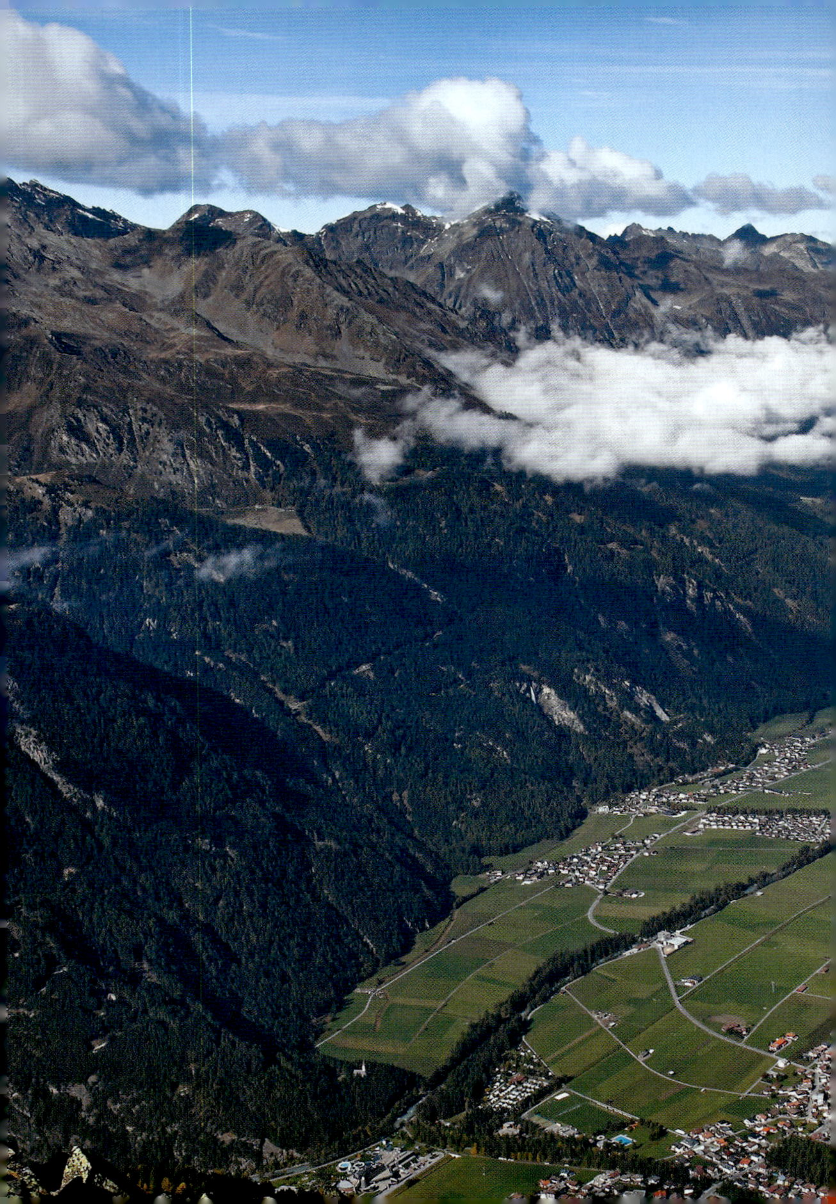

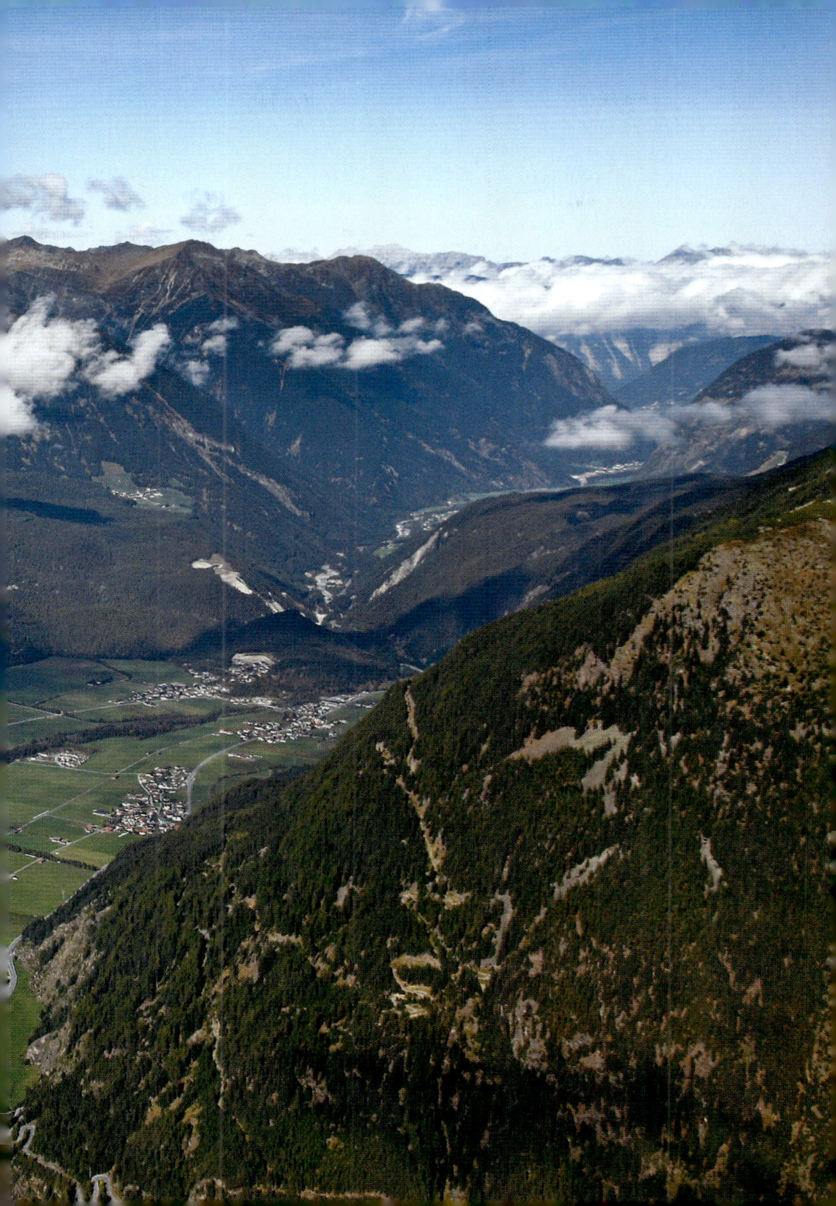

Region Oetz – Kühtai

Das Ötztal zweigt nahe dem Bergsturzgebiet des Tschirgant zwischen Roppen und Haiming vom Inntal in südliche Richtung ab und weist auf seinen gut 60 Kilometern bis zuhinterst gegen den Alpenhauptkamm eine deutliche Stufung auf. Diese Geländeschwellen entstanden ebenfalls meist durch Bergstürze, die im Laufe der Zeit von der Ötztaler Ache zu flachen Böden ausgeschwemmt wurden.

Im äußersten Bereich empfangen uns die Gemeinden Sautens und Oetz mit ihren freundlichen Dörfern und Weilern, von denen Oetzerau und Oetzerberg besonders malerisch am Hang verstreut liegen. Rund um Oetz gibt es ein breites touristisches Angebot. Als Juwel gilt der Piburger See, der in ein Naturschutzgebiet integriert ist und auch zu Badevergnügen und Bootsfahrten einlädt. Ganz in der Nähe befinden sich die romantischen Achstürze und der bei Kajakfahrern berühmt-berüchtigte Abschnitt bei der Wellerbrücke.

Mit der Acherkogelbahn gelangt man erschwernislos ins Ski- und Wandergebiet von Hochoetz und kann von dort zu kleineren oder größeren Touren aufbrechen. Genießer werden mit Vorliebe die unmittelbare Almregion

Panoramaschau über das vordere Ötztal und das Inntal zum Tschirgant und in die Lechtaler Alpen.

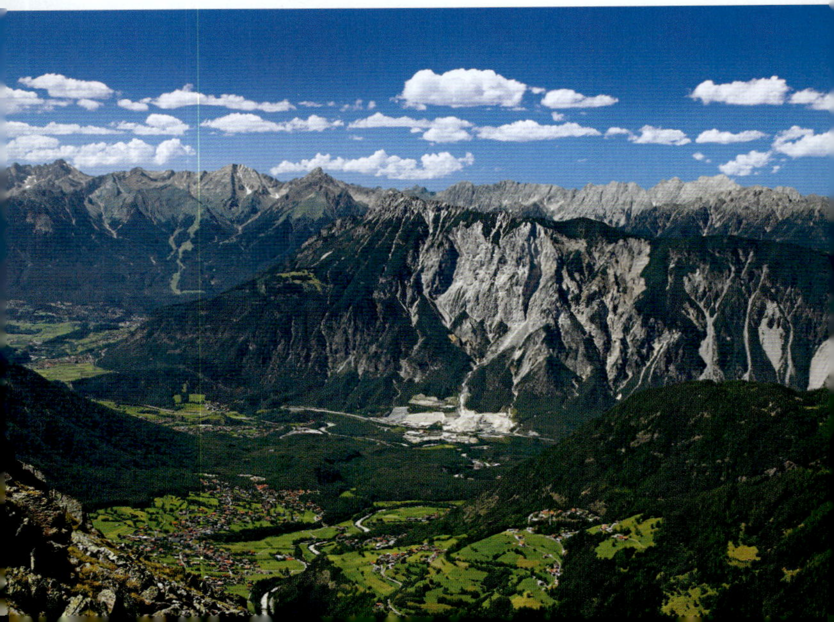

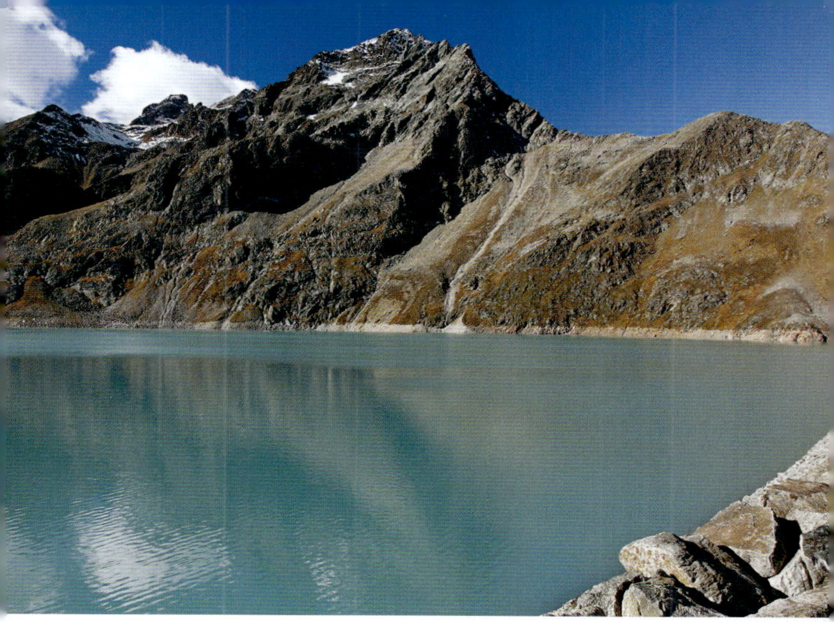

Energiespeicher im Kühtai: der Finstertaler Stausee mit dem Zwölferkogel.

erkunden, etwa am Besinnungsweg. Diverse Einkehrstationen sind rasch und bequem erreichbar. Als alpines Wahrzeichen des vorderen Ötztales schwingt sich der stolze Acherkogel bis 3000 Meter auf und fesselt die Blicke – zuweilen schon aus dem Imster Becken. Mehrere Höhenwege führen auch ins Kühtai hinüber.

Diese Hotelsiedlung auf stattlichen 2000 Metern Seehöhe hat sich mit Florieren des Skitourismus aus einem Almgebiet entwickelt und schlägt eine Brücke hinüber ins Sellrain. Von wirtschaftlicher Bedeutung sind hier auch die Stauseen der Kraftwerkgruppe Silz-Sellrain, die derzeit unter Erweiterungsplänen stehen (neben den Speichern Finstertal und Längental wird noch ein weiterer gebaut). Trotz dieser harten Erschließungen wird rund um Kühtai gern gewandert. Eine Handvoll Gipfelziele mit Weg stehen zur Auswahl, aber auch Beschauliches wie die Plenderlesseen. Wer es ruhiger mag, kann sich rund um die Siedlung Ochsengarten, an der Zufahrt von Oetz Richtung Kühtai gelegen, näher umsehen.

Insgesamt lässt sich im vorderen Ötztal – trotz des Fehlens erhabener Gletscherszenerien – bereits eine erstaunlich vielfältige Bergwelt entdecken. Die vertikale Spanne von 800 Metern am Talboden bis zur Spitze des Acherkogels ist ja keineswegs von schlechten Eltern.

↗ 280 m | ↘ 280 m | 11.5 km

1 Sautener Forchet

3.15 h

Durchs Bergsturzgelände an der Mündung des Ötztals

Im Mittelpunkt dieser Talwanderung im vordersten Bereich des Ötztals steht der Sautener Forchet, wo ausgedehnte Krüppelföhrenbestände das vor 3000 Jahren entstandene Bergsturzareal vom Tschirgant besiedeln. Zahlreiche verschlungene und zum Teil dürftig beschilderte Pfade durchziehen das unübersichtlich hügelige Gelände. Einen starken Gegensatz zu dieser Naturlandschaft offenbart die Area 47, jener hippe Freizeit- und Abenteuerpark, mit dem das Tourismusgewerbe ganz moderne Trends setzt.

Ausgangspunkt: Parkplatz an der Einfahrt nach Sautens, gleich hinter der Brücke nahe dem Schwimmbad, ca. 750 m. Bushaltestelle etwas oberhalb im Dorf.

Anforderungen: T1–2. Im Forchet oft schmale Pfade im Föhrenwald, jedoch frei von alpinen Hindernissen bzw. Gefahren. Etwas Orientierungsgabe vorteilhaft, zumal es etliche unbezeichnete Verzweigungen gibt. Davon abgesehen Straßen und breite geschotterte Wege. Halbtagestour, die auch bei zweifelhaftem Wetter machbar ist.

Einkehr: Area 47, Sautens.

Beste Jahreszeit: Fast ganzjährig.

Variante: Man kann beim Rückweg auch eine Route über Rammelstein wählen. Der offizielle Rundweg »Sautener Forchet« ist insgesamt kürzer.

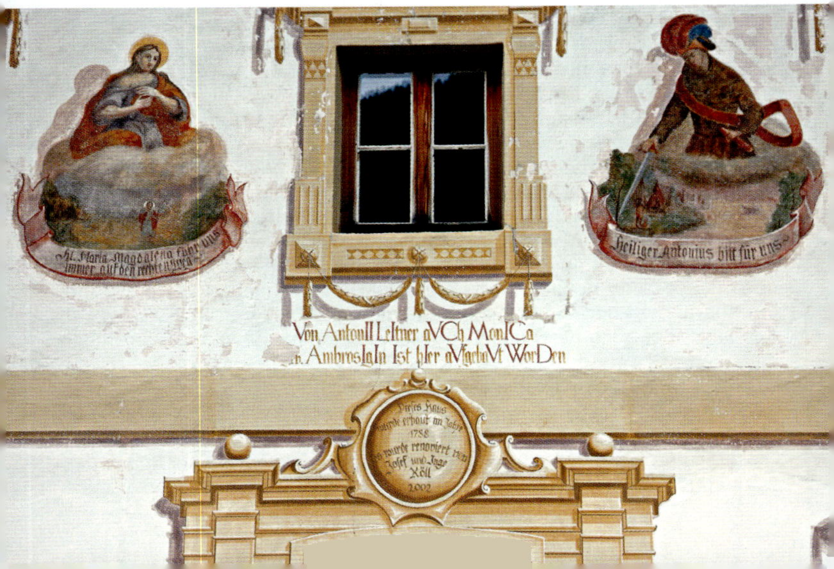

Schmuckvolle Hausfront in Sautens.

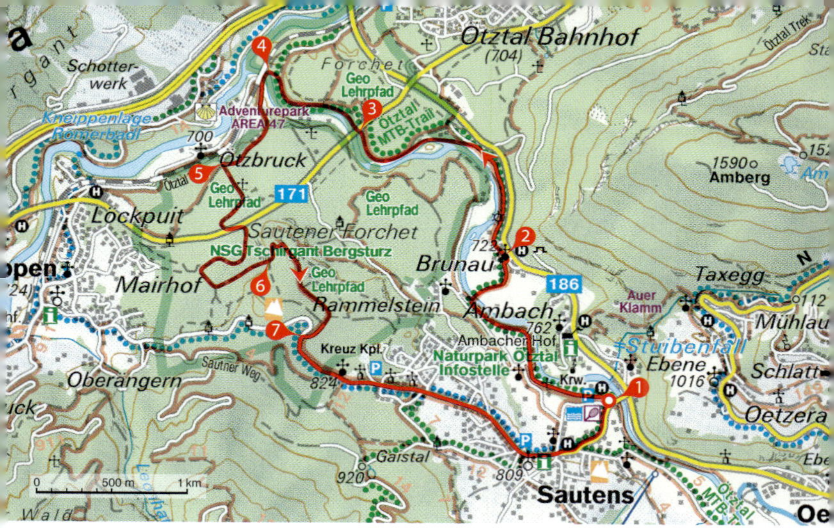

Vom Parkplatz vor **Sautens** ❶ wandern wir auf der unteren Straße an Recyclinghof und Kläranlage vorbei. Man begleitet die Ötztaler Ache und überschreitet sie später auf der Brücke nach **Brunau** ❷, 722 m. Nun rechts vom Fluss mit zwei großen Bögen weiter Richtung **Area 47** ❸, ca. 700 m, wo man zunächst der Beschilderung »Ötztal Bahnhof« in ein Waldstück folgt. Dann gilt es die überdachte Brücke über die **Ötztaler Ache** ❹ kurz vor der großen Eisenbahnbrücke sowie der Mündung in den Inn anzupeilen. Drüben achten wir auf den Geoweg nach Roppen bzw. Sautens und finden uns alsbald auf einem kleinen Pfad im Föhrenwald wieder. An bezeichneter Stelle ❺ vollziehen wir den Linksabzweig Richtung Sautens. Im welligen Kieferngelände des Forchet geht es jetzt eine ganze Weile recht windungsreich, mehrheitlich leicht ansteigend dahin; zwischendurch die Bundesstraße kreuzend (Vorsicht!) – dabei liegt die Fortsetzung unseres Weges zwei Gehminuten nach links versetzt. Später bei einer nicht beschilderten Gabelung ❻ entweder scharf links, wo man auf den Hinweis »Rundweg Sautener Forchet« trifft, oder ebenso gut geradeaus weiter. Die Routen führen wieder zusammen und zu einer Nebenstraße, die von Roppen kommt ❼. Mit dieser geht es am Sportplatz vorbei hinein nach Sautens, wo wir entlang der gesamten Dorfstraße leicht abwärts zurück zum Ausgangspunkt vor **Sautens** ❶ gelangen.

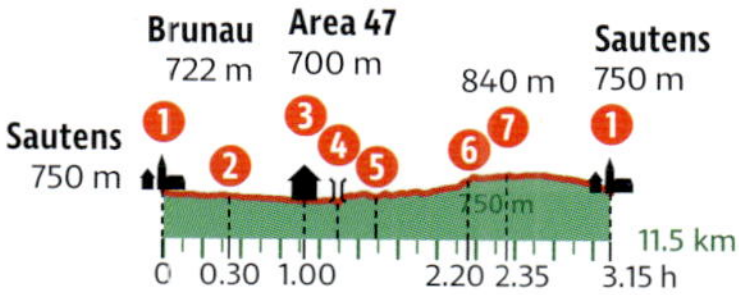

↗ 520 m | ↘ 520 m | 8.3 km

2 Faltegartenköpfl, 2184 m

3.00 h

Logenplatz über dem Oberinntal

Mit relativer Bescheidenheit beginnen die zentralalpinen Regionen Tirols von Norden aus betrachtet. An einem Kammausläufer des Pirchkogels spitzen die mickrigen Felsen des Faltegartenköpfls aus weitläufigen Mattenböden. Die Rundtour vom Sattele verspricht ein gemütliches Wandervergnügen mit buchstäblichem Höhepunkt: Die Inntalschau vom Faltegartenköpfl ist wirklich phänomenal! Gegenüber bauen sich die Nördlichen Kalkalpen unter anderem mit der Mieminger Kette auf.

Ausgangspunkt: Sattele, 1690 m. Gebührenpflichtiger Parkplatz am Scheitelpunkt der Bergstraße zwischen Ochsengarten und Haiming (ohne Busanschluss).
Anforderungen: T2. Unschwierige Wald- und Wiesenwege, am Gipfel ein paar Meter felsdurchsetzt. Halbtagestour.
Einkehr: Feldringalm, 1888 m, Tel. +43 650 9435792. Gasthaus Marlstein, ca. 1800 m, Tel. +43 5252 6203.
Beste Jahreszeit: Juni bis Oktober.

So sieht man das Inntal und die Mieminger Kette vom Faltegartenköpfl aus.

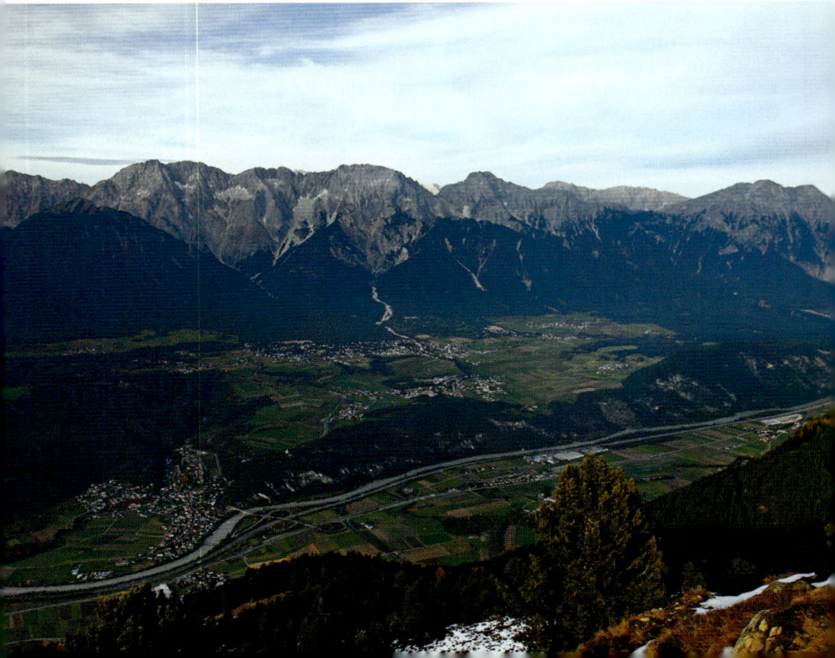

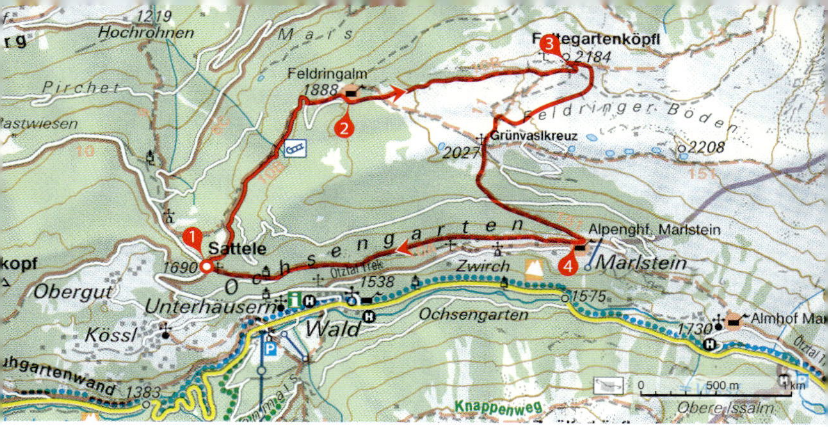

Vom **Sattele** ①, 1690 m, geht es auf einer Forststraße mäßig steil bergauf, später über eine Abkürzung aus dem Wald heraus auf Almwiesen und zur Jausenstation **Feldringalm** ②, 1888 m, die bereits eine schöne Fernsicht gen Westen bietet. Wir wandern östlich über den Waldrücken weiter, an einem Abzweig »Marlstein« vorbei und dann parallel zum Gratverlauf über sanft gewellte Wiesen. Schließlich unter den kecken Gipfelfelsen entlang und entweder auf einer Pfadspur relativ direkt oder mit einer Schleife von etwas weiter hinten auf das **Faltegartenköpfl** ③, 2184 m.
Im Abstieg orientieren wir uns teils ohne richtigen Weg und somit auch nach Augenmaß Richtung Südwesten. Die welligen Feldringer Böden werfen dabei aber keinerlei Hindernisse auf. Man steuert – bald wieder anhand einer besseren Markierung – das Gatter bei P. 2027 an und taucht hinter der Geländeschwelle in den Waldhang ein. Dort in längerem Schrägabstieg nach links und damit zum Höfeweiler **Marlstein** ④, 1800 m, wo sich ein Gasthaus befindet. Auf einem fast horizontalen Waldweg durch den sogenannten Ochsengarten schließen wir die Runde westwärts zurück zum **Sattele** ①.

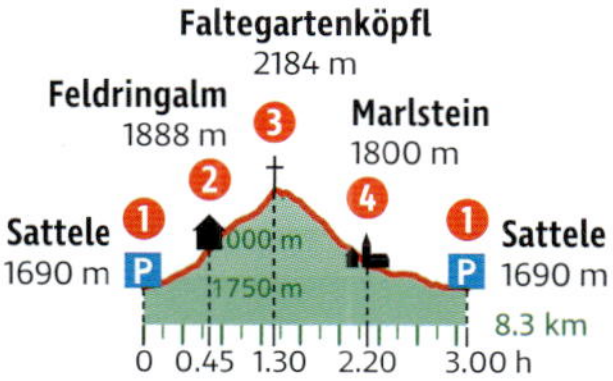

Nur noch wenige Meter bis zur Aussichtskanzel.

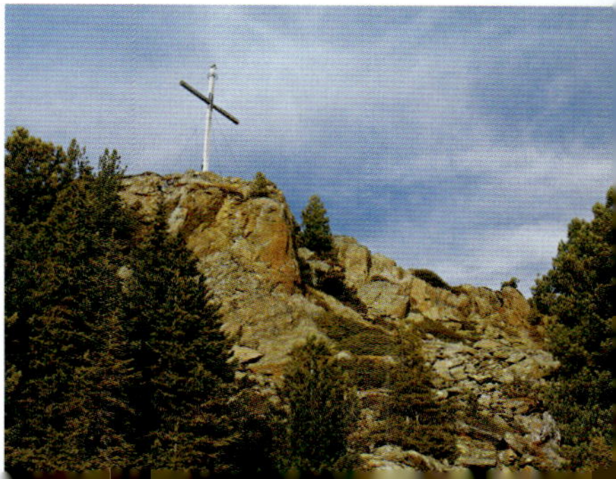

TOP

↗ 400 m | ↘ 400 m | 6.4 km

2.15 h

3 Plenderlesseen, 2317 m

Kühtaier Genusswanderung

Die Hotelsiedlung Kühtai auf 2000 Meter Seehöhe ist nicht gerade als Hort der Ursprünglichkeit bekannt. Dazu wurde die Bergnatur mit Skigebieten und großen Speicherseen einfach zu sehr in Beschlag genommen. Gleichwohl sollten wir das eine oder andere Wanderangebot nicht ausschlagen, gibt es doch durchaus ein paar idyllische Fleckchen zu entdecken. Da fallen mir in erster Linie der Hirschebensee und die drei Plenderlesseen ein, die sich zu einer wirklich beschaulichen Stippvisite im Kühtai verbinden lassen. Ich erinnere mich sogar, an einem heißen Julitag einem erfrischenden Bad nicht widerstanden zu haben …

Ausgangspunkt: Kühtai, 2017 m, Hotelsiedlung am Scheitel der Bergstraße von Oetz ins Sellrain. Haltestelle Kühtai-Ort.
Anforderungen: T2. Kurze, wenig beschwerliche Rundwanderung auf guten Bergwanderwegen.
Einkehr: Drei-Seen-Hütte, 2311 m, Tel. +43 5239 5207, Gastbetriebe in Kühtai.

Beste Jahreszeit: Ende Juni bis Ende Oktober.
Varianten: 1. Vom Oberen Plenderlessee weiterer Aufstieg in ca. 1.30 Std. zum Gaiskogel, 2820 m, möglich.
2. Von der Drei-Seen-Hütte rasche Verbindung zum Speicher Finstertal und damit zu Tour 4.

Idylle in den Kühtaier Bergen: am Mittleren Plenderlessee.

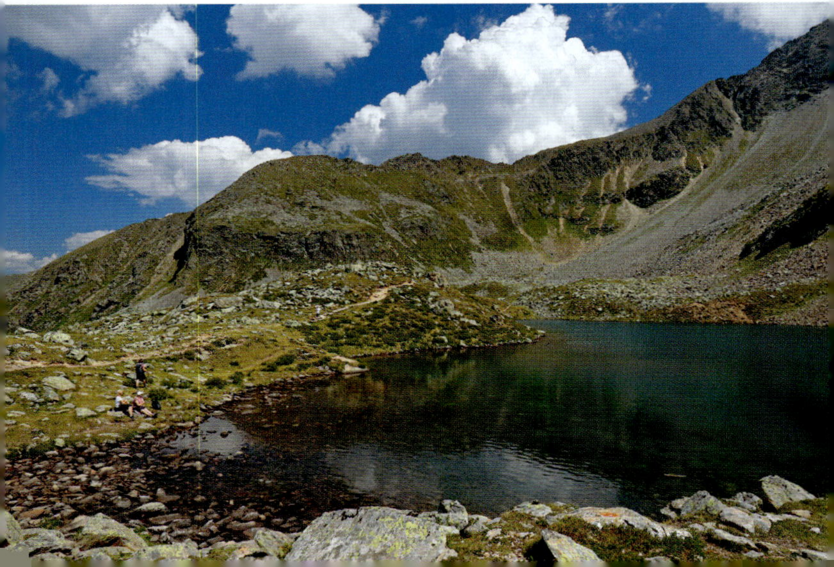

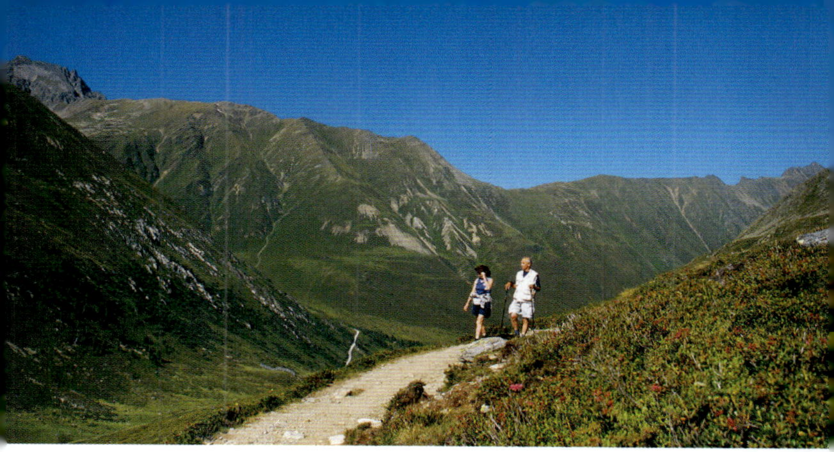

Auf solchen Wanderpromenaden lässt sich die Landschaft wunderbar genießen.

Zuoberst in **Kühtai** ❶ beginnt unser Wanderweg mit einer schräg ansteigenden Traverse, die uns durch die Alpenrosenhänge am Wiesberg zum **Hirschebensee** ❷, 2166 m, bringt. Vorübergehend etwas steiler gelangen wir über die Schwelle zum **Mittleren Plenderlessee** ❸, 2317 m. Man holt dabei zuvor etwas nach links aus und schwenkt dann westwärts in die eigentliche Seemulde. Das wellige Gelände im Anschluss zeigt sich leider durch neuere Pistenerschließungen beeinträchtigt. Nachdem zwischendurch ein paar Höhenmeter verloren werden, wandern wir unter der Lifttrasse hindurch zur **Drei-Seen-Hütte** ❹, 2311 m. Der **Obere Plenderlessee**, 2344 m, befindet sich ein Stück weiter kareinwärts, ebenso die Bergstation der Sesselbahn, die man für den Abstieg nutzen könnte. Ansonsten scheren wir vom Fahrweg bald nach rechts aus und steigen gegen das Finstertal ab. Vor dem Bach rechts haltend hinaus und mit einer geringfügigen Gegensteigung zurück zum Ausgangspunkt in **Kühtai** ❶.

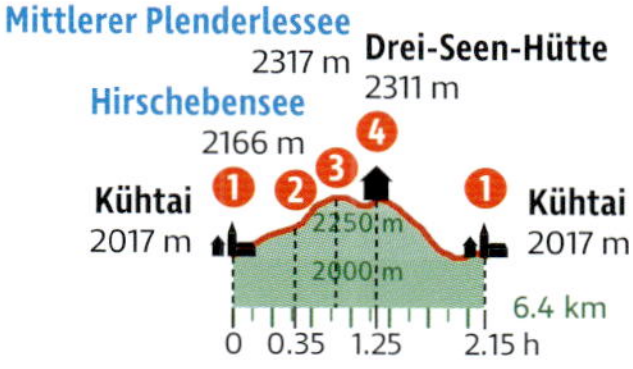

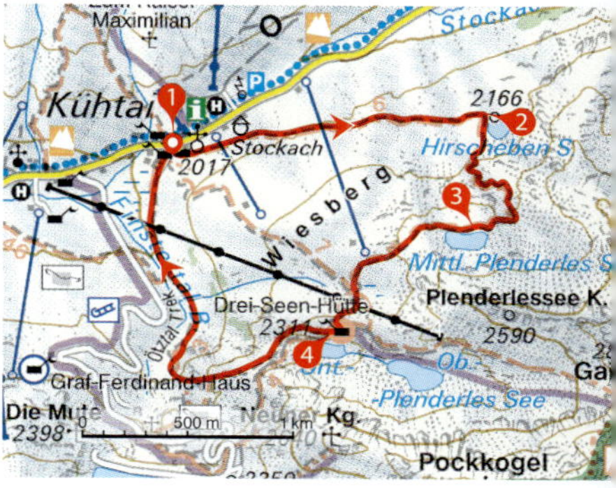

↗ 800 m | ↘ 800 m | 8.6 km

4 Pockkogel, 2807 m

4.15 h

Gipfelziel über dem Stausee im Finstertal

Rund um das Kühtai finden wir eine ganze Palette von Wegebergen im hohen Zweitausender-Niveau. Verhältnismäßig selten zu Ehren kommt der Pockkogel, weshalb er an dieser Stelle einmal näher vorgestellt werden soll. Die Tour bietet typisches Zentralalpengelände und mit dem riesigen Speicher Finstertal ein besonderes Element. Zuoberst erwarten uns Einblicke in die Sellrainer und die vorderen Ötztaler Berge.

Ausgangspunkt: Kühtai, 1980 m, Parkplatz zwischen Drei-Seen-Lift und den Hotels oberhalb (auch Bushaltestelle).
Anforderungen: T3. Normaler, ordentlich markierter Bergweg, nach oben hin zunehmend über blockiges Gelände, daher elementare Trittsicherheit nötig. Moderate Tagestour.
Einkehr/Unterkunft: Hotelbetriebe und Dortmunder Hütte in Kühtai.
Beste Jahreszeit: Ende Juni bis Mitte Oktober.
Varianten: 1. Man kann auch die Drei-Seen-Bahn benutzen.
2. Etwas rascher und leichter als der Pockkogel lässt sich der benachbarte Neunerkogel, 2640 m, besteigen. Der entsprechende Abzweig der Gipfelroute befindet sich weiter vorn am Stausee.
3. Ein Übergang vom Pockkogel zum Gaiskogel eignet sich nur für geübte Bergsteiger.

Blick vom Pockkogel über Kühtai bis in die Kalkalpen; rechts der Pirchkogel.

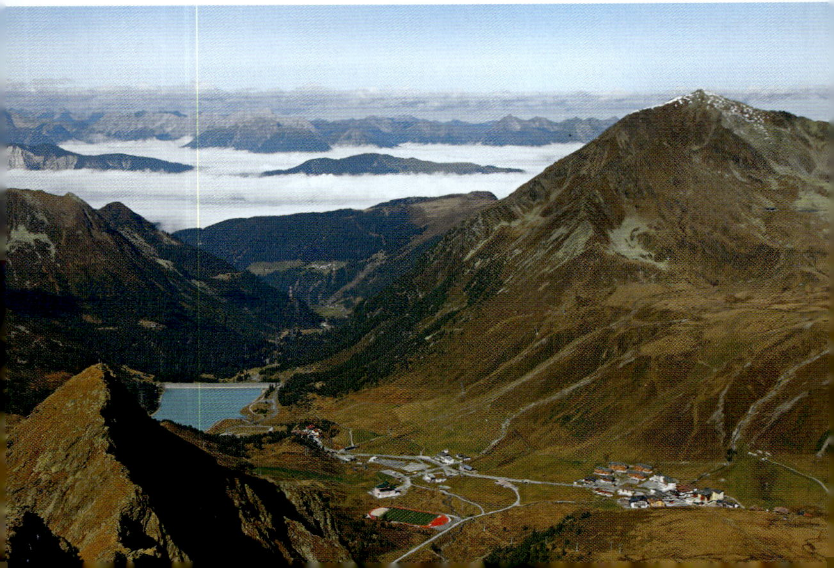

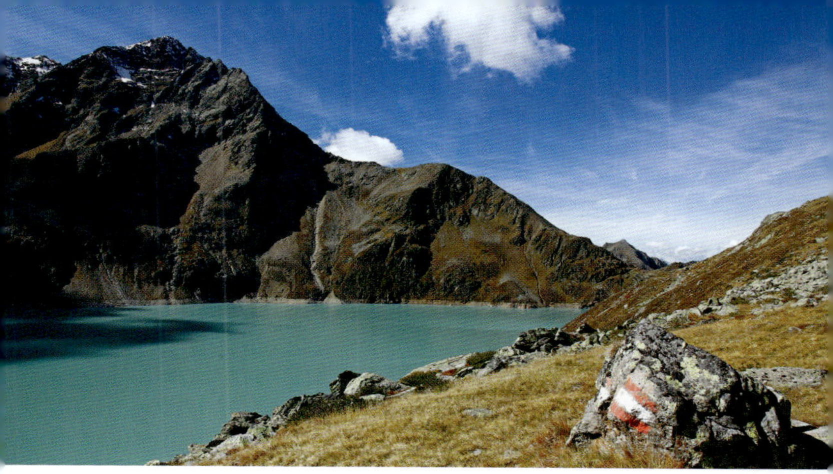

Gletscherschmelze lässt den Speicher Finstertal in kräftigem Türkis erscheinen. Dahinter erhebt sich der Zwölferkogel.

In **Kühtai** ❶ begeben wir uns zunächst auf die Finstertaler Werkstraße und scheren dann links aus, um auf der anderen Bachseite einem abkürzenden Steig zu folgen. Am Sockel der Staumauer kreuzt man nochmals die Straße und gelangt in Kürze auf den Platz neben der Dammkrone des **Speichers Finstertal** ❷, 2325 m. Da der Uferweg auf einem kurzen Stück gesperrt ist, wird man oberhalb umgeleitet, ehe links die Route zum Pockkogel abzweigt. Über Block- und Rasenhänge aufwärts, anschließend über eine steilere Partie an den linken Rand des Vorderen Karles und über eine weitere Geländestufe in den **Steintalsattel**, der einen Übergang ins Kraspestal und nach Haggen ermöglicht. Wir peilen indes den Gipfelhang an und erreichen auf Steigspuren durch die relativ steile Flanke von Südwesten her den **Pockkogel** ❸, 2807 m. Der Abstieg erfolgt auf demselben Weg.

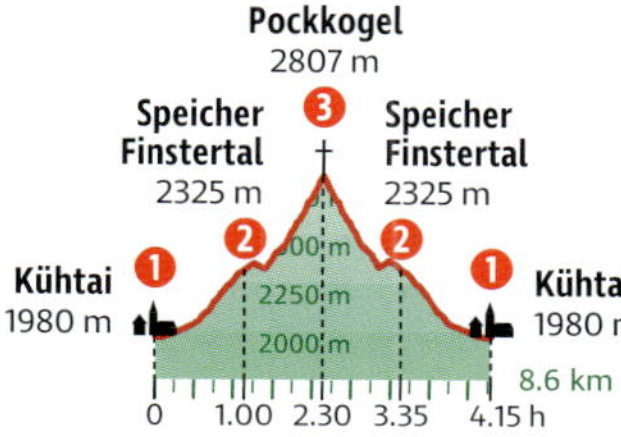

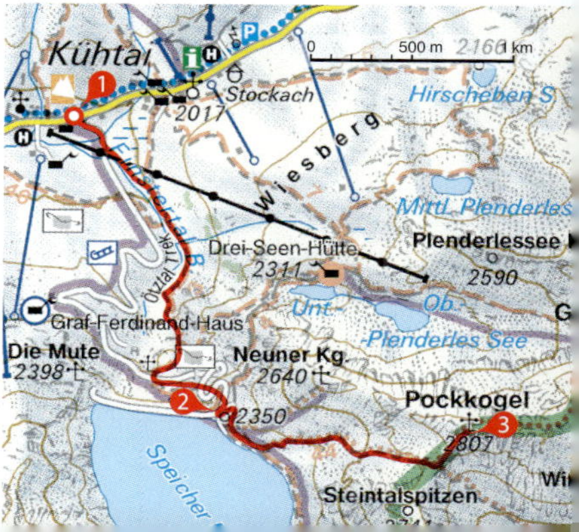

↗ 1180 m | ↘ 1180 m | 13.4 km

6.30 h

5 Sulzkogel, 3016 m

Auf den nördlichsten Dreitausender Tirols

Mit dem Sulzkogel befindet sich sogar schon ein Dreitausender im Kühtaier Einzugsbereich, ein gut besuchter sogar. Denn auf der Normalroute legen sich abgesehen von typischen Schuttfluren und allfälligen Schneefeldern keine besonderen Hürden in den Weg. Die Gipfelaussicht gewährt eine ganz andere Perspektive auf den türkisfarbenen, 60 Millionen Kubikmeter fassenden Finstertaler Stausee als vom Pockkogel aus und wohl auch in puncto Fernschau noch eine Nuance mehr. Der Sulzkogel kann jedenfalls als ideales Ziel für Dreitausender-Novizen empfohlen werden.

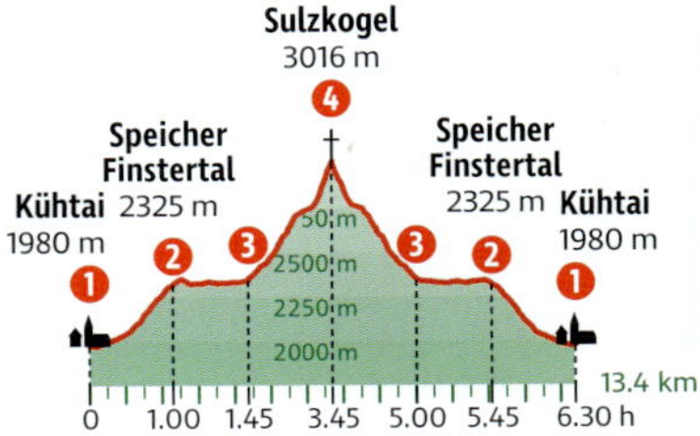

Ausgangspunkt: Kühtai, 1980 m, Parkplatz zwischen Drei-Seen-Lift und den Hotels oberhalb (auch Bushaltestelle).
Anforderungen: T3. Schuttreicher Steig in meist mittelsteilem Gelände. Solide Trittsicherheit obligatorisch, allerdings ohne Kletterstellen oder sonderlich heikle Umstände.
Einkehr: Keine am Weg, diverse Gastbetriebe in Kühtai.
Beste Jahreszeit: Juli bis September.
Variante: Die Nutzung der Drei-Seen-Bahn ist auch hier eine Option, jedoch empfiehlt es sich, früh aufzubrechen.

Aufstieg ins steinige Hochkar.

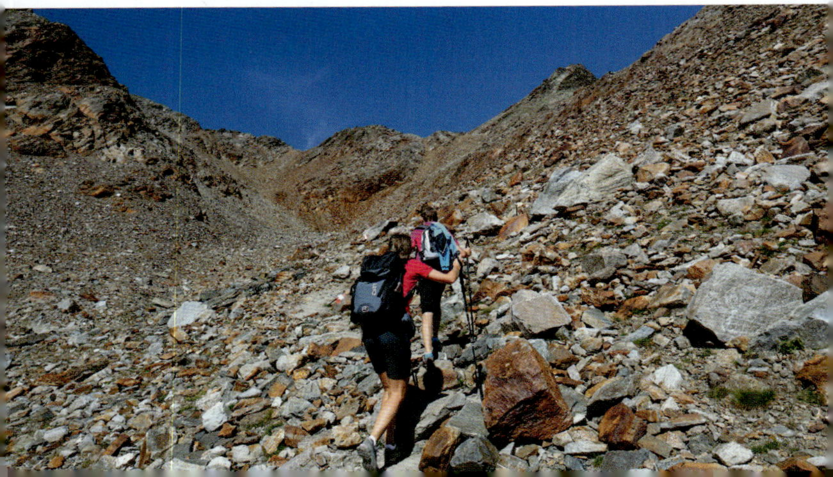

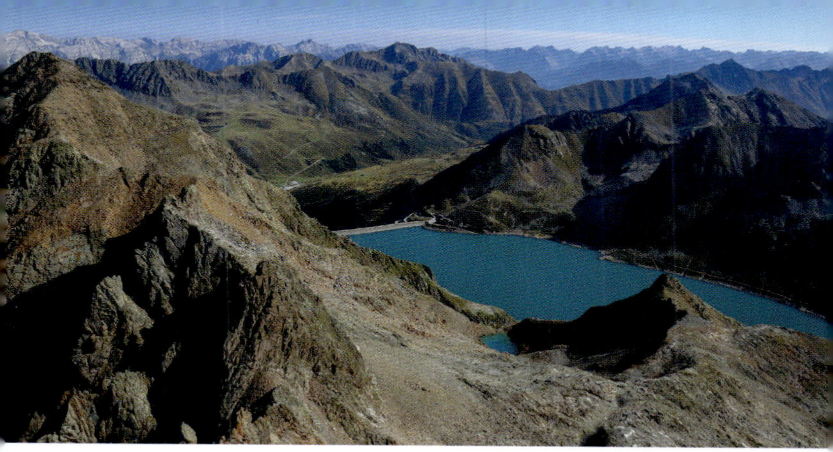

Blick vom Sulzkogel auf den Speicher Finstertal.

Im **Kühtai** ❶ begeben wir uns ins Finstertal und links haltend auf den etwas holprigen Steig, der am Sockel der Staumauer nochmals die Werkstraße kreuzt und die Tunnelschleifen abkürzend bei der Dammkrone des **Speichers Finstertal** ❷, 2325 m, ankommt. Da der direkte Uferweg auf einem kurzen Stück gesperrt ist, wird man oberhalb umgeleitet. Man passiert den Abzweig zum Pockkogel, wandert flach bis zum Südende des Stausees. Nach dem großen Bogen ignorieren wir die links zur Finstertaler Scharte führende Abzweigung ❸. Nun stetig bergauf, wobei man sich vorübergehend mehr links an die Hänge des Finstertaler Fernerkogels und Gamezkogels hält. Oberhalb der nächsten Schwelle drehen wir rechts ein, gewinnen im Blockschuttkar zwischendurch sachte und später wieder steiler an Höhe. Aus einer Gratlücke schließlich immer noch steigähnlich bis auf den Gipfel des **Sulzkogels** ❹, 3016 m. Der Abstieg folgt dem Anstiegsweg.

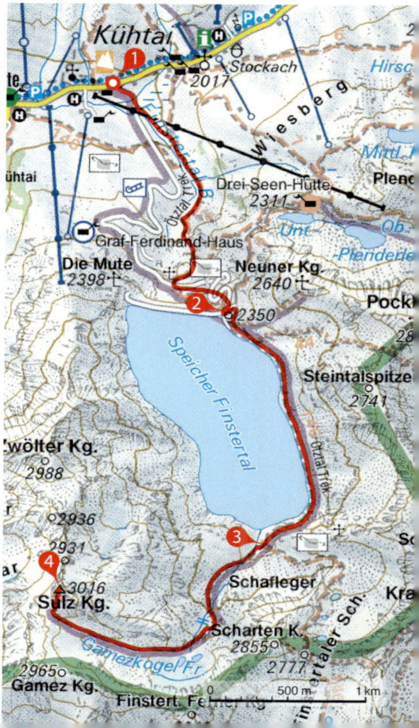

↗ 650 m | ↘ 650 m | 6.9 km

6 Wetterkreuzkogel, 2591 m

3.45 h

Aussichtsreiche Spritztour von Hochoetz

Verhältnismäßig unscheinbar wirken Roßkopf und Wetterkreuz im nördlichen Vorfeld des mächtigen Acherkogels. Diese vorgeschobene Lage garantiert aber auch eine besonders kontrastreiche Aussicht, die sich dank der Seilbahn von Oetz her ohne allzu große Mühen erreichen lässt. Vielleicht eine erste Erkundung, bevor man sich an alpinere Ziele heranwagt oder schon eine Top-Tour für Wanderer, die sich sonst eher im Almniveau bewegen …

Ausgangspunkt: Talstation der Acherkogelbahn in Oetz (mit Bushalt), 812 m, bzw. Bergstation Hochoetz, 2020 m. Seilbahn-Betriebszeiten von Anfang Juni bis Mitte Oktober von 9 bis 16.30 Uhr.
Anforderungen: T2–3. Normale Bergwege ohne problematische Stellen, mit elementarer Trittsicherheit gut beherrschbar. Eher noch ein Halbtagespensum.
Einkehr/Unterkunft: Panorama-Restaurant Hochoetz, 2020 m. Neue Bielefelder Hütte, 2112 m, Mitte Juni bis Ende September, Tel. +43 5252 6926, bielefelder-huette.at.
Beste Jahreszeit: Mitte Juni bis Mitte Oktober.
Varianten: 1. Ab Wetterkreuz über Kleines und Großes Windegg zur Mittertaler Scharte und dann westwärts zum Höhenweg hinunter (etwas anspruchsvoller und 1 Std. länger).
2. Mit Abstieg nach Osten ins Wörgetal (Knappenweg) bietet sich eine Kombination mit Tour 7 an.

Stimmungsvolle Aussicht am Wetterkreuzkogel.

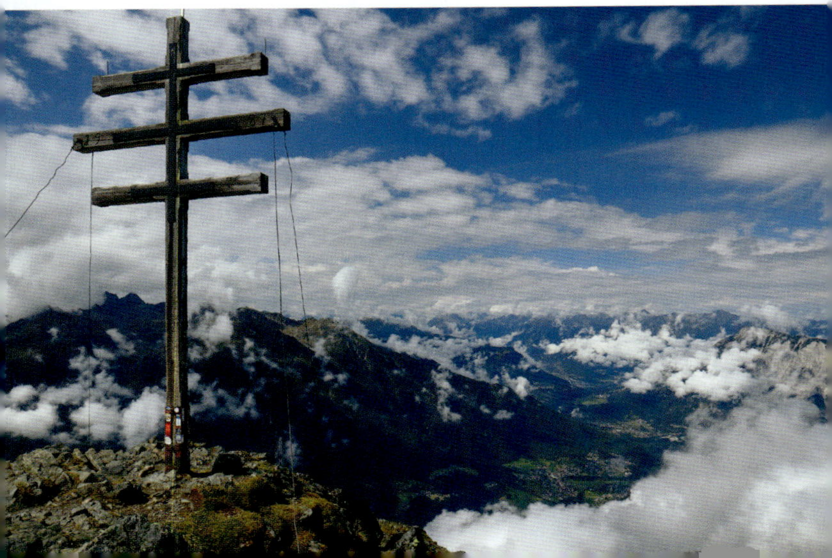

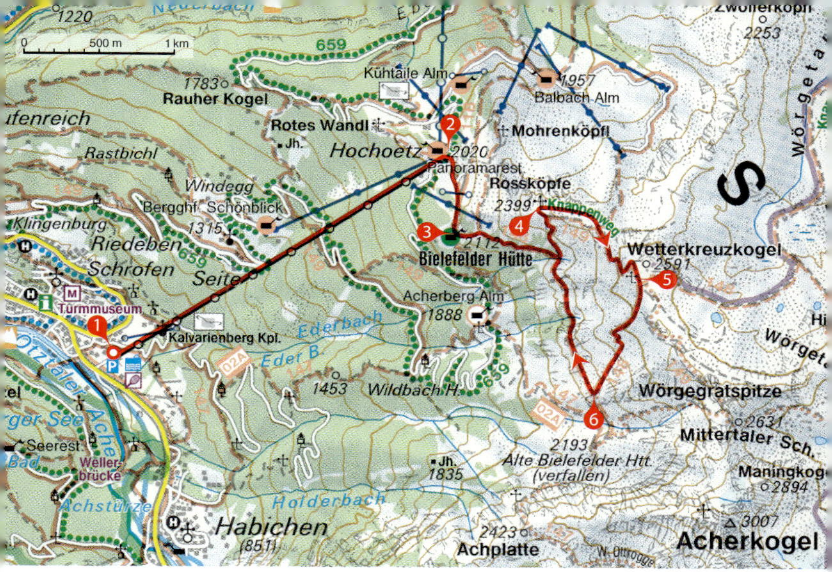

Nachdem wir von der Talstation der Acherkogelbahn in **Oetz** ❶ bequem fast 1200 Höhenmeter zurückgelegt haben, starten wir in **Hochoetz** ❷, 2020 m, auf dem viel begangenen Wanderweg Richtung **Neue Bielefelder Hütte** ❸, 2112 m. Noch kurz auf der Piste und weiter durch einige Latschen auf gut ausgebautem Weg gegen den **Roßkopf** ❹, 2399 m, empor. Dieser kann später rasch »mitgenommen« werden. Anschließend rechts haltend schräg durch die Flanke, den Kammrücken tangierend und damit zum **Wetterkreuzkogel** ❺, 2591 m. Die geringfügig niedrigere Kanzel mit dem Kreuz befindet sich etwas vorgeschoben.

Der Abstieg führt nun durch die Flanken Richtung Südwesten. Auf rund 2200 Meter Höhe stoßen wir auf den **Wilhelm-Oltrogge-Weg** ❻ bzw. auf den oberen Teil des Besinnungsweges, der die Berglehne nahezu horizontal schneidet. Nach rechts wandern wir zurück zur **Bielefelder Hütte** ❸ und zur Bergstation **Hochoetz** ❷, von wo wir mit der Acherkogelbahn wieder hinab zur Talstation der Seilbahn in **Oetz** ❶ fahren.

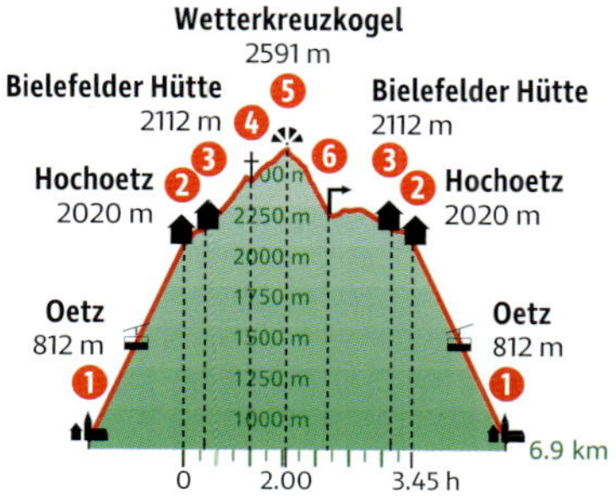

7 Mittertaler Scharte, 2631 m – Kühtaier Höhenweg

6.30 h

Vielfalt zwischen Oetz und Kühtai

Wer im Hochoetzer Wandergebiet eine ausschweifendere Tour sucht, kann die Mittertaler Scharte überschreiten und später über den Kühtaier Höhenweg den Kreis schließen. Während im ersten Teil eindrucksvolle Felskulissen Spalier stehen – unter anderem Acherkogel, Maningkogel und die Wörgegratspitze –, bezaubert in der zweiten Hälfte eine ganz urwüchsige Umgebung mit Zirben, Alpenrosenfeldern und Almwiesen.

Ausgangspunkt: Talstation der Acherkogelbahn in Oetz (mit Bushalt), 812 m, bzw. Bergstation Hochoetz, 2020 m. Seilbahn-Betriebszeiten von Anfang Juni bis Mitte Oktober zwischen 9 und 16.30 Uhr.
Anforderungen: T3. Über die Mittertaler Scharte Steiganlage mit alpinem Anstrich (vereinzelt Drahtseile). Der Kühtaier Höhenweg verläuft im Bereich der Waldgrenze an Almen vorbei (T2, blau). Neben etwas Trittsicherheit vor allem Ausdauer notwendig.
Einkehr/Unterkunft: Panorama-Restaurant Hochoetz, 2020 m. Neue Bielefelder Hütte, 2112 m, Mitte Juni bis Ende September, Tel. +43 5252 6926, bielefelder-huette.at. Balbachalm, 1955 m, Tel. +43 664 1693096, und Kühtailealm, 1988 m, Tel. +43 664 4346882, beide Anfang Juni bis Anfang/Mitte Oktober.
Beste Jahreszeit: Ende Juni bis Anfang Oktober.
Variante: Wie bei Tour 6 zum Wetterkreuz, dann auf dem Knappenweg durchs Wörgetal zur Oberen Issalm und zurück nach Hochoetz (kürzere Runde, ca. 5 Std.).

Beim Abstieg von der Mittertaler Scharte dominiert der Maningkogel.

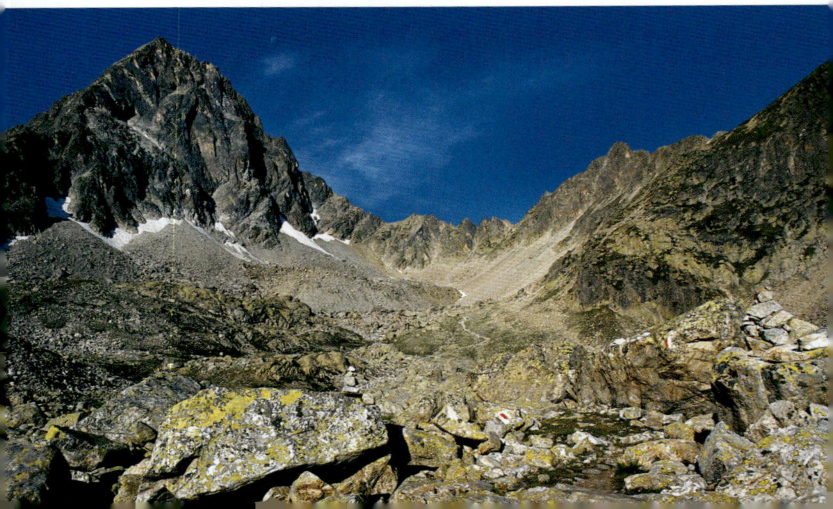

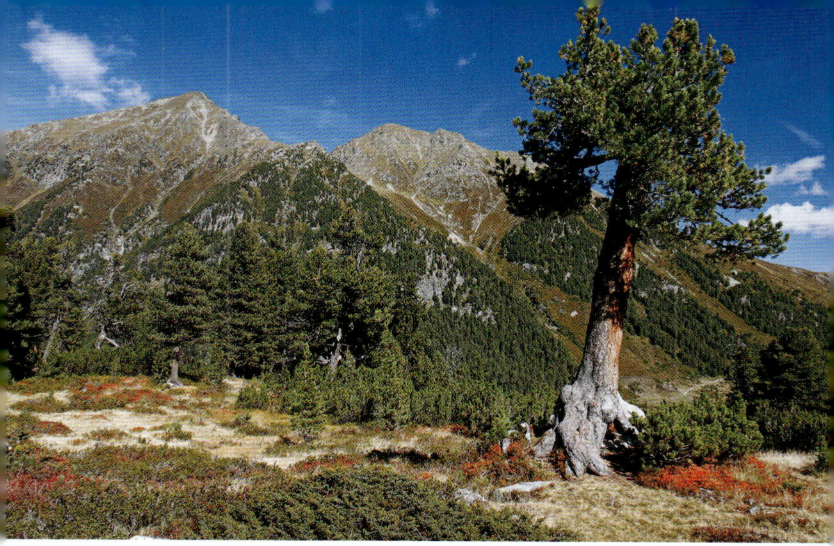

Der Kühtaier Höhenweg verläuft idyllisch an der Waldgrenze.

Zunächst von der Talstation der Acherkogelbahn in **Oetz** ❶ nach **Hochoetz** ❷, 2020 m, und von dort zur **Neuen Bielefelder Hütte** ❸, 2112 m. Bei der Gabelung oberhalb halten wir uns rechts und folgen dem guten Flankensteig mit wenig Auf und Ab bis kurz vor die Ruine der 1951 durch eine Lawine zerstörten **Alten Bielefelder Hütte** ❹, 2193 m. Hier zweigen wir scharf links ins Karle ab, orientieren uns ziemlich weit nach links an die Abhänge des Windeggs und steigen zuletzt mit Drahtseilhilfe durch eine Rinne bis in die **Mittertaler Scharte** ❺, 2631 m, empor.

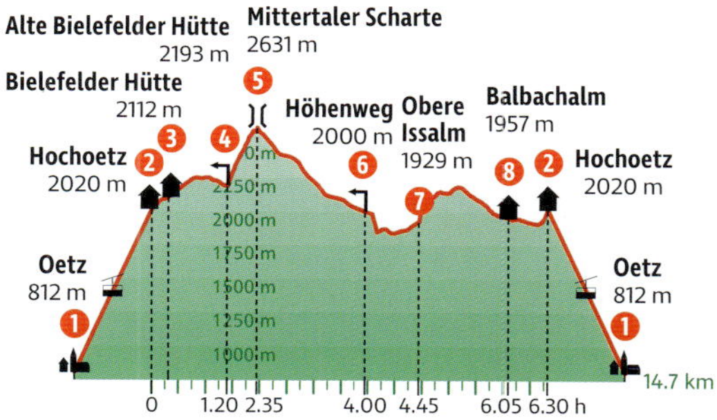

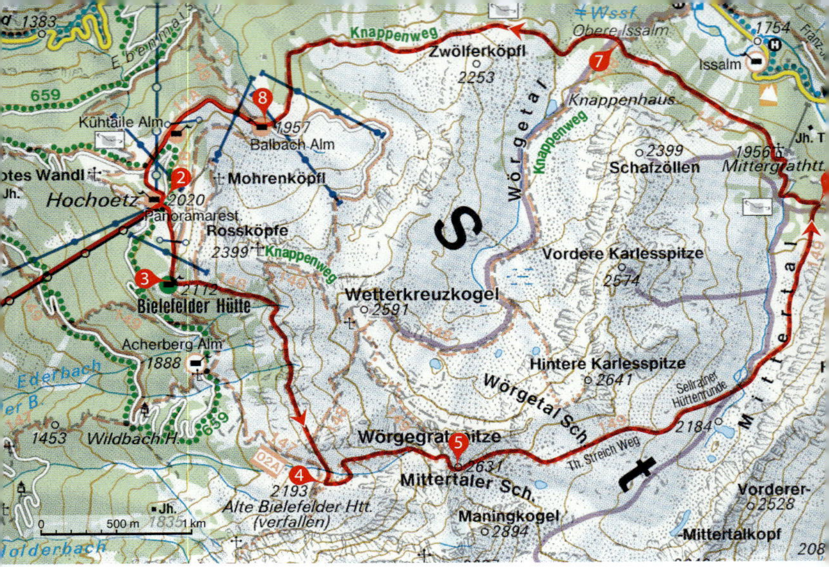

Jenseits zunächst ebenfalls an Sicherungen abwärts. Der Steig wird aber bald hindernisarm und führt auf einen blockbesetzten Boden. Links haltend schaltet sich eine Reihe von Kehren an einem Steilstück dazwischen, ehe man über den Bach auf die rechte Seite des Mittertals wechselt (ohne Brücke bei starkem Wasseraufkommen eventuell heikel). Nun eine Weile flacher gen Norden hinaus. Schon im Zirbenwald treffen wir auf den quer verlaufenden Kühtaier Höhenweg (auch Knappenweg, ca. 2000 m) und biegen hier nach links ein 5.

Wir kreuzen den Abfluss aus dem Mittertal und kommen kurz darauf an der Mittergrathütte, 1956 m, vorbei. Durch lichten Wald geht es leicht auf und ab zur Lichtung der ehemaligen **Oberen Issalm** 7, 1929 m, wo sich idyllisch rasten ließe. Geradeaus weiter und vorübergehend ein gutes Stück ansteigend, womit die Nordflanke des Zwölferköpfls traversiert wird (zwischendurch Gipfelabzweig). Nachdem wir auf rund 2100 Metern nochmals schöne Ausblicke genossen haben, senkt sich der Weg wieder und schwenkt in den Einschnitt des Balbachs ein. Neben Skiliften empfängt uns hier die bewirtschaftete **Balbachalm** 8, 1957 m. Eine breite Trasse zieht schließlich um den Hang herum zur **Kühtailealm**, 1988 m, bevor sich mit einem kleinen Gegenanstieg der Kreis nach **Hochoetz** 2 schließt. Von der Bergstation fahren wir abschließend mit der Acherkogelbahn wieder hinab nach **Oetz** 1.

Fernschau über Ochsengarten und den Tschirgant bis in die Lechtaler Alpen.

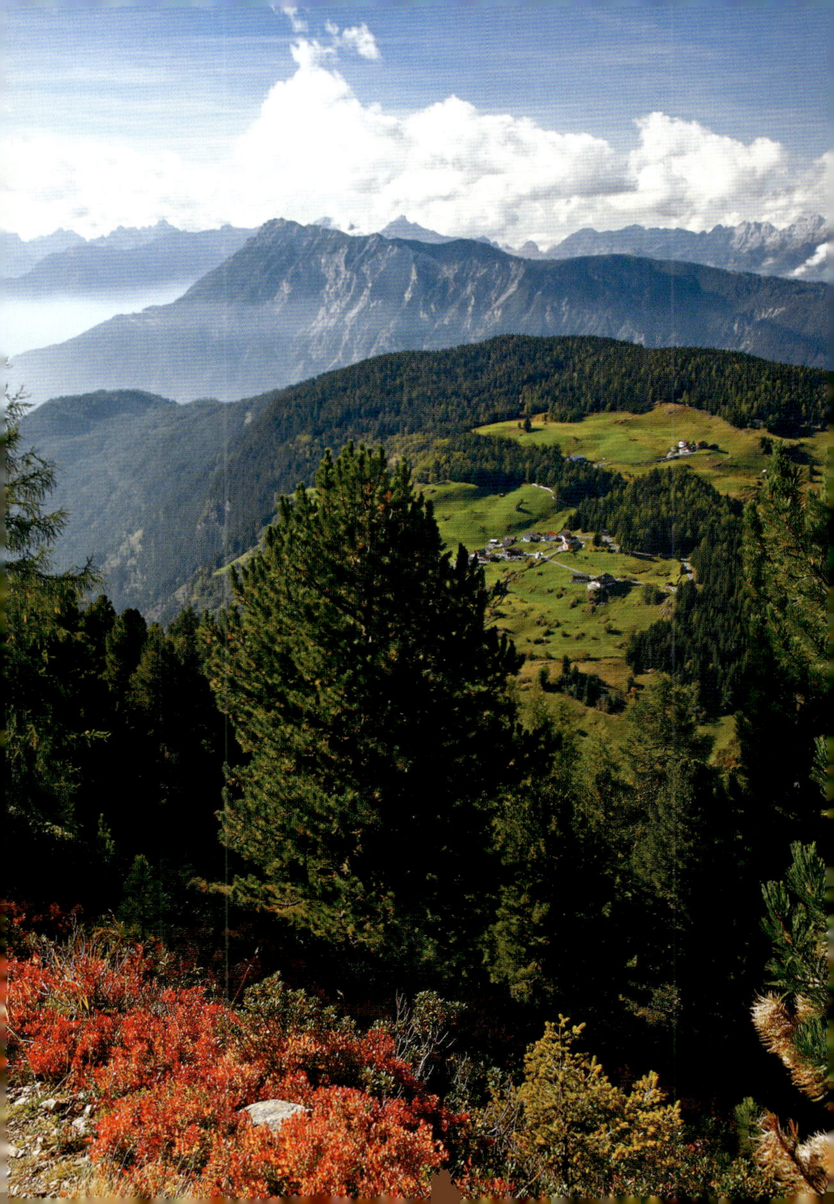

↗ 1120 m | ↘ 1120 m | 13.4 km

8 Acherbergalm, 1888 m

5.15 h

Zum Almidyll 1000 Meter über Oetz

Die im Jahr 2013 neu erbaute Acherbergalm liegt etwas unterhalb des Hochoetzer Liftgebiets und wäre von dort rasch und problemlos zu erreichen. Doch »natürlicher« erscheint ein Aufstieg aus dem Tal über die teilweise ziemlich steilen Waldleiten. Zwei Routen sorgen für Abwechslung.

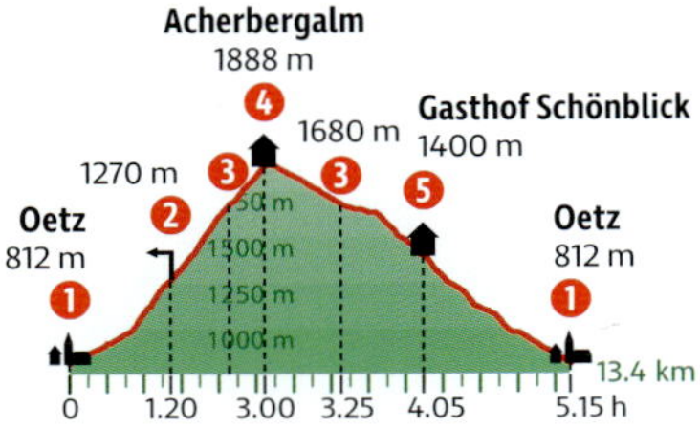

Ausgangspunkt: Oetz, 812 m, Talstation der Acherkogelbahn am südlichen Ortsende (auch Bushalt).
Anforderungen: T2–3. Überwiegend Bergsteige, die phasenweise recht steil sind; einzelne Passagen verlangen etwas Trittsicherheit. Dazwischen Abschnitte auf Forst- und Höfestraßen. Wer möchte, kann mehrheitlich auf diese ausweichen; damit ist das Gesamtniveau eher »blau« einzuordnen.
Einkehr/Unterkunft: Acherbergalm, 1888 m, Anfang Juni bis Mitte Okt., Tel. +43 699 18172370. Berggasthof Schönblick, 1400 m, Tel. +43 5252 6810.
Beste Jahreszeit: Anfang Juni bis Mitte Oktober.
Variante: Von der Acherbergalm in 45 Min. weiter aufwärts zur Bielefelder Hütte.

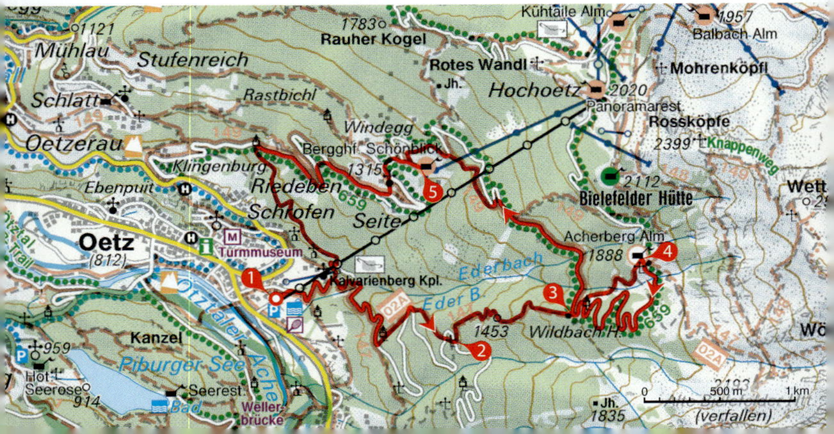

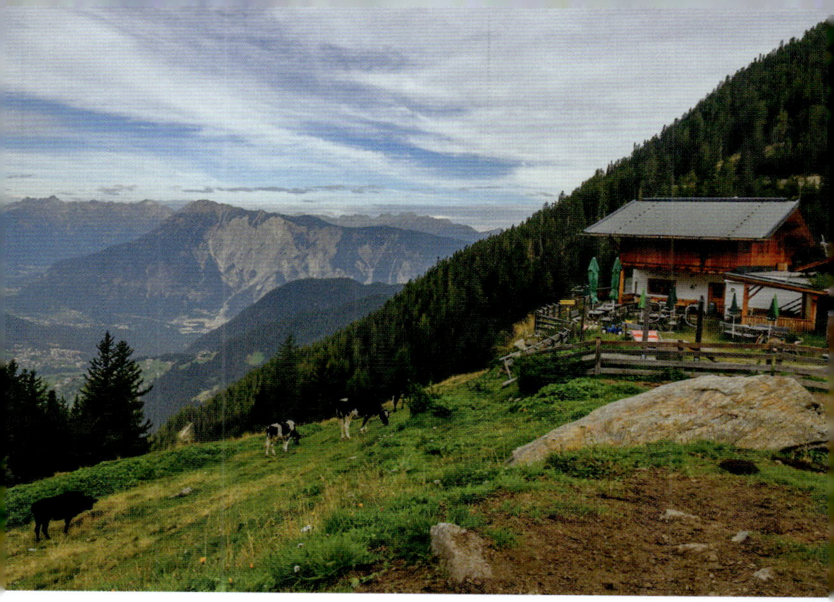

Von der Acherbergalm blickt man bis ins Inntal hinaus.

Von der Talstation in **Oetz** ❶ bergwärts zum »Kids-Park«, dann mit ein paar Kehren auf einer Forststraße weiter, ehe man sich nach rechts wendet. Ab einer Höhe von 1000 Metern kann man den breiten Wirtschaftsweg effektiv abkürzen und einen steileren Steig wählen, bevor man auf rund 1270 Metern ❷ diesem endgültig folgen muss, zumal die Forststraße in einer Sackgasse endet. Dichter Wald wird zeitweise von lichteren Zonen unterbrochen. Die Qualität der Trasse lässt mitunter etwas nach, dafür aber auch deren Steigung. Auf einer Lichtung stoßen wir auf die Almzufahrt ❸, verlassen diese jedoch bald wieder, um an einer Jagdhütte vorbei das letzte Stück zur **Acherbergalm** ❹, 1888 m, zu absolvieren.
Retour können wir wahlweise auch den Schleifen des bequemen Güterweges folgen. Ab dem erwähnten Punkt ❸ bleiben wir eh dabei und ziehen ein gutes Stück nach rechts hinüber. Während einer kleinen Gegensteigung achtet man auf einen abkürzenden Steig, der stellenweise abschüssig zum **Berggasthof Schönblick** ❺, 1400 m, im Weiler Windegg hinunterführt. Die asphaltierte Zufahrt muss im fortgesetzten Bergab nur zum Teil begangen werden, denn es gibt immer wieder Steigabschnitte zwischen den großräumig ausholenden Serpentinen, häufig allerdings nur schmal. Schon weit unten folgt man der Beschilderung »Talstation« und gelangt mit einer Traverse zurück an den Beginn der Anstiegsroute und zur Seilbahn in **Oetz** ❶.

TOP

9 Wilhelm-Oltrogge-Weg

↗ 1240 m | ↘ 1320 m | 13.5 km

8.00 h

Hochalpiner Steig von der Bielefelder zur Schweinfurter Hütte

Vom Wilhelm-Oltrogge-Weg, jener Verbindung zwischen der Bielefelder Hütte im Oetzer Skigebiet und der Schweinfurter Hütte im Horlachtal, kann der Verfasser nur höchste Loblieder singen. Mit seiner kühnen Routenführung, himmelhoch über dem vorderen Ötztal, gehört er zur absoluten Elite der Alpinsteige und bietet gestandenen, ausdauernden Bergwanderern ein echtes Touren-Highlight. Anfang und Ende sind dabei eher gemütlicher Natur, doch zwischendrin müssen wir unser Rüstzeug in anspruchsvollem Gelände auf jeden Fall parat haben. Etliche Sicherungen entschärfen heikle oder ausgesetzte Passagen. Vor allem hinsichtlich der Länge stellt der Wilhelm-Oltrogge-Weg eine Herausforderung dar.

Ausgangspunkt: Neue Bielefelder Hütte, 2112 m, erreichbar in 20 Min. von der Bergstation Hochoetz der Acherkogelbahn von Oetz (vgl. Tour 6 und 7).

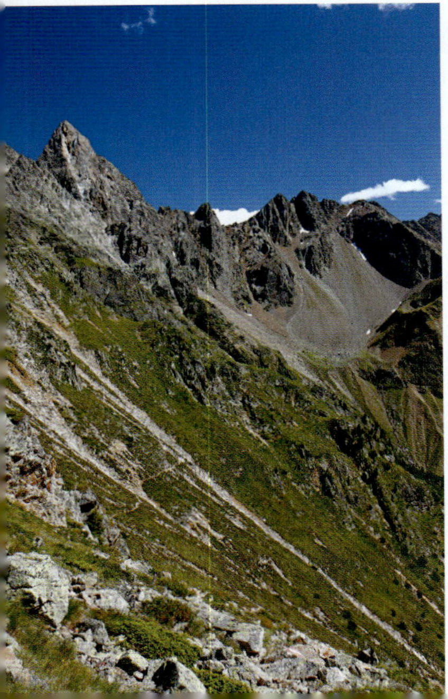

Endpunkt: Schweinfurter Hütte, 2034 m.
Anforderungen: T4. Sehr langer und anspruchsvoller Höhensteig, der speziell zwischen Achplatte und Hochreichscharte häufig durch abschüssige Fels- und Schrofenflanken führt. In Summe ziemlich viele Drahtseile sowie künstliche Griffe und Tritte. Ausgeprägte Trittsicherheit und Schwindelfreiheit sind ebenso unerlässlich wie gute Kondition und stabile Wetterverhältnisse. Bei Schneelage gefährlich und dringend abzuraten.
Einkehr/Unterkunft: Neue Bielefelder Hütte, 2112 m, Mitte Juni bis Ende September, Tel. +43 5252 6926, bielefelderhuette.at. Schweinfurter Hütte, 2034 m, Mitte Juni bis Anfang Oktober, Tel. +43 5255 50029, dav-schweinfurt.de.
Beste Jahreszeit: Juli bis September.
Varianten: 1. Vorzeitige Abstiegsmöglichkeiten vom Lauser über die Reichalm nach Farst und Umhausen oder von der Niederreichscharte Richtung Kühtai (bei drohendem Wetterumschwung unbedingt wahrnehmen).
2. Von der Hochreichscharte sehr lohnender Abstecher auf den Hochreichkopf, 3010 m, ca. 30 Min. hin und zurück.

Unser Höhenweg schneidet die Steilflanken am Wechnerkogel.

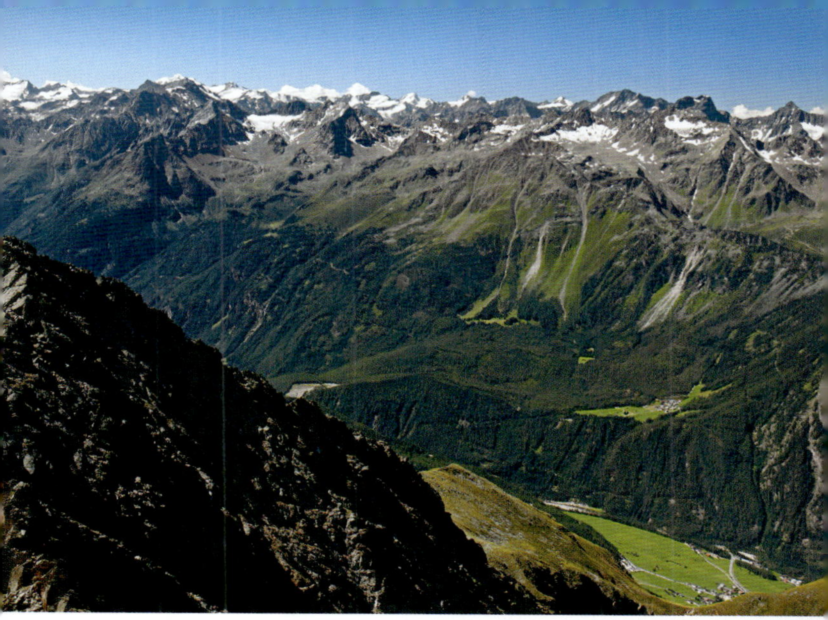

Am Oltroggeweg überblicken wir das Gipfelmeer der Ötztaler Alpen.

Von Hochoetz sind wir rasch bei der **Neuen Bielefelder Hütte** ❶, 2112 m, wo vorteilhaft Quartier bezogen wird, damit am nächsten Tag ein frühzeitiger Aufbruch gewährleistet ist. Oberhalb der Hütte noch kurz auf einer Piste und durch einen Latschengürtel zu einer Verzweigung. Hier rechts den Flankensteig einschlagen und mit geringen Höhendifferenzen südwärts zum Standort der **Alten Bielefelder Hütte** ❷, 2193 m, welche 1951 von einer Lawine zerstört wurde. Die Traverse führt jetzt unter grimmigen

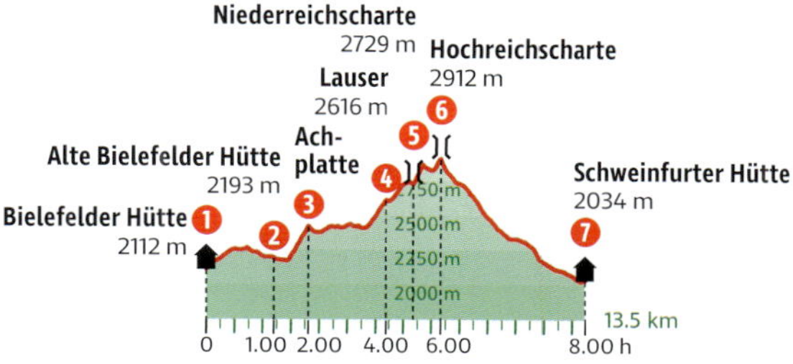

Schrofenflanken entlang und geht dann in einen kräftigen Kehrenanstieg zur **Achplatte** **3**, 2423 m, über. Wir übersteigen die ausgeprägte Geländeschulter und durchqueren dahinter das von zwei großen Rinnen durchzogene Geschröf in den Flanken von Acher- und Wechnerkogel (wiederholt Sicherungen). Eher harmlos zeigt sich der anschließende Österkarkessel, bevor der Nordhang zum **Lauser** **4**, 2616 m, erstiegen wird. Hier erwartet uns, ziemlich genau zur Halbzeit, einer der schönsten Rastpunkte der Tour.

Von dieser Westschulter des Hochbrunnachkogels nach links in schräg ansteigender Linie zur **Niederreichscharte** **5**, 2729 m, wo ein Steig ins Längental abzweigt und für uns der anspruchsvollste Abschnitt des Oltroggeweges eingeleitet wird. Teils an Sicherungen empor zu einer Blockrippe und mit recht verzwickten, langwierigen Traversen – weiterhin öfters eisenhaltig entschärft – ein Stück weit durch die abschüssige Westflanke des Hochreichkopfes. Nach dem Auf und Ab gewinnen wir wiederum steil in der engen **Hochreichscharte** **6**, 2912 m, den Scheitelpunkt. Gipfelsammler

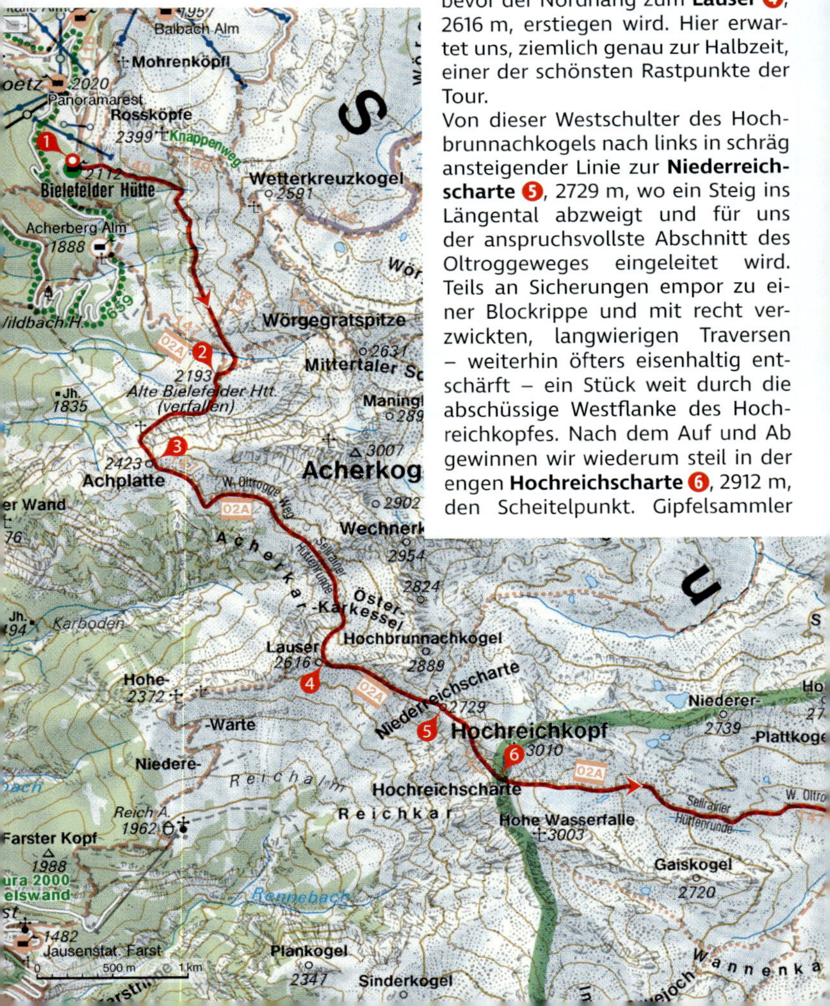

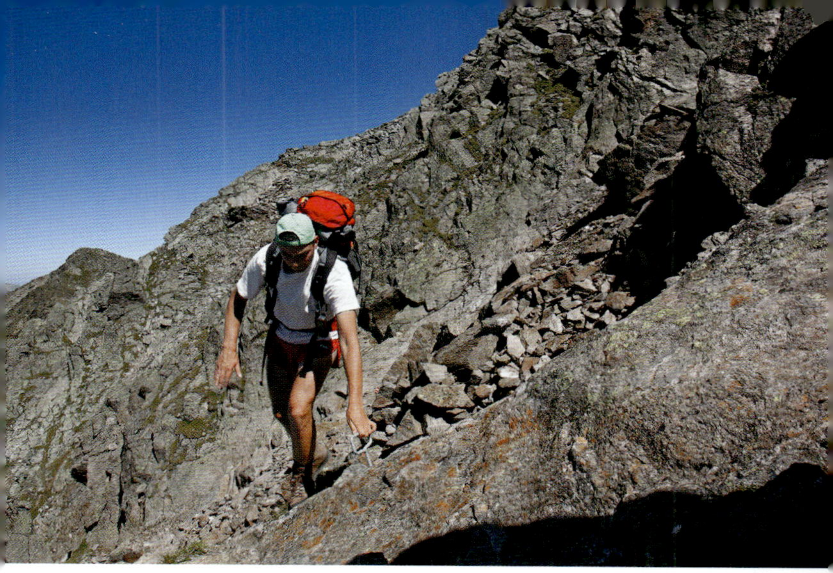

Abschüssige Felsflanken erfordern Aufmerksamkeit.

werden freilich auch dem **Hochreichkopf**, 3010 m, noch rasch aufs Haupt steigen (deutliche Pfadspuren ohne wesentliche Kletterei) und damit den Panoramakreis maximal erweitern.

Die erste Abwärtspassage auf der Ostseite ist etwas rutschig, doch flacht unser Steig auf die oberen, von zwei Seen geschmückten Böden des Kleinen Horlacher Steinkars rasch ab. Aus den Blockschuttfluren über die Schwelle auf eine Rückenstruktur und leicht links haltend in Kehren über eine steilere Geländepartie tiefer. Mittlerweile in grasigem Terrain lassen wir die **Finstertaler Alm**, 2147 m, auf der rechten Bachseite liegen, queren einen licht bewaldeten Hang und treffen auf den breiten Güterweg im Horlachtal, der uns in Kürze zu unserem Ziel, der **Schweinfurter Hütte** 7, 2034 m, bringt. Für den Talabstieg nach Niederthai siehe Tour 21.

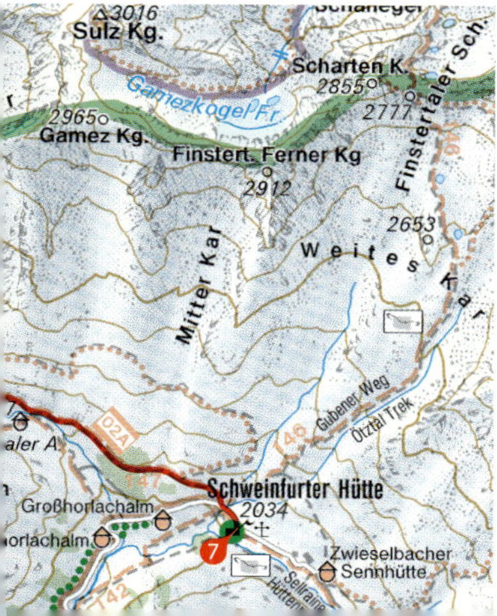

↗ 200 m | ↘ 200 m | 5.9 km

10 Piburger See, 914 m

2.00 h

Zum wärmsten Bergsee Tirols

Der Piburger See gilt als Kleinod des vorderen Ötztals und als beliebtes Ausflugsziel mit Badequalität (aus Naturschutzgründen nur an der freigegebenen Stelle). Wie eine Perle bettet er sich in eine bewaldete Geländewanne. Aus dem reichhaltigen Wegeangebot ringsum wählen wir den Zugang von Habichen über die – bei Wildwasserfahrern berühmte – Wellerbrücke und kehren nach Begehung des anheimelnden Uferrundweges auf einer anderen Route via Kohlstatt zurück. Dabei begeistert uns ein verwunschenes Bergsturzgelände, wo alles mit Moos überwachsen ist.

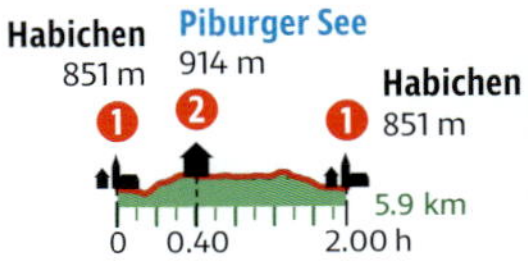

Ausgangspunkt: Habichen, 851 m, Parkmöglichkeit im Ort oder hinter der Unterführung. Busverbindung durchs Ötztal.
Anforderungen: T1. Leichte, wenig beschwerliche Kurzwanderung im Talbereich. Teils Forststraßen, teils Wanderwege, meist bewaldet.
Einkehr: Restaurant Seehäusl, Tel. +43 664 1825786.
Beste Jahreszeit: Praktisch ganzjährig.
Varianten: Diverse individuelle Gestaltungsmöglichkeiten, z. B. auch von Oetz oder Piburg aus, außerdem über die Kanzel, den Schöpfweg etc.

Die Wellerbrücke überspannt die wild rauschende Ötztaler Ache.

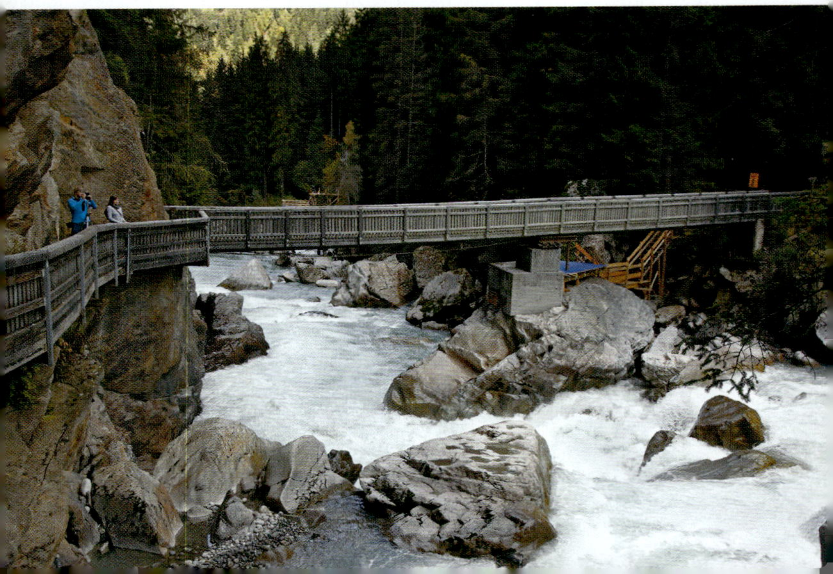

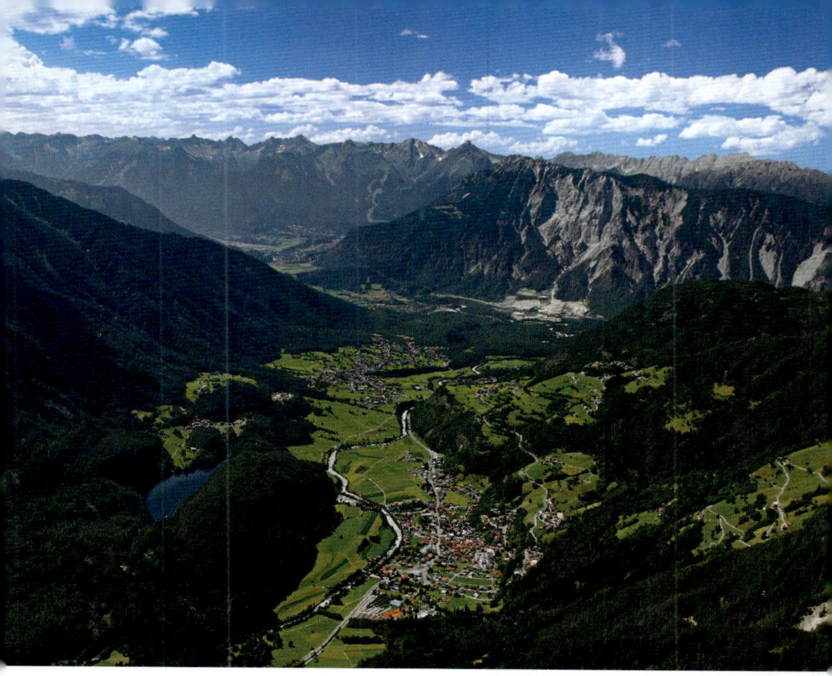

Vogelperspektive auf das vordere Ötztal und den dunkelblauen Piburger See.

In **Habichen** ❶, 851 m, gehen wir als Erstes unter der Bundesstraße hindurch, dann nach rechts in den Wald und der Beschilderung folgend zur **Wellerbrücke**. Jenseits der wild schäumenden Ötztaler Ache am Hang hoch zu einer Forststraße, die uns zum Seehäusl am **Piburger See** ❷, 914 m, bringt. Die Umrundung sollten wir uns nicht entgehen lassen – ganz nach Gusto im oder entgegen dem Uhrzeigersinn. Dabei kommt man auch an den Zugängen von der Piburger Straße vorbei. Knapp westlich vom Seehäusl zweigt unser Rückweg via **Kohlstatt** nach Habichen ab. Wir durchschreiten leicht auf und ab ein märchenhaft anmutendes Bergsturzgelände im Wald, kommen danach wieder auf eine breite Forststraße, die in den südlichen Ortsbereich von **Habichen** ❶ führt.

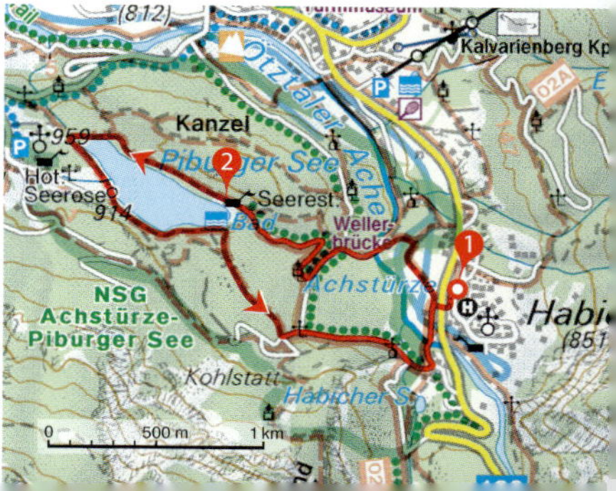

Region Umhausen – Niederthai

Wo Habicher Wand und Armelenwand zusammenrücken und den Talverlauf einschnüren, dringen wir über die nächste Stufe ins Gebiet der Gemeinde Umhausen vor. Dazu gehört als erste Ortschaft im Norden Tumpen. Der Boden ist hier eher noch schmal, beidseits steigen die Berglehnen steil an, teils mit veritablen Felsabbrüchen wie an der 500 Meter hohen Engelswand. Aus dem Tumpental schießen die Tumpener Wasserfälle hervor. Hinter den Weilern von Östen kommt man nach Umhausen, das sich auf dem grünen Schwemmkegel aus dem Horlachtal ausbreitet. Umhausen gilt als älteste Ansiedlung des Ötztales und hat sich trotz stattlicher Größe seinen dörflichen Charakter gut bewahren können. Das touristische Angebot hinsichtlich Sport und Freizeit, Kunst und Kultur ist gewohnt vielfältig. Wer frühgeschichtlich interessiert ist und dabei einer modernen Machart aufgeschlossen gegenübersteht, wird das Ötzi-Dorf besuchen – ein archäologischer Freilichtpark, der uns in die Steinzeit zurückversetzt.
Geradezu spektakulär wie ein Adlerhorst klebt der bereits im Mittelalter gegründete Weiler Farst rund 500 Meter oberhalb des Talbeckens an den Steilhängen und verströmt bis heute einen Hauch von Archaik. Ein anderer schöner Bergweiler, allerdings auf einer weitläufigen Terrasse gelegen, heißt Köfels. Ein gewaltiger nacheiszeitlicher Bergsturz ging hier einst nieder. Landschaftliche Attraktion Nummer eins im Nahbereich von Umhausen ist freilich der Stuibenfall, mit 159 Meter Höhe der größte Wasserfall Tirols. Bergwanderer zieht es vor allem in die Almhochtäler auf der westli-

Umhausen liegt auf der zweiten »Treppenstufe« des Ötztals.

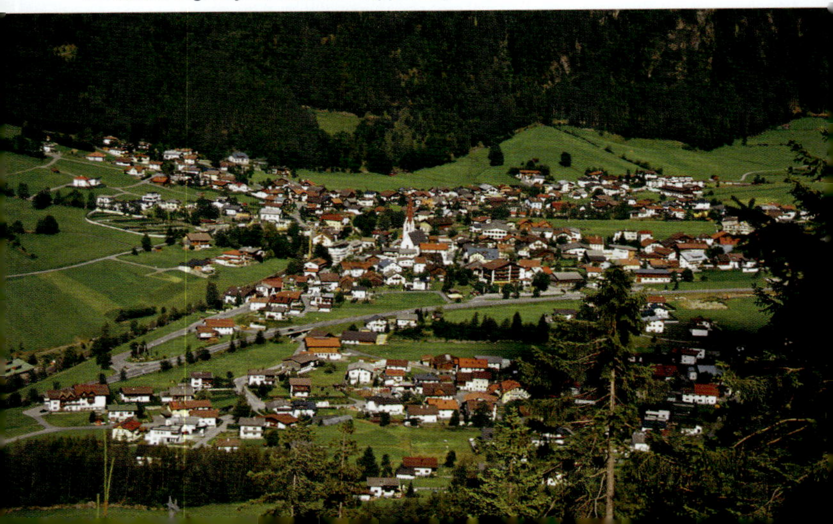

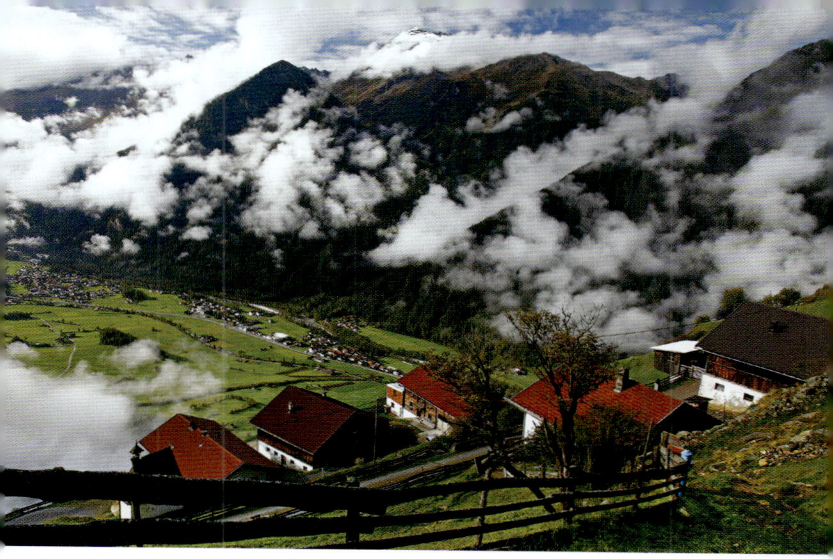

Einen der schönsten Blicke ins Ötztal hat man vom Weiler Farst.

chen Seite: ins Tumpen-, Leiers- und Fundustal. Natürlich kann man es hier auch via Erlanger und Frischmannhütte auf die bis zu 3000 Meter messenden Gipfel treiben.
Im Bereich der Stubaier Alpen gegenüber liegt das Wanderparadies Horlachtal mit dem hübschen, sonnigen und sehr ruhigen Bergdorf Niederthai. Drunten im Haupttal ahnt man kaum, welch weit verzweigte Bergwelt sich dort oben auftut. Die Schweinfurter Hütte dient als Stützpunkt für einen bunten Tourenstrauß – diverse Übergänge zu den Nachbarhütten in den Sellrainer Bergen und mehr als ein halbes Dutzend Wegeberge. Von den zahllosen unerschlossenen Gipfeln, dem alpinen Ödland, wollen wir hier erst gar nicht anfangen zu reden …

Imposante Kaskade des Stuibenfalls.

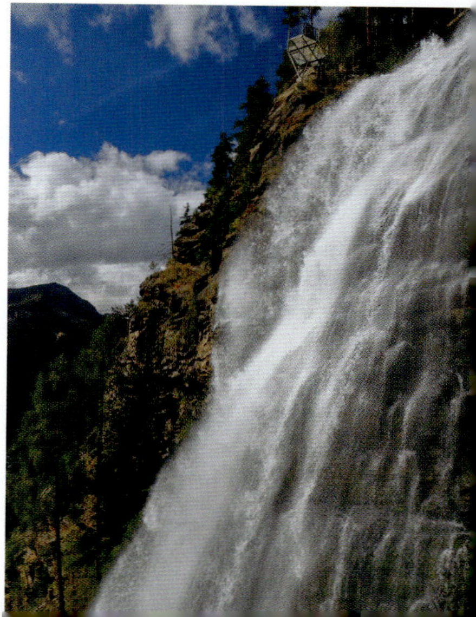

↗ 1580 m | ↘ 1580 m | 19.6 km

11 Erster Karkopf, 2513 m

7.45 h

Über die Armelenhütte ins Tumpental

Erster Karkopf – das mag sich weder besonders originell noch herausfordernd anhören. Dennoch gehört dieser Gipfel am nördlichen Ende des Geigenkammes zu den lohnendsten Aussichtsbergen der Region und lockt sogar mit einer Überschreitungsmöglichkeit. Rege frequentiert werden diese Routen allerdings nicht, abgesehen von der romantischen Armelenhütte und der Vorderen Tumpenalm, die als Einkehrstationen auf halber Höhe liegen. Wer sich also das stattliche Pensum der Tour nicht auferlegen will, findet im Almniveau auch schon feine Ziele.

Ausgangspunkt: Tumpen, 937 m. Parkmöglichkeiten im Ort, Bushalt Riederbrücke. Mit dem Hüttentaxi von Umhausen evtl. zur Armelenhütte, Information und Reservierung unter Tel. +43 5255 5858 oder +43 664 1818740.
Anforderungen: T3. Bis zu den Almen auf Forststraßen (zur Armelenhütte ggf. steilere Abkürzung). Die eigentliche Gipfeltour verläuft auf kleinen, teils undeutlich markierten Pfaden in streckenweise stark bewachsenem Terrain. Trittsicherheit, Orientierungsvermögen und gute Kondition für eine lange Tagestour wichtig.
Einkehr/Unterkunft: Armelenhütte, 1747 m, Anfang Juni bis Ende September, Tel. +43 676 6702687. Vordere Tumpenalm, 1831 m, Tel. +43 664 3266715.
Beste Jahreszeit: Mitte Juni bis Mitte Oktober.
Varianten: Verkürzte Tour mittels Querung von der Armelenhütte zur Vorderen Tumpenalm (blau), insgesamt 4.30 Std. Von der Tumpenalm gibt es wiederum eine Verbindung zur Gehsteigalm.

Blick ins wildromantische Tumpental, überragt vom Brechkogel.

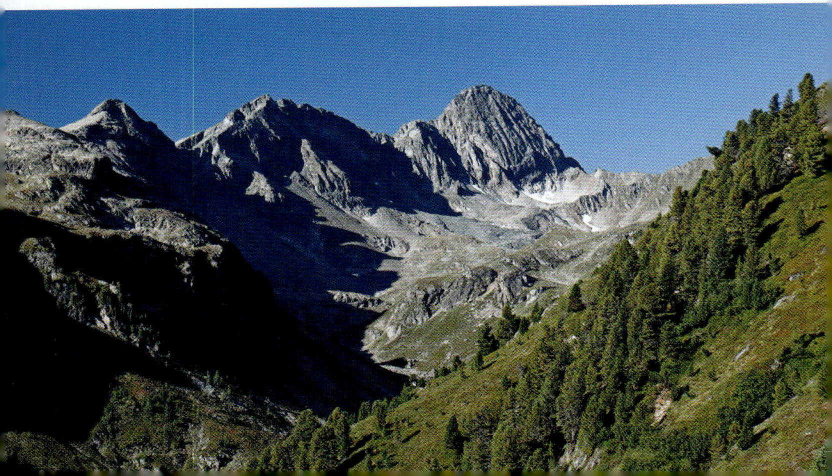

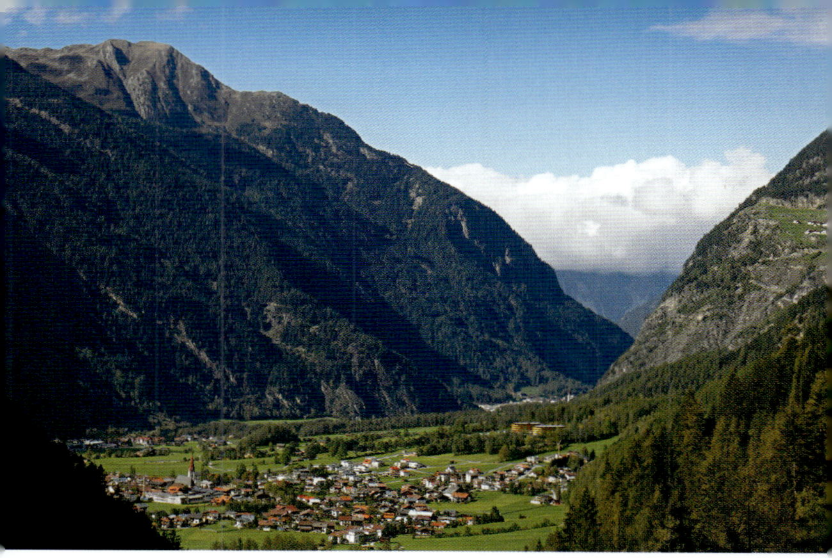

Umhausen mit den hohen Waldflanken, die zum Karkopf aufschließen.

In **Tumpen** ❶, 937 m, orientieren wir uns zum Ortsteil Bödele und kommen damit auf die Forststraße zur Armelenhütte, die in vielen Schleifen an der Berglehne emporführt. Zwischendurch ein Nahblick auf den Tumpener Wasserfall. Nach ca. 1 Std. empfiehlt sich, rechts die Abkürzung einzuschlagen. Damit in Kürze auf die andere Bachseite (oberhalb des Wasserfalls) und auf einem steilen Waldsteig wieder zum Güterweg, der uns mit wenigen Schritten zur **Armelenhütte** ❷, 1747 m, bringt.

Hier beginnt ein kleiner, im Waldgürtel oft noch holpriger und etwas verschlungener Steig. Mitunter gibt es kleinere Hindernisse an Wurzelstöcken

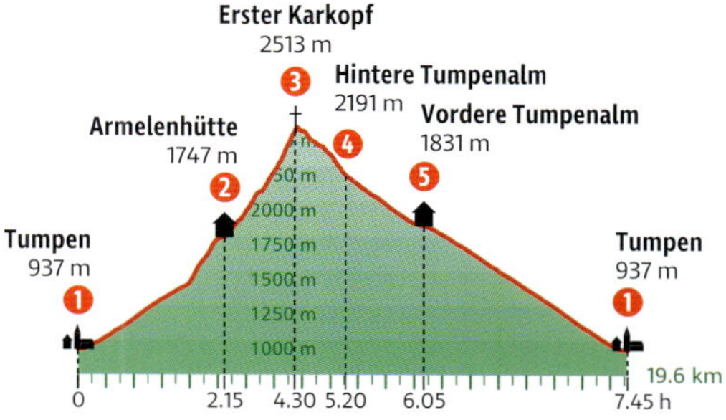

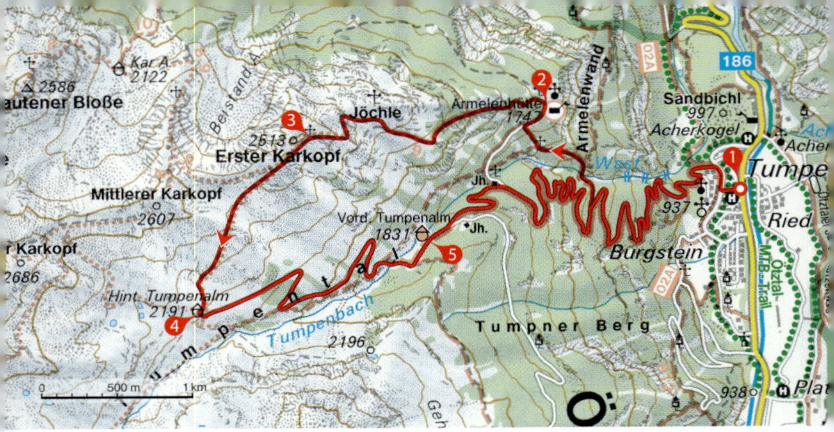

oder glatten Felsen (einmal Holzleiterchen). Dem Aufschwung zur Ostschulter wird links ausgewichen, womit wir auf einen Absatz und in freies Gelände vorankommen. Durch letzte Zirben schließen wir wieder zum stumpfen Bergrücken auf, der in der Nähe ein Plateau mit Wetterkreuz ausbildet, steigen im Zickzack höher und gelangen über harmlose Schrofen zum Gipfelkreuz auf dem **Ersten Karkopf** ❸, 2513 m, das sich knapp unterhalb der höchsten Kuppe befindet.

Im Abstieg wendet man sich in die anfangs abschüssige Südflanke und folgt dort dem besser bezeichneten Steig in Grundrichtung Südwest; dabei ein undeutlicher Abzweig zum Mittleren und Hohen Karkopf. Durch gegliederte Kare teils querend, teils schräg absteigend bis zur **Hinteren Tumpenalm** ❹, 2191 m, wo wir wieder auf einen breiten Wirtschaftsweg stoßen. Diesem bzw. der holprigeren Abkürzung folgend durchs Tumpental hinaus zur Jausenstation der **Vorderen Tumpenalm** ❺, 1831 m. Zuletzt über die serpentinenreiche Forststraße noch weit hinab ins Tal nach **Tumpen** ❶.

Am Ersten Karkopf geht es urwüchsig zu.

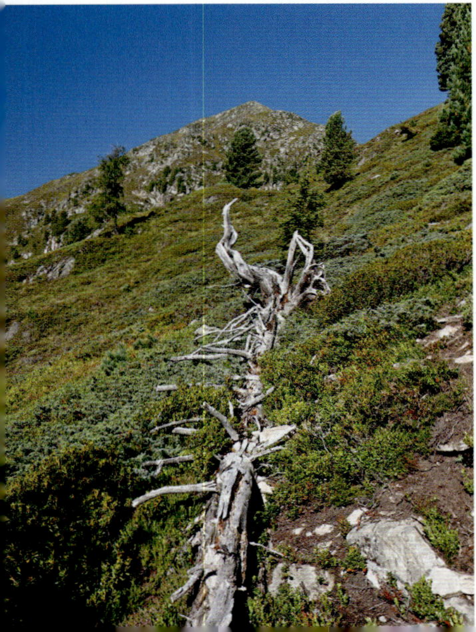

↗ 1100 m | ↘ 800 m | 9.9 km

5.20 h

TOP

Erlanger Hütte, 2550 m

12

Zur rustikalen Hütte am Wettersee

Die Lage der Erlanger Hütte ist einfach traumhaft: Von der Karschwelle mit dem tiefblauen Wettersee blickt man durch den Einschnitt des Leierstals auf die nordwestlichen Stubaier Alpen. Die rund 1600 Höhenmeter aus dem Tal bedeuten ein stattliches Pensum, das gern mittels Hüttentaxi auf die Hälfte reduziert wird. Umso mehr Verweilzeit bleibt für die alpinen Gefilde, wenn man sich nicht schon am eher monotonen Waldsockel verausgabt. Das »Taxi Umhausen« fährt übrigens Leierstalalm, Fundusalm, Gehsteigalm, Vordere Tumpenalm und Armelenhütte an, was in diesem Bereich einigen Spielraum eröffnet. Wir kombinieren hier zwei Wege zu unserem Hüttenziel.

Die Erlanger Hütte nimmt am nördlichen Geigenkamm einen Logenplatz ein.

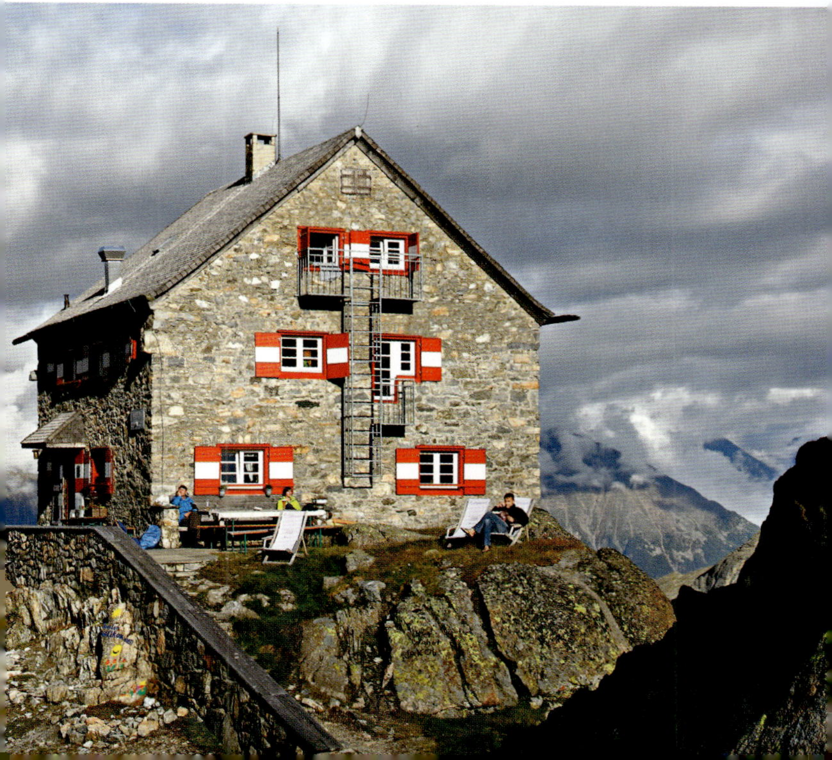

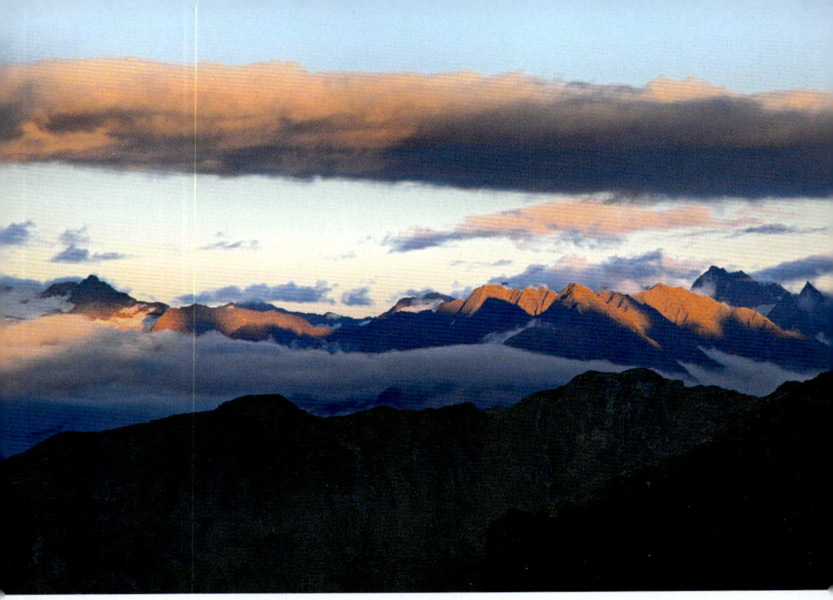

Abendstimmung bei der Erlanger Hütte; gegenüber liegen die Stubaier Alpen.

Ausgangspunkt: Leierstal, ca. 1600 m, erreichbar mit dem Hüttentaxi von Umhausen, Infos und Reservierung unter Tel +43 5255 5858 oder +43 664 1818740.
Endpunkt: Gehsteigalm, 1894 m. Wird nach Vereinbarung ebenfalls vom Hüttentaxi angefahren.
Anforderungen: T2–3. Ordentliche Bergwege in Gras- und Schrofengelände, im Allgemeinen nicht steil angelegt.
Einkehr/Unterkunft: Erlanger Hütte, 2550 m, Ende Juni bis Mitte/Ende September, Tel. +43 664 3920268, alpenverein-erlangen.de. Gehsteigalm, 1894 m, seit 2016 geschlossen.
Beste Jahreszeit: Ende Juni bis Ende September.
Varianten: Aufstieg Richtung Leierstalalm bzw. Gehsteigalm auch zu Fuß von Umhausen, Östen oder Tumpen möglich, womit sich die Gehzeit erheblich verlängert (besser mit Hüttenübernachtung).

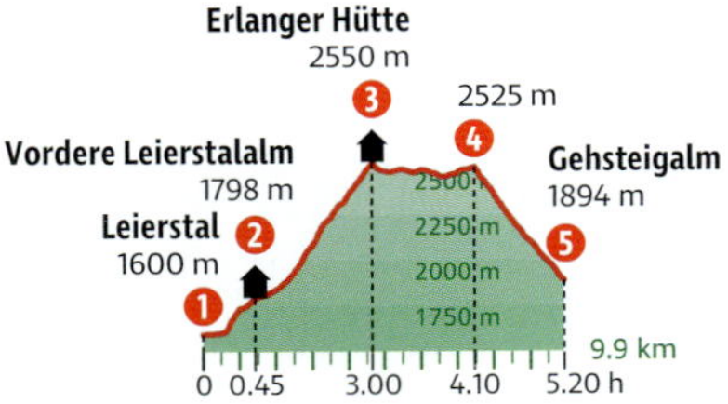

Wegen eines Erdrutsches setzt uns das Hüttentaxi momentan schon bei der ersten Kehre hinter der Abzweigung ins Fundustal ab ❶. Wir folgen einer neu eingerichteten Wegführung, die mit etwas Höhenverlust den Leiersbach kreuzt und dann zur **Vorderen Leierstalalm** ❷, 1798 m, ansteigt. Weiter zur Materialseilbahn im Hintergrund und dort rechts auf einen Steig Nr. 913, der sich geschickt über den Talriegel höherschraubt. Nach zahlreichen Windungen erreichen wir oben auf der Felsschwelle den gefälligen Natursteinbau der **Erlanger Hütte** ❸, 2550 m, und gehen natürlich auch gern noch ein paar Schritte weiter bis zum **Wettersee**.

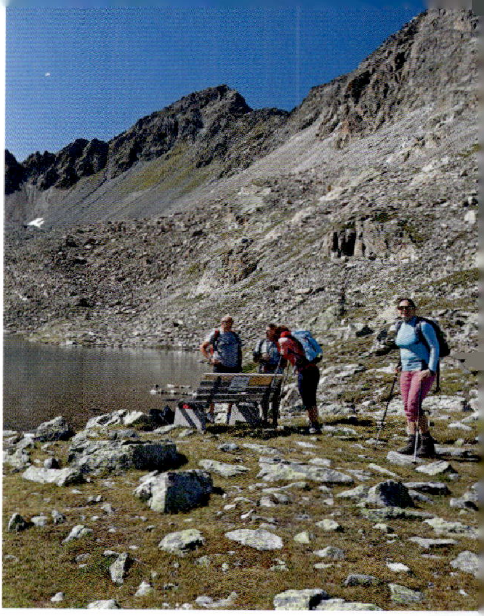

Am Wettersee, nur einen Katzensprung von der Hütte entfernt.

Die für den Rückweg vorgesehene Route Nr. 912 beginnt mit einer kurzen gesicherten Abwärtspassage. Danach setzt man zu einer langen Traverse auf der linken Seite des Kessels an. Nach Abzweig des Forchheimer Weges wird die Hangquerung fortgesetzt – zwischendurch auch wieder leicht ansteigend –, bis man sich ziemlich nah unterhalb der Kreuzjochspitze befindet und vor einem markanten Geländeabfall steht ❹. Dort windet sich unser Weg auf gebietstypischem Untergrund aus Schutt, Erde und Gras tiefer, allmählich in die Waldzone eintauchend. Wir passieren ein Gatter und gelangen zur urigen **Gehsteigalm** ❺, 1894 m, die leider nicht mehr bewirtschaftet ist.

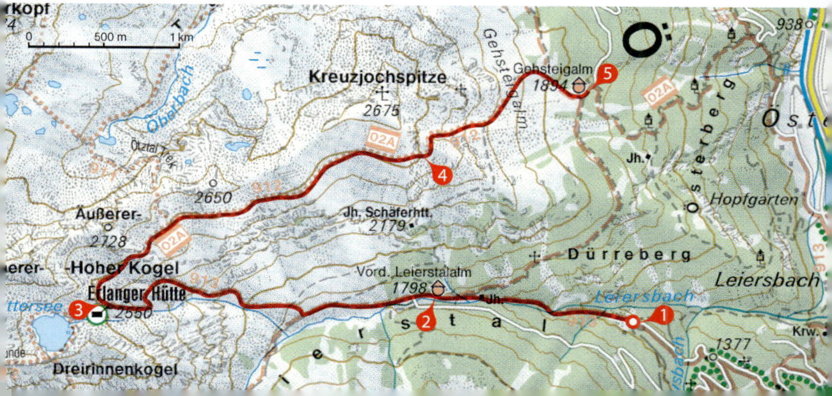

↗ 420 m | ↘ 420 m | 4.2 km

13 Wildgrat, 2971 m

2.30 h

Der Hausberg der Erlanger Hütte

Im Geigenkamm der Ötztaler Alpen, der sich immerhin vom Inntal bis gegen das Wildspitzgebiet erstreckt, zählt der Wildgrat zu den bekanntesten Gipfeln, obwohl ihm ein paar Meter zum Dreitausender fehlen. Mit Steiganlagen sowohl von der Erlanger Hütte als auch aus dem Pitztal (Hochzeiger bzw. Ludwigsburger Hütte) ist dem schroff gezackten Felskastell ein reger Besuch garantiert. Wer auf der gemütlichen Erlanger Hütte übernachtet, kann bereits zeitig am nächsten Morgen auf dem Gipfel stehen und dann in Ruhe das famose Panorama auskosten, bevor allfällige Quellwolken die Fernsicht einschränken. In gleichem Maße bestechen hier die vergletscherten zentralalpinen Gefilde und die Kalkalpen im Norden – eine perfekte Repräsentation Nordtirols großer Landschaftsräume.

Beim Aufstieg zum Wildgrat lassen wir den Wettersee unter uns.

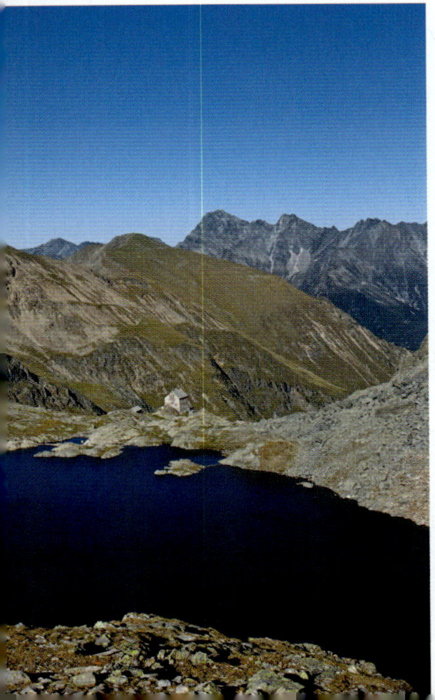

Ausgangspunkt: Erlanger Hütte, 2550 m. Zugang von Umhausen siehe Tour 12.
Anforderungen: T4. Markierter Steig in hochalpinem, teils felsigem Gelände. Kurze Stellen im I. Grad, mitunter auch Schneefelder, daher Bergerfahrung und solide Trittsicherheit wichtig. Von der Hütte aus nur ein kleines Programm, als Tagestour vom Tal hingegen anstrengend.
Einkehr/Unterkunft: Erlanger Hütte, 2550 m, Ende Juni bis Mitte/Ende September, Tel. +43 664 3920268, alpenverein-erlangen.de.
Beste Jahreszeit: Juli bis September.
Variante: Wer vom eigenen Auto unabhängig ist, kann eine Überschreitung nach Westen ins Pitztal erwägen, am besten zur Hochzeigerbahn von Jerzens (gut 2 Std. ab Gipfel).

Zur **Erlanger Hütte** ❶, 2550 m, gelangen wir wie im vorigen Kapitel beschrieben entweder über die Vordere Leierstalalm oder von der Gehsteigalm aus. Am nahen **Wettersee** schwenken wir von Osten her nach links zum Südufer, passieren den Dreirinnenkogel und gewinnen

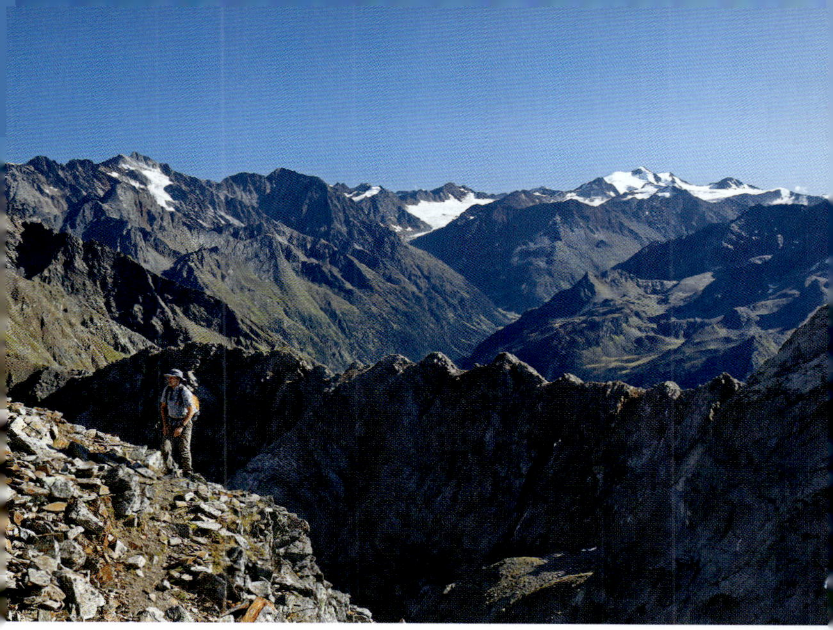

Großartige Gipfelschau bis ins Wildspitzgebiet zuhinterst.

über Schutt und Gletscherschliffe mit letzten Graspolstern allmählich an Höhe. Je nach Jahreszeit legen sich auch Schneeflecken dazwischen. Über flachere Passagen schmiegt sich die Route einer Gratkante an und nähert sich dem steilen Gipfelaufbau. Dort durch Plattenzonen sowie über Blockgestein, durchaus etwas exponiert, aber immer noch steigähnlich, bis auf den Gipfel des **Wildgrates** ❷, 2971 m. Der Abstieg erfolgt auf derselben Route.

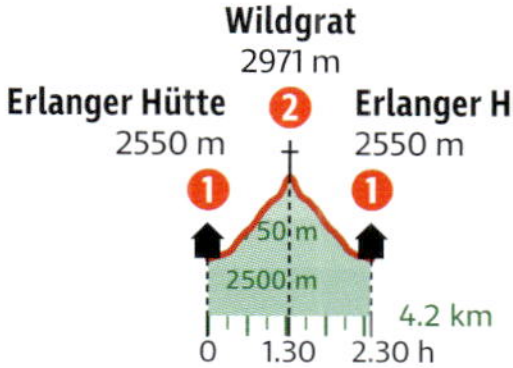

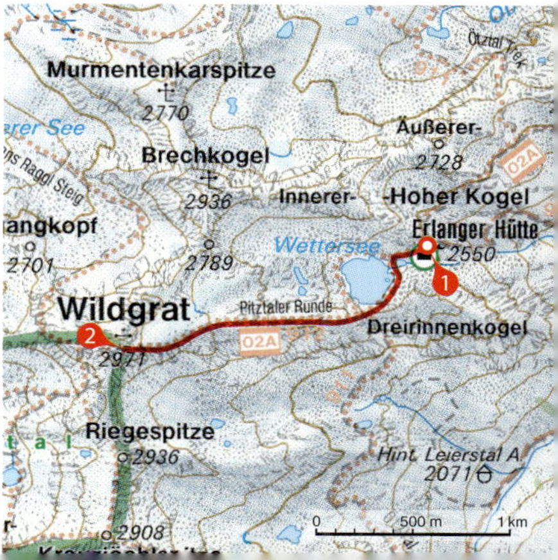

↗ 1120 m | ↘ 1120 m | 10.3 km

14 Fundusfeiler, 3079 m

5.30 h

Dreitausender mit Weg über der Frischmannhütte

Im wilden Geigenkamm sind nur wenige Gipfel mit einer markierten Route erschlossen. Deshalb kommt dem Fundusfeiler als Hausberg der Frischmannhütte eine große Bedeutung zu. Dass man sich damit eine Dreitausender-Trophäe holt, freut die Statistiker ganz besonders. Mehr als das zählt freilich die weitreichende Aussicht über die Bergwelt des Ötz- und Pitztals bis hin zum firngleißenden Alpenhauptkamm im Süden. Und für manche auch die Einkehr in der Frischmannhütte, die für ihre gute Küche bekannt ist.

Ausgangspunkt: Hintere Fundusalm, 1964 m, erreichbar mit dem Hüttentaxi von Umhausen, Infos und Reservierung unter Tel. +43 5255 5858 oder +43 664 1818740.

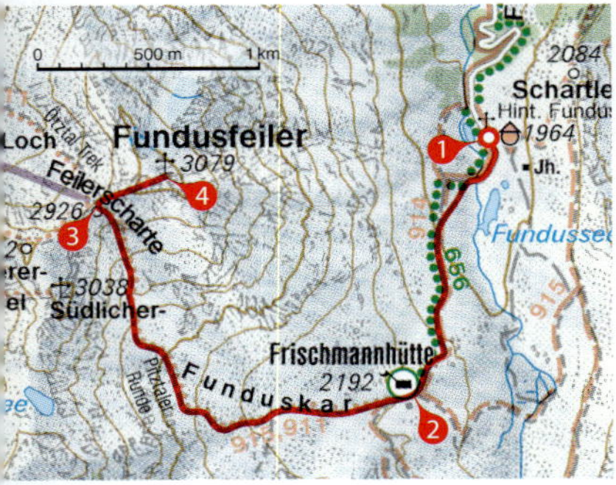

Anforderungen: T3–4. Markierter Bergweg, der in zunehmend hochalpines Gelände führt. Trittsicherheit und zuweilen minimale Kletterei (I) erforderlich, einige Passagen gesichert. Mit Taxi-Unterstützung normales Tagespensum, ansonsten ist eine Hüttenübernachtung nötig.
Einkehr/Unterkunft: Hintere Fundusalm, 1964 m. Frischmannhütte, 2192 m, Mitte Juni bis Ende September, Tel. +43 676 7448339, frischmannhuette.at.
Beste Jahreszeit: Juli bis September.
Variante: Es gibt eine lohnende Höhenverbindung von der Erlanger Hütte über die Flanken des inneren Leierstales, das Schwarze Loch und die Feilerscharte zur Frischmannhütte. Das ermöglicht einen großen Rundkurs, Gesamtgehzeit unter Berücksichtigung des Taxi-Shuttles ca. 9 Std. (siehe Rother-Wanderführer »Trekking im Ötztal – Pitztal«).

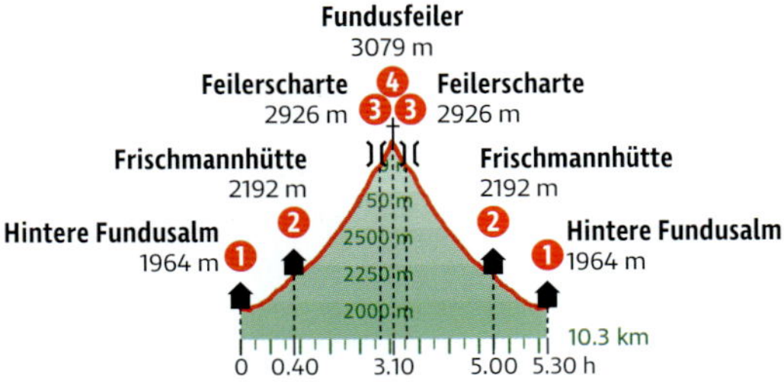

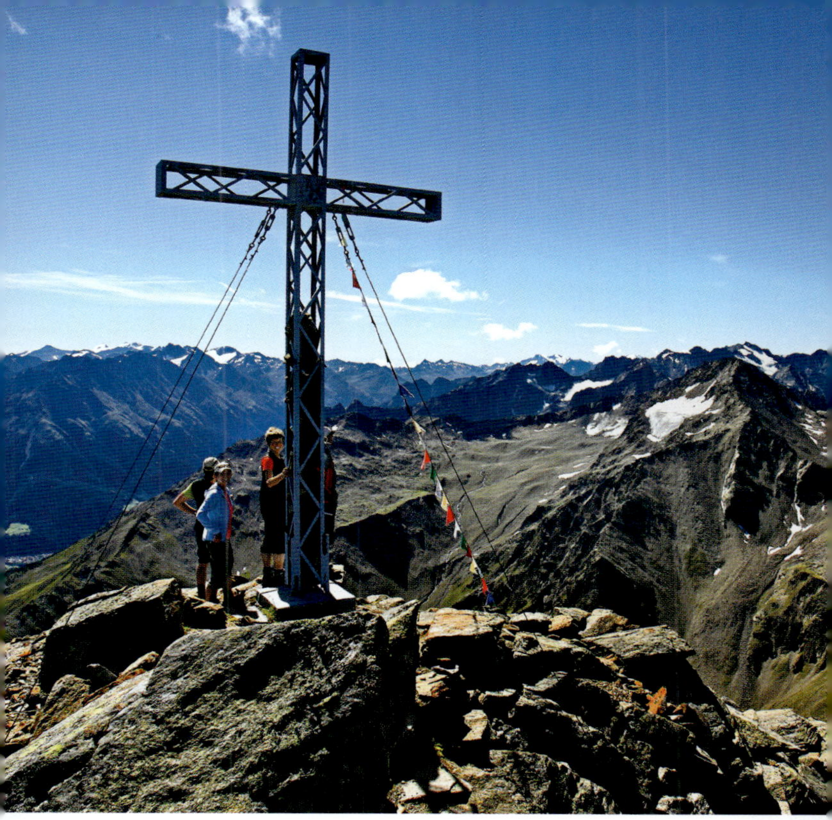

Am Fundusfeiler schnuppern wir Dreitausenderluft.

Das Umhauser Hüttentaxi bringt uns nach Voranmeldung bequem zur **Hinteren Fundusalm** ❶, 1964 m, hinauf. Ein Fußmarsch würde ab Umhausen fast drei Stunden zusätzlich beanspruchen, ab Köfels etwas weniger. Vor dem Fundussee begeben wir uns auf die rechte Seite und steigen nun rasch zur **Frischmannhütte** ❷, 2192 m, an. In westlicher Richtung öffnet sich das Funduskar, wo zunächst keinerlei Hürden auftauchen. Unter dem Lehner Grieskogel wird es allerdings steiler. Mittels Sicherungen neben einer Schluchtrinne aufwärts und über Blockschutt und Schrofen, eventuell auch Firn bis in die **Feilerscharte** ❸, 2926 m. Zuletzt geht es am blockigen, aber nicht übermäßig schwierigen Südwestgrat zum **Fundusfeiler** ❹, 3079 m, hinauf. Abstieg über dieselbe Route.

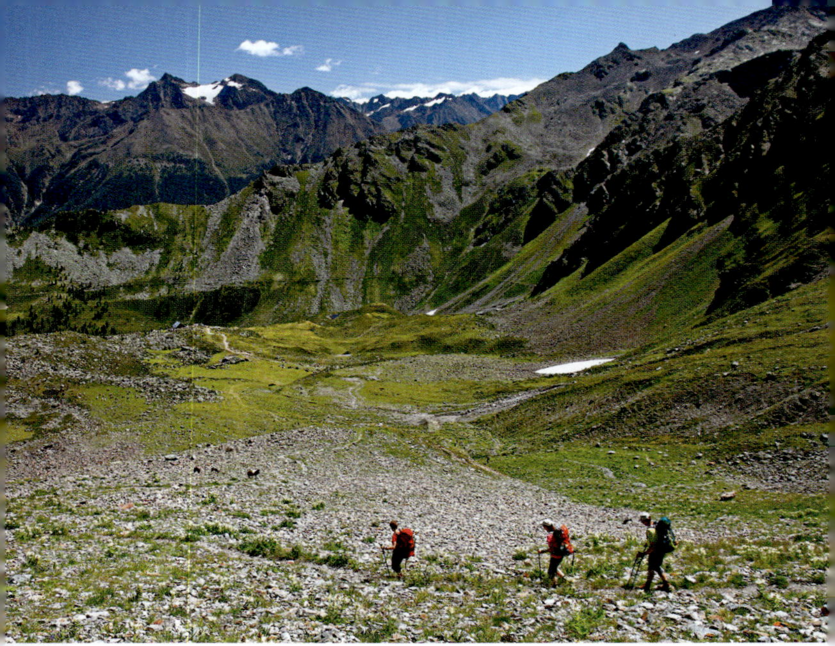

Oben: Beim Rückweg durchs Funduskar, das gutmütig ausläuft.
Unten: Die Frischmannhütte, beliebtes Wanderziel und Stützpunkt für den Fundusfeiler.

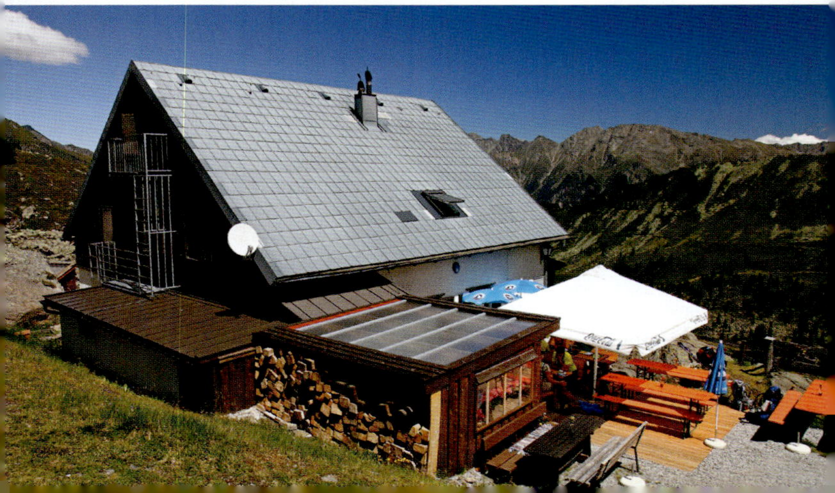

↗ 1540 m | ↘ 1540 m | 18.5 km

9.00 h

Innerberger Felderkogel, 2810 m

15

Einsames Gipfelziel in urtümlicher Landschaft

Im Geigenkamm der Ötztaler Alpen tragen nur wenige Gipfel geläufige Namen. Den überwiegenden Rest könnte man als Schar der Unbekannten bezeichnen, obwohl es sich hier im Grunde um ein hochinteressantes, allerdings wenig massentaugliches Berggebiet handelt. So sieht etwa auch die spannende Durchquerung (ausführlich beschrieben im Wanderführer »Trekking im Ötztal – Pitztal«) aufgrund ihres Anspruchs nur relativ wenige Anwärter. Unter den Gipfelzielen ist der Innerberger Felderkogel ein Geheimtipp für den »Normalo«. Die Besteigung sei hier in eine großzügige Runde eingebunden, die in Köfels ihren Ausgang nimmt, über das Schartle zum ehemaligen Waalweg wechselt und von der Frischmannhütte die Hochlagen ansteuert. Über die Wurzbergalm lässt sich der Rundkurs später schließen. Die Gratkanzel bei P. 2810 am Innerberger Felderkogel ist mit einem Gipfelkreuz versehen – ein Fleck, den man höchstwahrscheinlich in ziemlicher Stille genießen kann.

Ausgangspunkt: Köfels, Bergweiler über dem mittleren Ötztal mit gebührenpflichtigem Parkplatz, ca. 1380 m, knapp abseits der Ortslage. Abzweig der Zufahrt südlich von Umhausen (kein Busanschluss).
Anforderungen: T3+. Ausgiebiger Kehrenweg durch Wald zum Schartle, anschließend gut ausgebauter Höhenweg zur Frischmannhütte und auch Richtung Felderjöchl. Im obersten Teil etwas ruppiger und speziell zum Gipfel ein wenig Händeunterstützung nötig. Beim Rückweg nach und nach wieder leichter. Außer Trittsicherheit auch etwas Orientierungsvermögen und vor allem eine sehr gute Kondition angezeigt (ggf. Übernachtung in der Frischmannhütte).
Einkehr/Unterkunft: Frischmannhütte, 2192 m, Mitte Juni bis Ende September, Tel. +43 676 7448339, frischmannhuette.at. Wurzbergalm, 1575 m, Tel. +43 664 9858307.
Beste Jahreszeit: Juli bis September.

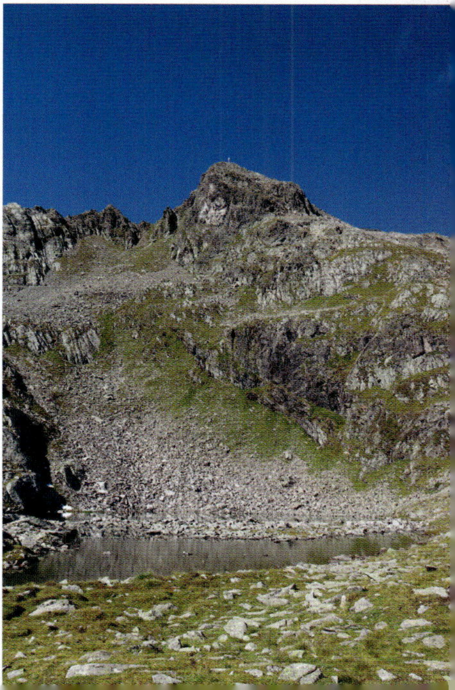

Der Gipfelaufbau über dem Plattachsee.

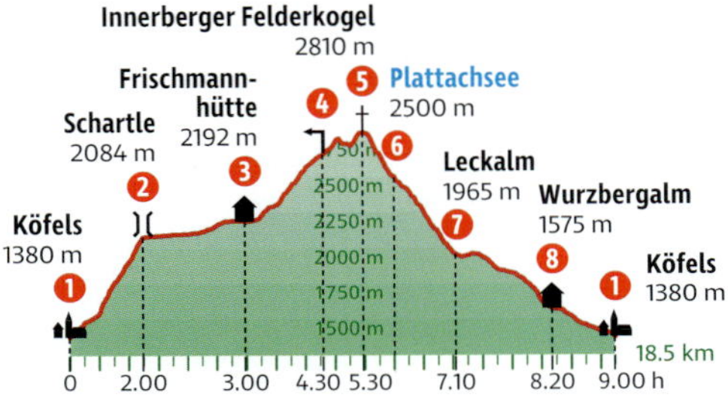

Wir starten in **Köfels** ❶ bergwärts mit einer nach links ausholenden Schleife zu einer Wiesenschneise, die geradeaus den Kurs vorgibt. Dahinter beginnt ein Steig, der sich in unzähligen Kehren durch den Bergwald bis zum **Schartle** ❷, 2084 m, hinaufwindet. Der Sattel selbst präsentiert sich verblockt und etwas unwegsam. Dort geht es linker Hand auf einem sehr bequemen Hangweg entlang einer alten Wasserleitung weiter (Köfler Waalweg). Wir wandern eine ganze Weile eben gen Süden, vollziehen den großen Bogen auf die andere Seite, kreuzen einen Wildbach und kommen danach nordwärts zur **Frischmannhütte** ❸, 2192 m. Grundsätzlich wäre es auch möglich, zuvor weglos nach Augenmaß zum oberhalb verlaufenden Weg Richtung Felderjöchl aufzuschließen. Dieser zieht mäßig steil, zwischendurch mit zwei Kehren sowie an einer mit Ketten entschärften Felsstelle vorbei, ins weitläufige, schuttbedeckte Felderkar hinauf. In rund 2660 Meter Höhe beachten wir den Linksabzweig ❹, verlassen also die Hauptroute Nr. 911 und steuern stattdessen seitlich eine Gratlücke bei P. 2790 der AV-Karte an, zunächst etwas mühsamer über Blockschutt. Jen-

Über dem Fundustal schwingt sich der Fundusfeiler auf.

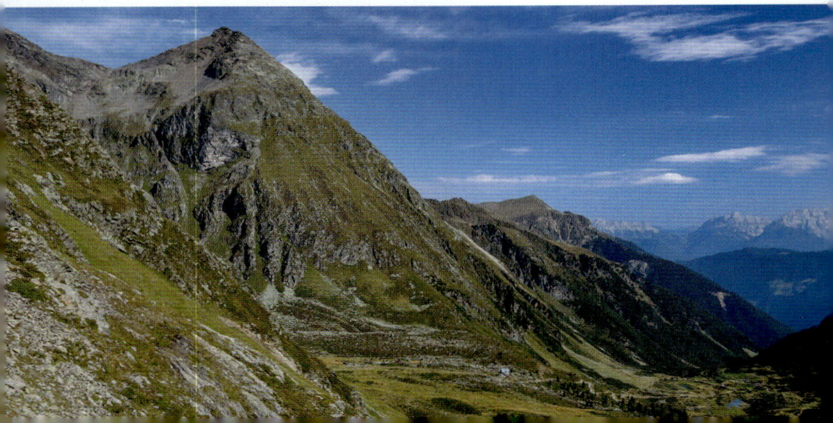

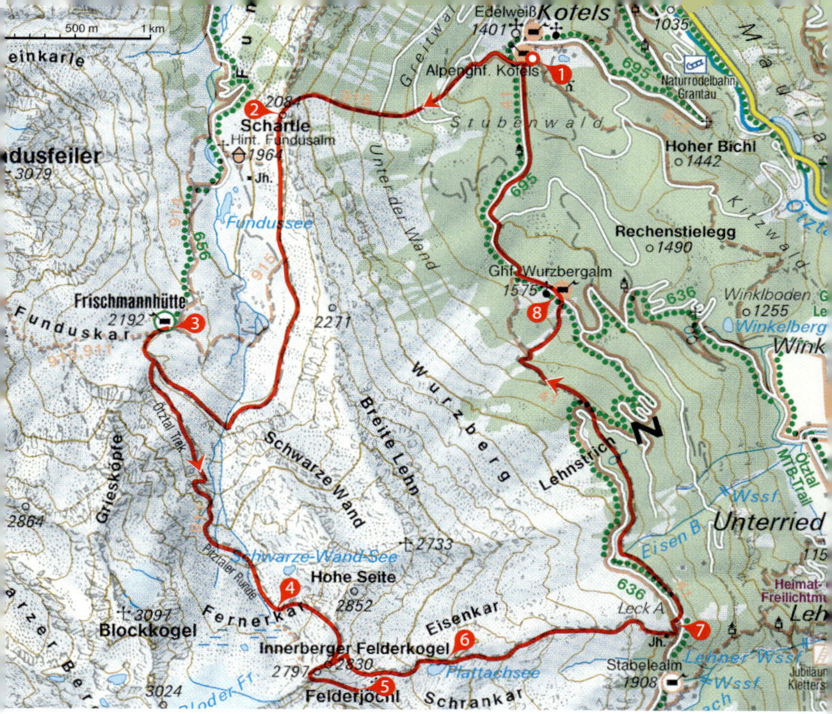

seits vorerst mit ein paar Kehren bergab, anschließend mehr querend nach rechts bis unter den Gipfelaufbau, wo ein Wegweiser uns wieder aufwärts lenkt. Ein Schuttpfad bringt uns auf den Grat, der schließlich mit ein paar leichten Kraxelstellen bis hinüber zum Kreuz auf dem **Innerberger Felderkogel** ❺, 2810 m, begangen wird.

Der Abstieg führt über die Gabelung hinaus relativ steil, aber ohne nennenswerte Hindernisse zum **Plattachsee** ❻, ca. 2500 m. Auf dem begrünten Hangrücken zwischen Eisen- und Schrankar geht es nun in wechselndem, meist jedoch angenehmem Gefälle bergab zur Waldgrenze und zu einer Hütte am Wirtschaftsweg unweit der Stabelealm, in der Karte mit dem Flurnamen **Leckalm** ❼ bezeichnet. Man kreuzt hier nur und wählt die Wanderweg-Fortsetzung Richtung Wurzbergalm. Mit Traverse des Eisenbachs quer durch die Waldhänge, später allmählich abfallend, via Lehnstrich nochmals die Forststraße kreuzend und über einen Wiesenhang hinab zur bewirtschafteten **Wurzbergalm** ❽, 1575 m. Auf dem Fahrweg durch den Stubenwald schließt sich letztlich der Kreis zurück nach **Köfels** ❶.

↗ 900 m | ↘ 900 m | 7.2 km

4.30 h

16 Wenderkogel, 2200 m

Urtümliches Ziel über dem Fundustal

Der Wenderkogel spielt im Konzert der Ötztaler Berge nur eine untergeordnete Rolle, stellt aber teils höhere Anforderungen als so manches protzigere Ziel, insbesondere was den ruppigen Direktanstieg von Köfels angeht. Der ist nicht unbedingt etwas für Zartbesaitete. Über das Schartle lässt sich ein perfekter Rundkurs absolvieren.

Ausgangspunkt: Köfels, Bergweiler über dem mittleren Ötztal mit gebührenpflichtigem Parkplatz, 1380 m, wenig außerhalb. Abzweig der Zufahrt südlich von Umhausen (kein Busverkehr).
Anforderungen: T3–4. Kleiner, oft steiler, manchmal auch verwachsener Pfad in der Ostflanke, verschlungen am blockdurchsetzten Grat, normaler Waldsteig im Abstieg. An der Grenze zu »schwarz«.
Höhenmeter: Etwa 1050 Hm.
Einkehr/Unterkunft: Jausenstation Edelweiß in Köfels.
Beste Jahreszeit: Mitte Juni bis Mitte Oktober.

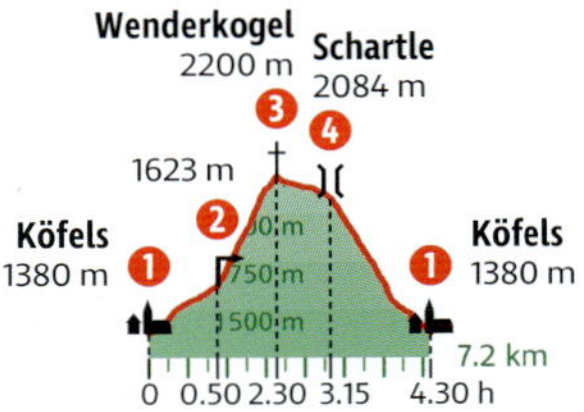

Varianten: Übergang vom Schartle zur Frischmannhütte und Kombination mit Tour 14 und 15 als perfektes Zwei-Tage-Programm.

Urwüchsiges Terrain am Grat zum Schartle.

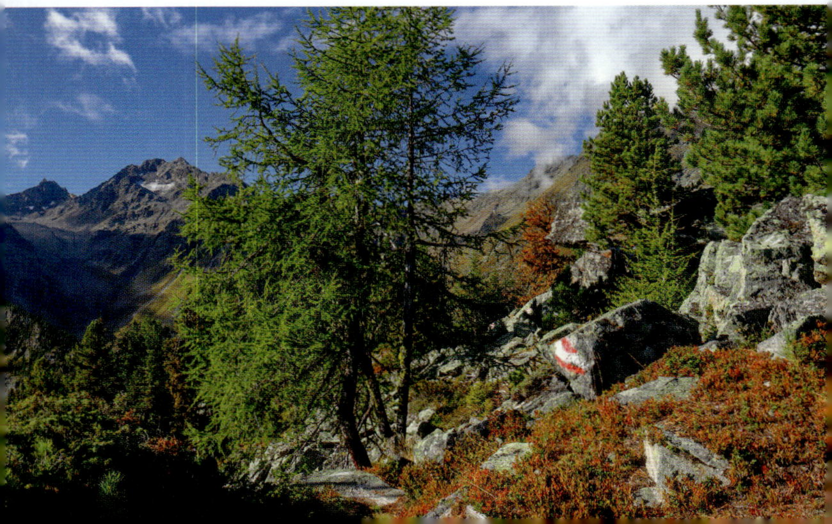

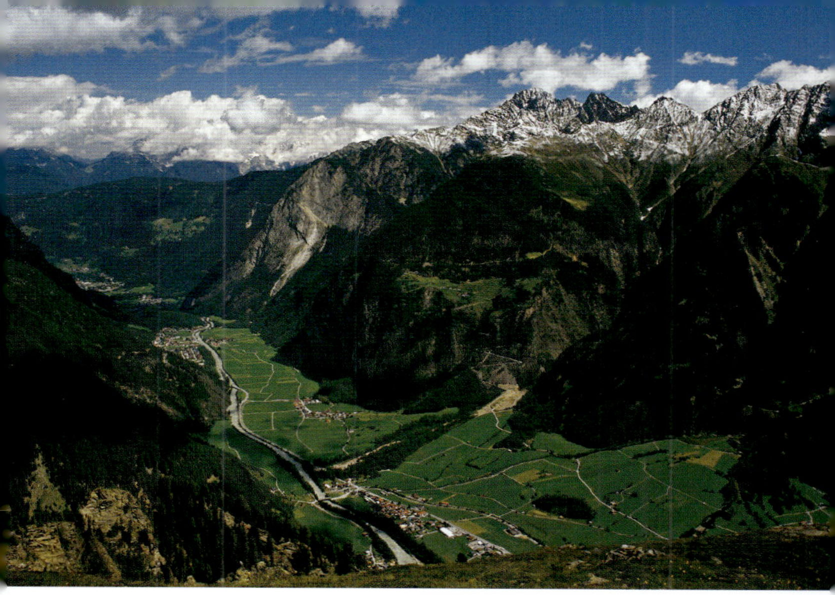

Am Wenderkogel begeistert uns die tolle Ötztal-Schau.

Von **Köfels** ① zuerst etwas nach Norden ausholen. Man kommt auf eine Forststraße, folgt dieser über ein paar Schleifen und zweigt hinter einer Linkskurve bergwärts auf einen Steig ab ②. Nun über ein paar Lichtungen gegen den Osthang hinan. Wieder mehr links haltend an einer Jagdhütte vorbei und phasenweise sehr steil und anstrengend höher. Unterhalb des Grates leitet eine Traverse nordwärts zum »Gipfelkreuz«, von dem die grasige Kuppe des **Wenderkogels** ③, 2022 m, noch wenige Gehminuten entfernt ist. Recht holprig und verschlungen geht es gen Süden anschließend mehrmals leicht auf und ab, womit aber praktisch allen Hindernissen am mit Bäumen und Zwergsträuchern bewachsenen, blockigen Grat ausgewichen wird. Der Pfad leitet hinüber Richtung **Schartle** ④ (Köfler Jöchl), 2084 m, wo man linker Hand das Bergab einleitet. Wir folgen Nr. 915 im ausgeprägten Zickzack tiefer, gelangen später in eine Waldschneise und treffen schließlich wieder in **Köfels** ① ein.

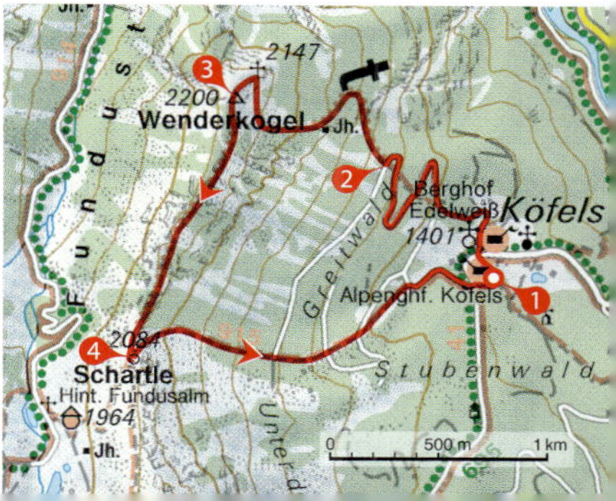

↗ 1000 m | ↘ 1000 m | 13.6 km

17 Farst – Reichalm, 1962 m

5.20 h

Umhauser Wanderung zu archaischen Plätzen

Der Bergweiler Farst, sehr spektakulär der Sonne zugewandt am Steilhang über Umhausen gelegen, gilt als Ursiedlung im Ötztal. Allein schon des prächtigen Talblicks wegen lohnt sich ein Besuch. Eine Etage höher befindet sich die versteckte Reichalm am Rand eines Bergkessels, der nach unten in die gache Farstrinne übergeht. Hier ist touristischer Trubel ein Fremdwort, was uns das Wesen einer traditionellen Bergbauernkultur noch unverfälscht erleben lässt.

Ausgangspunkt: Umhausen, Parkplatz Mure unweit der Kirche, 1036 m. Bushaltestelle Dorf. Oder auf der Farster Straße bis zum Beginn der Kehren fahren (insgesamt fast 1 Std. kürzer).
Anforderungen: T2–3. Bis Farst Fahrweg (T1, blau), zur Reichalm Bergweg durch Wald und über Lichtungen, teilweise recht steil und etwas holprig (knapp rot). Normale Tagestour.
Einkehr: Jausenstation Farst, 1482 m, Tel. +43 664 9976667.
Beste Jahreszeit: Ende Mai bis Spätherbst.
Variante: Von der Reichalm kann man den Aufstieg über die Hohe Warte, 2372 m, bis zum Lauser, 2616 m, fortsetzen, ca. 2 Std. Aufgrund des enormen Höhenunterschiedes dann eventuell mit dem Taxi nach Farst, Tel. +43 5255 5858.

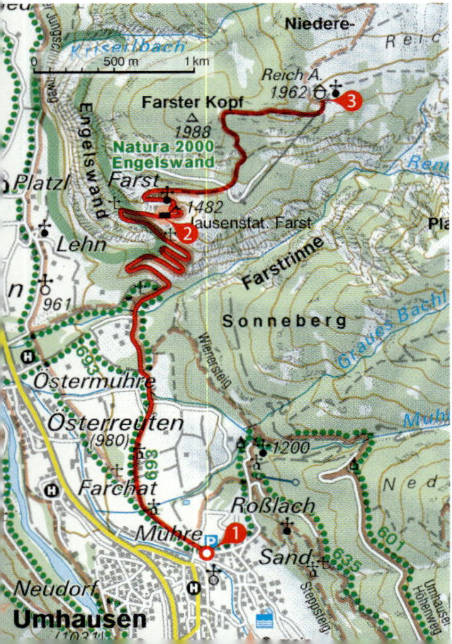

Ab Parkplatz Mure in **Umhausen** ❶ laufen wir auf der verkehrsarmen Farster Straße zunächst ohne bedeutende Höhenunterschiede durch die Wiesenfluren Richtung Norden. Hinter der Ausmündung der wilden Farstrinne beginnt der Serpentinenkurs am steilen Berghang (ab hier öffentliches Fahrverbot). Ohne Abkürzungsmöglichkeit folgen wir den Schleifen der Asphalt- und Schotterstrasse hinauf nach **Farst** ❷, 1482 m, wo man sich gern auf der Terrasse der Jausenstation niederlassen wird – womöglich aber erst beim Rückweg.
Oberhalb geht es rechts haltend weiter durch lichten Wald zu einer Almfläche. Links daran vorbei und zu einer Gabelung, wo die Bezeichnung links hinaufweist. Der andere Pfad ist unmarkiert und keine offi-

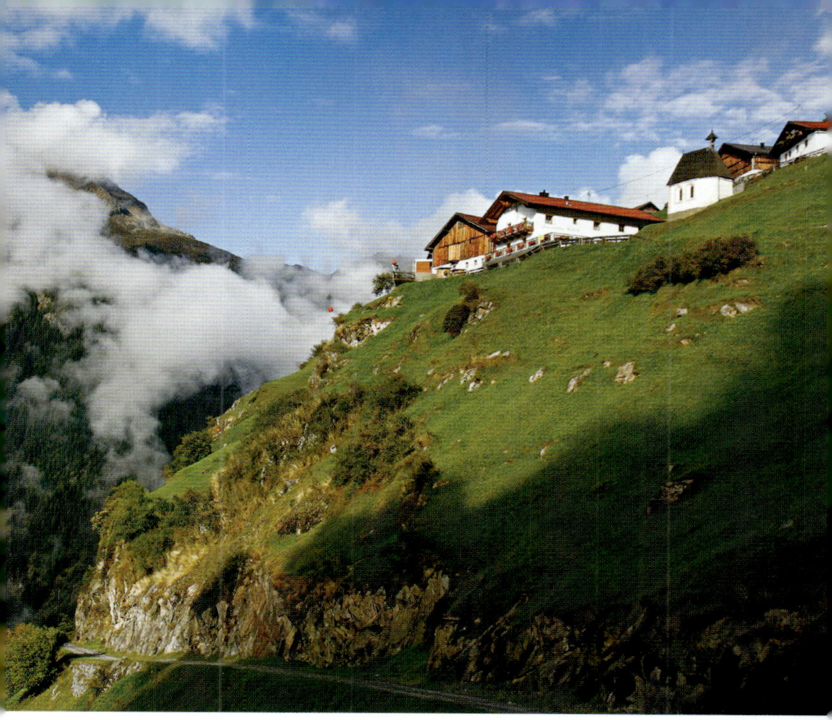

Wie ein Adlerhorst klebt der Weiler Farst am Steilhang.

zielle Wanderroute. Ziemlich steil gewinnen wir gegen den Farster Kopf an Höhe und drehen nahe der Kammlinie rechts ab. Vom höchsten Punkt der Strecke verliert man wieder ein paar Meter und tritt bald darauf aus dem Bergwald ins freie Gelände der **Reichalm** ❸, 1962 m. Der Rückweg verläuft auf demselben Weg.

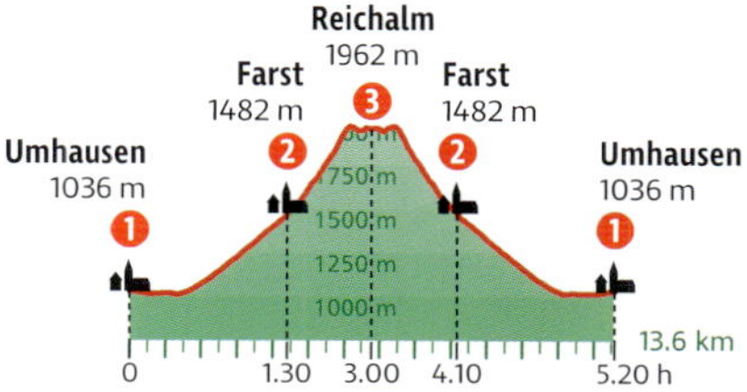

Stuibenfall – Umhauser Höhenweg

↗ 580 m | ↘ 580 m | 9.0 km
3.30 h

Begeisterndes Naturschauspiel am »Wasserläufer«

Bei Umhausen stiebt mit dem Stuibenfall Tirols höchster Wasserfall zu Tal – eine große Attraktion, die rege Besucherfrequenz zeitigt, nicht zuletzt auch auf dem vor einigen Jahren eingerichteten Sportklettersteig, der ganz nah an die Gischt herankommt. Nach einer Teilsperrung aufgrund eines Felssturzes ist der beliebte Schaupfad in den letzten Jahren aufwendig ausgebaut worden (Konstruktion mit 720 Stufen und Hängebrücke). Zur Rundtour des sogenannten »Wasserläufers« gehört auch der Umhauser Höhenweg, der manch schönen Blick über das Ötztal auf den vorderen Geigenkamm bietet.

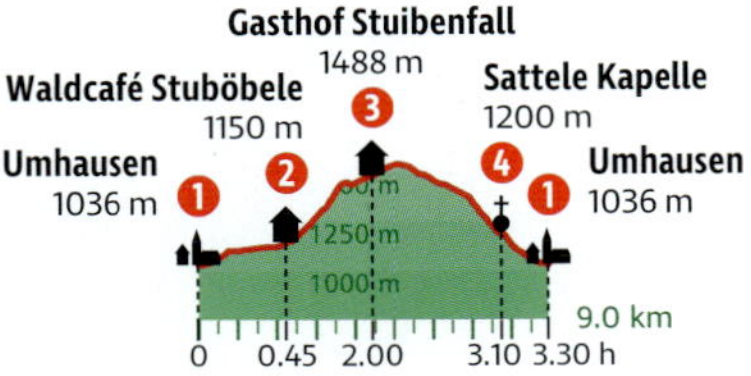

Ausgangspunkt: Umhausen, Parkplatz Mure unweit der Kirche, 1036 m. Bushaltestelle Umhausen Dorf.
Anforderungen: T2. Leichte, zumeist bestens ausgebaute Wanderwege, am Stuibenfall sowie beim Schlussabstieg auch steilere Abschnitte, aber stets ohne Schwierigkeiten. Halbtagestour.
Einkehr: Waldcafé Stuböbele, 1150 m, Tel. +43 664 9233916. Gasthof Stuibenfall, 1488 m, Tel. +43 5255 5512.

Beste Jahreszeit: Mai bis November.
Varianten: 1. Man kann auch die Parkplätze beim Ötzi-Dorf nutzen und den Steppsteig an den Schluss stellen.
2. Zum Umhauser Höhenweg besteht etwas tiefer eine Alternative mit der Alten Niederthaier Straße.
3. Schwindelfreie können sich mit entsprechender Sicherungsausrüstung am Klettersteig versuchen (Schwierigkeitsgrad C).

Vom Parkplatz Mure in **Umhausen** ❶ zunächst in der Roßlachgasse aufwärts, bis rechts der Steppsteig abzweigt. Dieser zieht nahezu horizontal am Waldrand entlang nach Süden und mündet in den breiten Stuibenfallweg. Nun am **Waldcafé Stuböbele** ❷, 1150 m, vorbei zum Beginn der Serpentinen im Angesicht der Wasserkaskaden. Auf halber Höhe, nach den ersten beiden Aussichtsplattformen, befindet sich eine ex-

Balkonschmuck am Gasthof Stuibenfall.

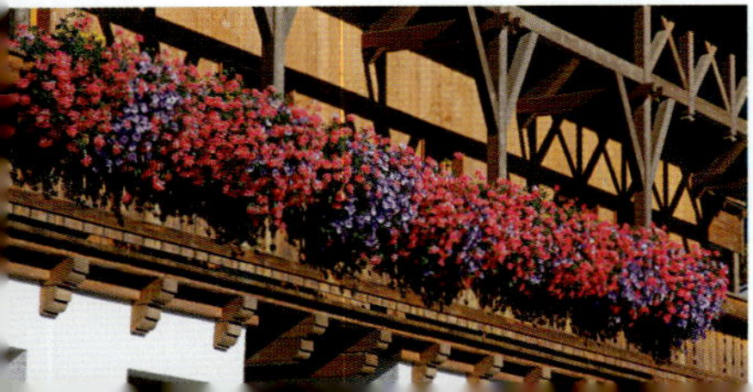

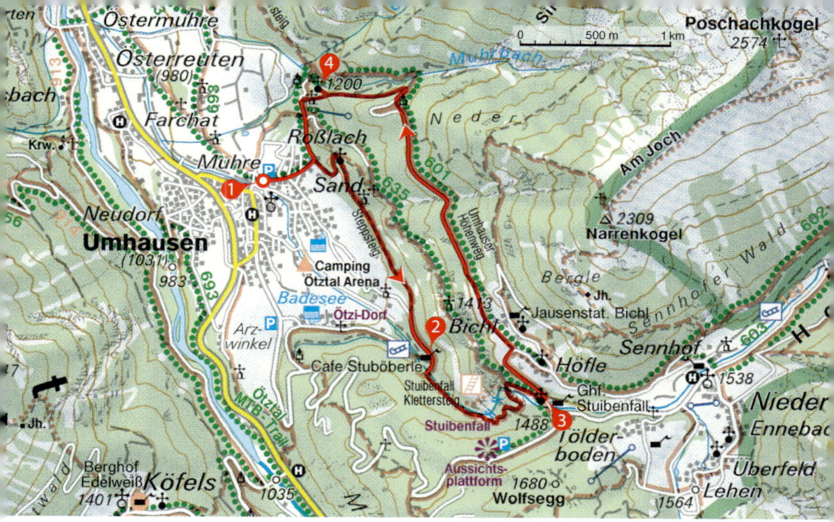

ponierte Hängebrücke, ehe nach oben hin eine lange Treppenkonstruktion begangen wird. Die letzte Plattform erwartet uns jenseits der Hängebrücke am oberen Einschuss des Wasserfalls; in unmittelbarer Nähe kommt auch der Klettersteig heraus. Wir gehen noch ein Stück weiter durch den Wald und schlagen dann entweder links die Alte Niederthaier Straße für den Rückweg ein oder gelangen rechts in wenigen Schritten zum **Gasthof Stuibenfall** ❸, 1488 m, wo man scharf links dem Umhauser Höhenweg (auch Dr.-Bernhard-Vogel-Weg) folgen kann.

Dieser zieht via Höfle mit wenig Auf und Ab nordwärts durch die teils freien Flanken und senkt sich später allmählich ab. Man verlässt die Forststraße und kürzt auf einem Waldsteig im Bereich des Muhrbachs ab (an Kreuzungen stets gut beschildert). Zuletzt an der **Sattele Kapelle** ❹, 1200 m, vorbei und zurück in die Roßlachgasse in **Umhausen** ❶.

Imposant: der hohe Stuibenfall.

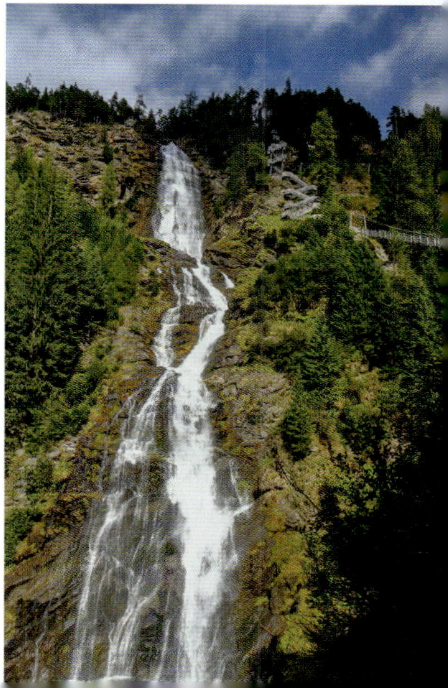

19 Narrenkogel, 2309 m – Schönjöchle, 2709 m

6.00 h

Unverhofftes Bergglück auf »Peter's Grueseespitze«

Eine Tour über den Poschachkogel bescherte mir einmal eine nette Überraschung. Da blinkte mir nämlich von einer Graterhebung oberhalb, in Karten als Schönjöchle oder Gruegrat bezeichnet, ein Kreuz entgegen, worauf ich spontan die zusätzliche Erkundung auf spärlichen Steigspuren beschloss. Es stellte sich heraus, dass dieses Kreuz sehr schmuckvoll gestaltet ist und exakt ein Jahr vor dem Tag meiner Besteigung dort oben seinen Platz gefunden hatte – mit der Gravur »Peter's Grueseespitze« und einer entsprechenden Geschichte im Gipfelbuch, was es damit auf sich hat. Der Clou aber war, dass dieser Peter mit seiner Familie kurz darauf höchstpersönlich erschien! Die Rundtour von Niederthai über Narrenkogel und Poschachkogel mit Rückweg über den Bergmähderweg lässt für sich genommen schon kaum Wünsche offen. Doch das neue Gipfelziel setzt buchstäblich das Tüpfelchen auf dem i.

Niederthai ist Ausgangspunkt für eine Reihe reizvoller Bergtouren.

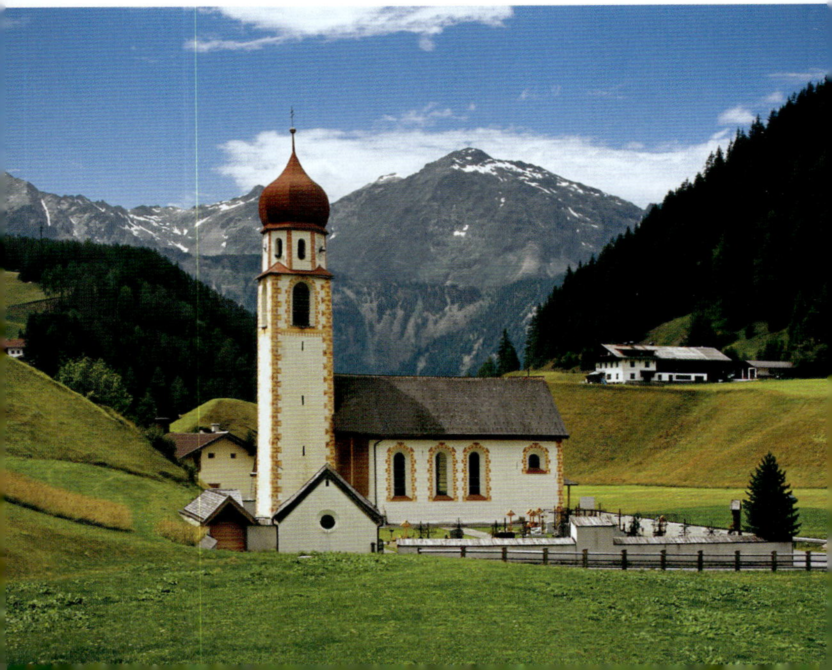

Ausgangspunkt: Niederthai, 1538 m. Gebührenpflichtiger Parkplatz im Ort. Saisonal Wanderbus von Umhausen.
Anforderungen: Mindestens T3. Über Narren- und Poschachkogel markierte Bergsteige mit teils steilen Verläufen, die grundlegende Trittsicherheit verlangen. Bei Nässe nicht ratsam. Der optionale Abstecher zum Schönjöchle (200 Hm) verlangt noch eine Nuance mehr Bergroutine, zumal vorläufig noch nicht markiert (Trittspuren erkennbar) und zuoberst etwas blockiger Fels. Gut ausgefüllte Tagestour.
Einkehr: Keine am Weg.
Beste Jahreszeit: Mitte Juni bis Ende Oktober, falls schneefrei.
Varianten: 1. Überschreitung des Narrenkogels auf die Nordwestseite (steiler Waldrücken) und über Bichl zurück nach Niederthai; mit 4.00 Std. kürzer, aber kaum leichter.
2. Der Poschachkogel kann in der Südflanke auch umgangen werden (ordentlich markierte Abkürzung ins Gruekar).
3. Aus dem Gruekar ließe sich via Gruejoch bzw. Peistakogel ein Übergang zur Schweinfurter Hütte ausführen.

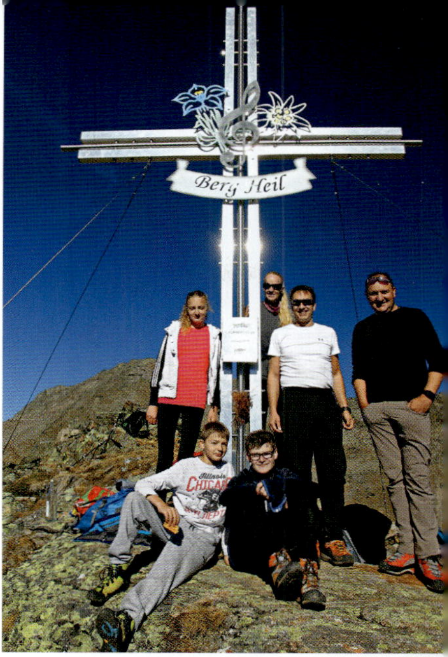

Mit dem neuen Gipfelkreuz ist das Schönjöchle als Wanderziel aufgewertet.

In **Niederthai** ❶ über die Brücke und kurz auf den Bergmähderweg, dessen breite Trasse man nach links auf einen steilen Waldweg verlässt. Nach einem Schrägaufstieg gelangen wir zu den Lichtungen am Bergle und lassen eine Jagdhütte links liegen, bevor die Route bei einem Wegweiser ❷ markant nach rechts abknickt und erneut aufsteilt. Noch ein Stück weit durchs Gehölz empor und schließlich über die freien Südhänge auf die Gipfelkuppe des **Narrenkogels** ❸, 2309 m. Ein zweites Kreuz steht wenige Gehminuten nördlich.
Im weiteren Verlauf gibt der breite, sanfte Höhenrücken »Am Joch« nordostwärts die Richtung vor. Wo das Gelände wieder steiler wird, ignorieren wir eine Abzwei-

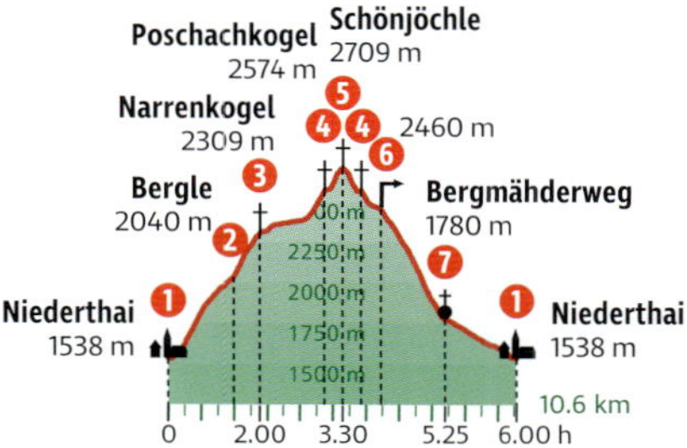

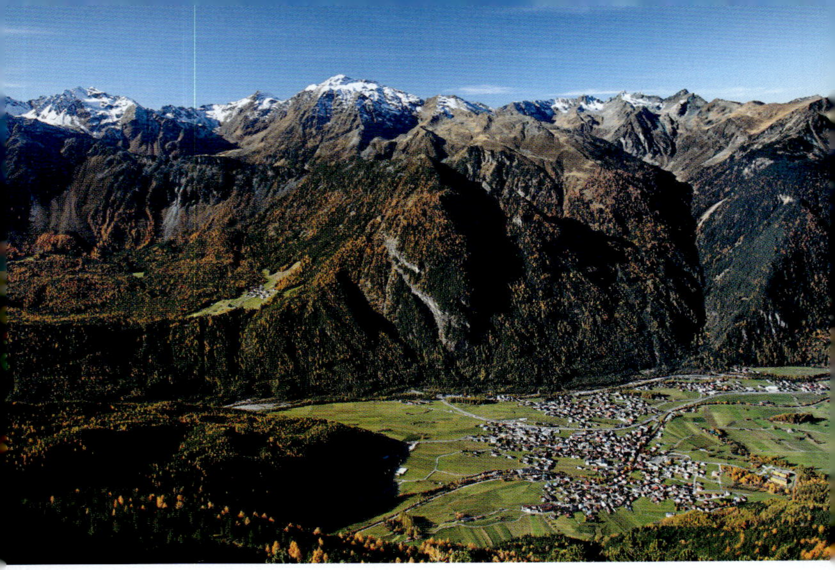

Oben: Panoramaschau vom Narrenkogel über Umhausen in die Ötztaler Alpen.
Unten: Beim Abstieg durch die Südflanke.

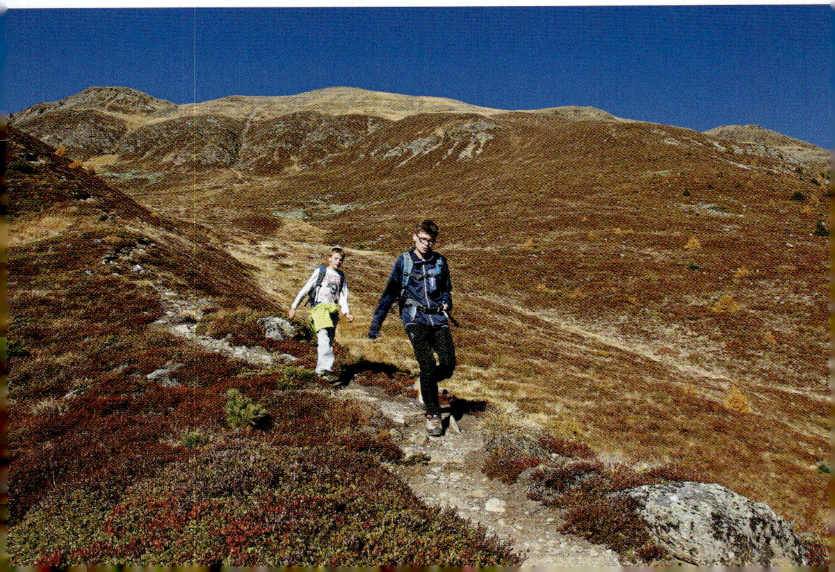

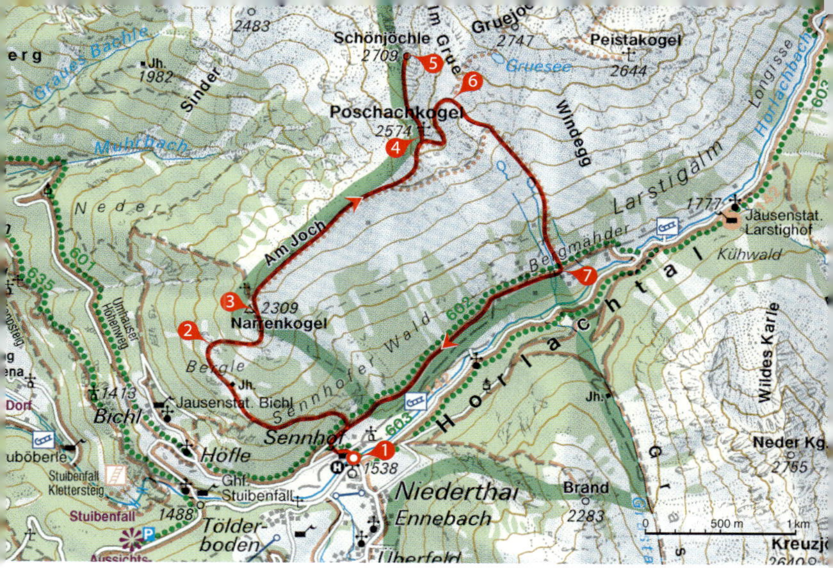

gung – eine weitere dann kurz vor dem **Poschachkogel** ❹, 2574 m, der den südlichsten Ausläufer eines von der Hohen Wasserfalle abstreichenden Gratkammes bildet. An diesem bewegen wir uns nun dem höchsten Punkt der Tour entgegen, derzeit noch ohne Markierung. Nach kurzem Zwischenabstieg führen die Steigspuren stets im Bereich des Grates höher, zuletzt zwischen Blöcken hindurch etwas steiler zum Kreuz auf dem **Schönjöchle** ❺, 2709 m.

Der Abstieg wird am besten ebenfalls wieder über den Poschachkogel eingeleitet (eine weglose Abkürzung ins Gruekar empfiehlt sich allenfalls für absolut Trittsichere). Ansonsten über dessen Südostrücken rasch zu einem Wegweiser, der uns in die abschüssig-mürbe Ostflanke lotst. Nach einigen Traversen vollführen wir den Bogen ins Gruekar (»die Plödern«), kommen am Abzweig Richtung Gruesee und Peistakogel vorbei ❻ und schwenken nun endgültig talwärts. In Kürze wird die unter »Variante« erwähnte Querverbindung aufgenommen und das Bergab ziemlich in Falllinie fortgesetzt. Die freien Südhänge werden zunehmend steiler, vor allem im unteren von Buschwerk und Bäumen bestandenen Bereich. Man überwindet einen kleineren Graben nach rechts und kommt schließlich auf ca. 1780 m am **Bergmähderweg** ❼ in der Nähe einer kleinen Kapelle heraus. Die letzte gute halbe Stunde präsentiert sich als gemütliche Bummelei in den sonnseitigen Flanken des Horlachtals, und zwar in leichtem Gefälle zurück nach **Niederthai** ❶.

TOP

↗ 1300 m | ↘ 1300 m | 14.6 km

20 Grastalsee – Hemerkogel, 2759 m

7.00 h

Abwechslungsreiches Schmankerl über dem mittleren Ötztal

Wer als Bergwanderer im Ötztal stille und einigermaßen herausfordernde Gipfelziele sucht, ohne jedoch mit Hochtourengelände konfrontiert zu werden, sollte sich einmal den Hemerkogel vornehmen. Ab Niederthai gibt es eine pfiffige Rundtour, die auch den abgeschiedenen Grastalsee einbezieht. Von dort wird es gipfelwärts zwar etwas ruppig, was den mit Blockwerk Vertrauten jedoch nicht wirklich ausbremsen wird. Am Hemerkogel gleiten unsere Blicke direkt ins mittlere Ötztal hinab und schweifen über den Geigenkamm sowie die Gruppe um den mächtigen Breiten Grieskogel.

Ausgangspunkt: Niederthai, 1538 m, Gebührenpflichtiger Parkplatz im Ort.
Anforderungen: T4. Bis zum Grastalsee und beim Abstieg vom Hemerkogel normale Bergwege mit Steilstücken, aber ohne wirkliche Hürden. Zwischen See und Gipfelgrat anspruchsvoller, teils über grobes Blockwerk und dabei auch etwas ausgesetzt. Trittsicherheit unerlässlich, Kondition für eine längere Tagestour.
Einkehr: Keine am Weg.
Beste Jahreszeit: Ende Juni bis Mitte Oktober.
Varianten: 1. Wer gern noch eine Einkehr hat, kann beim Abstieg über die Jausenstation Wiesle, 1528 m, gehen. 2. Bei Beschränkung auf den Grastalsee oder den westseitigen Normalweg zum Hemerkogel im Auf- und Abstieg liegen die Anforderungen maximal bei T3 (rot).

Die Dreitausender des mittleren Geigenkamms jenseits des vernebelten Ötztals.

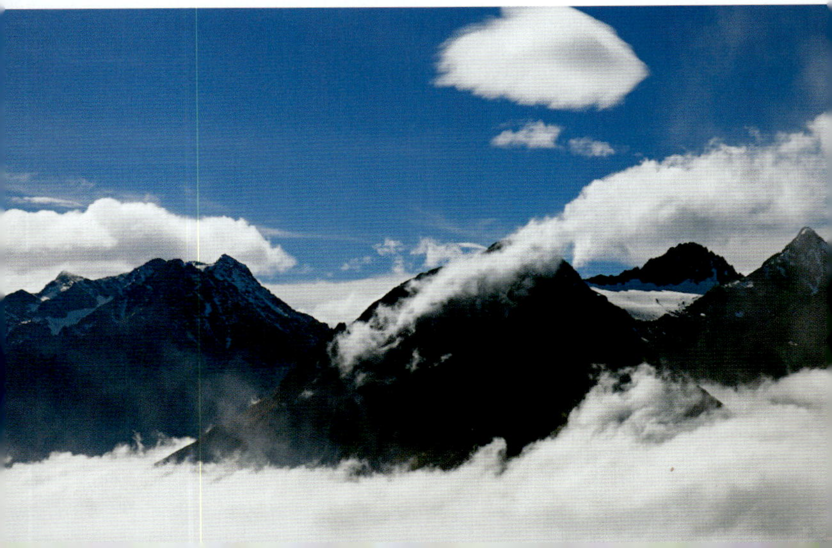

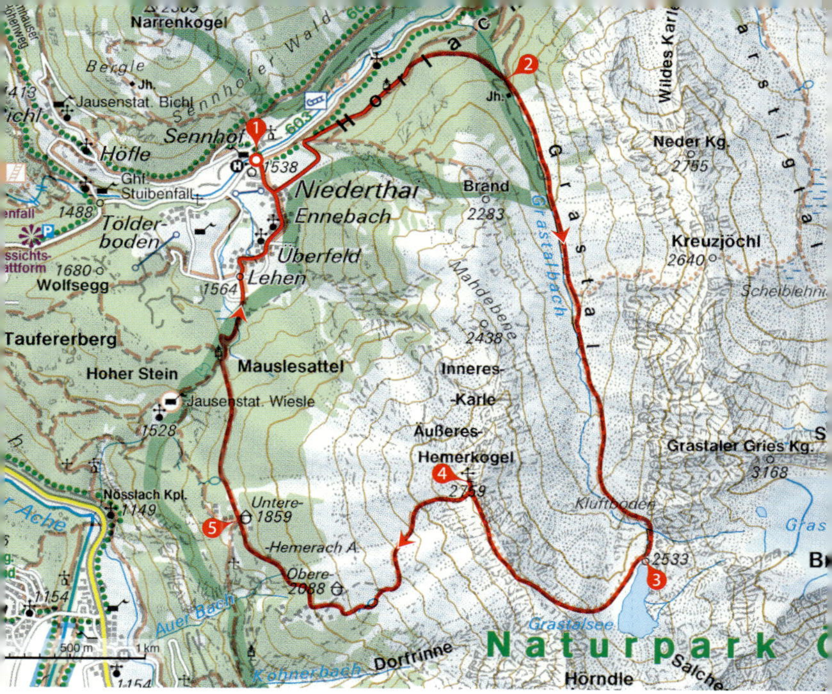

In **Niederthai** ❶, 1538 m, nach Beschilderung »Grastal« zum Hotel Falkner und auf einem Wirtschaftsweg nordostwärts in den Hang über dem Horlachtal (eine Abkürzung führt morgens oft nass über Wiesen). Wir folgen ein Stück weit der Forststraße, biegen dann rechts ab und kürzen damit Richtung **Grastal** (auch Grasstalltal) ab. Hinter der **Bachbrücke** ❷, ca. 1870 m, beginnt der Steig ins eigentliche Hochtal, wo es stets auf der linken Seite moderat aufwärtsgeht. Nachdem der Abzweig des Grastaler Höhenweges passiert ist, wird das Terrain beiläufig karger. Zuhinterst mühen wir uns links haltend einen steileren Hang hinauf, kreuzen weiter oben einen Gletscherabfluss und erreichen den malerischen **Grastalsee** ❸, 2533 m. Die Markierung lotst uns nach rechts auf den Geländerücken, weiter über ein Blockfeld und in die abschüssigen Ostflanken hinein. Während im Schutt noch eine passable Pfadspur vorhanden ist, muss im Blockwerk ziemlich balanciert werden, teils auch mit etwas Händeunterstützung. Schräg aufwärts gewinnen wir den Gratkamm südlich von P. 2770, weichen nun etwas in die Westseite aus und steuern Richtung Norden den Gipfel des **Hemerkogels** ❹, 2759 m, mit seinen zwei Kreuzen an.

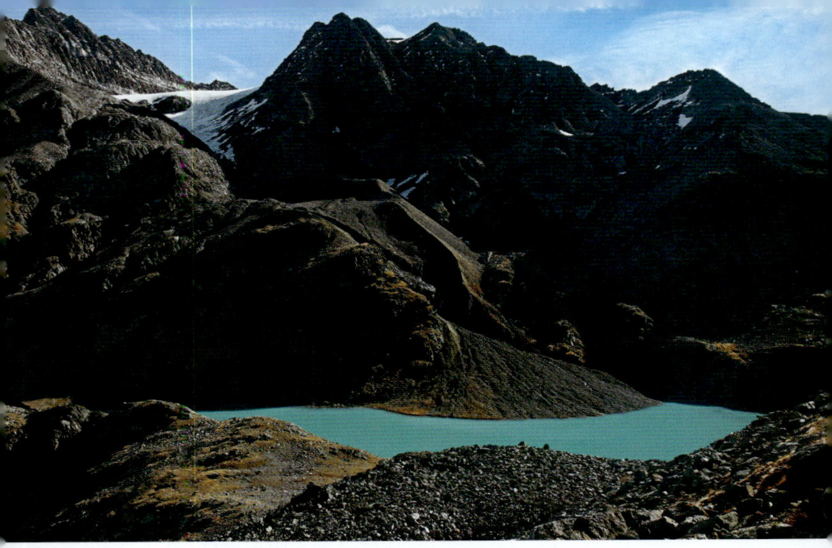

Inmitten dunkler Berggestalten versteckt sich der Grastalsee.

Im Abstieg kurz zurück und danach auf jenen Steig, der sich an der steilen, einförmigen Westflanke hinabschraubt. Zwischenzeitlich etwas links ausbiegend erreicht man die **Obere Hemerachalm**, 2088 m, und von dort durch hohes Gras und Strauchwerk die **Untere Hemerachalm** 5, 1859 m, mit dem Abzweig nach Wiesle. Vorher biegt auch noch eine Route nach Längenfeld ab. Den Direktkurs nach Niederthai vermittelt nun ein verschlungener, wurzeliger Waldsteig, der wegen jäher Abhänge vor allem bei feuchten Bedingungen Vorsicht gebietet und nach einer Traverse steil zum **Mauslesattel** hinunterzieht. Schließlich auf dem Wirtschaftsweg zurück nach **Niederthai**, zuletzt durch die Ortsteile Überfeld und Ennebach zum **Parkplatz** 1.

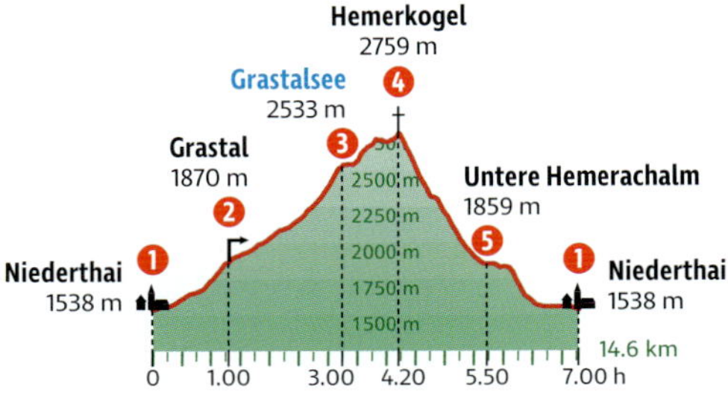

↗ 500 m | ↘ 500 m | 12.4 km

3.30 h

Schweinfurter Hütte, 2034 m

21

Zum Stützpunkt im Horlachtal

Das Horlachtal, welches im hinteren Bereich nahtlos ins Zwieselbachtal übergeht, erweist sich als kleines Wanderparadies innerhalb der Stubaier Alpen. Rund um die Schweinfurter Hütte locken diverse Übergänge zu den Nachbarhütten und ein halbes Dutzend mit Weg erschlossener Berge, die teils schon recht zünftig sind. In den beiden folgenden Kapiteln erhalten wir Kostproben davon. Zunächst soll es nur um die beschauliche Hüttenwanderung gehen – von Niederthai aus nicht viel mehr als ein ausgedehnter Bergspaziergang. Die mit dem Umwelt-Gütesiegel ausgezeichnete Schweinfurter Hütte, 1912 als Jagdhütte erbaut und bald darauf von der Sektion Guben übernommen, hat sich auch für weniger Ambitionierte als beliebtes Anlaufziel etabliert. Die Wirte lassen sich immer wieder Besonderheiten einfallen. Wie wär's zum Beispiel mit einem Grillabend?

Die Schweinfurter Hütte hat sich in den letzten Jahren prächtig herausgeputzt.

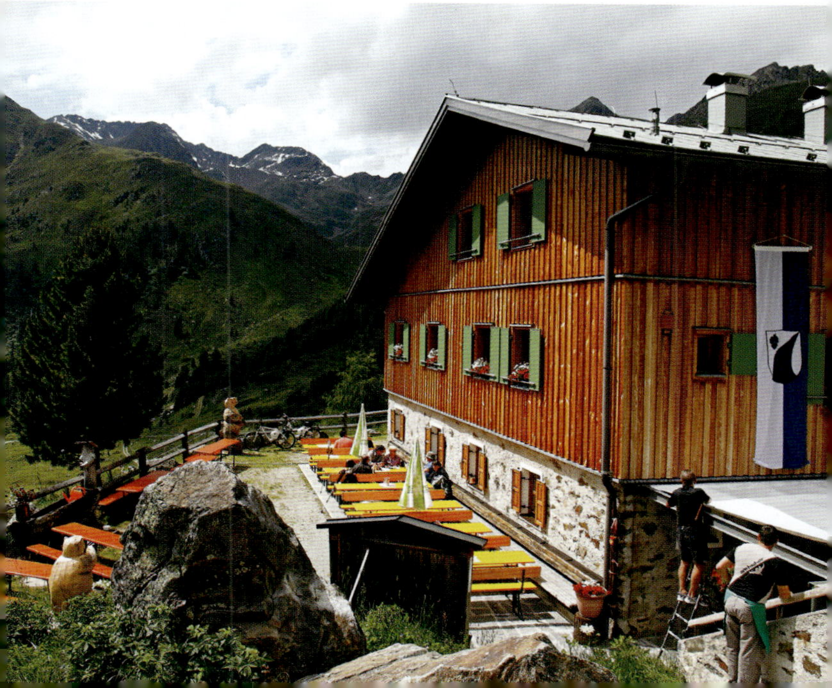

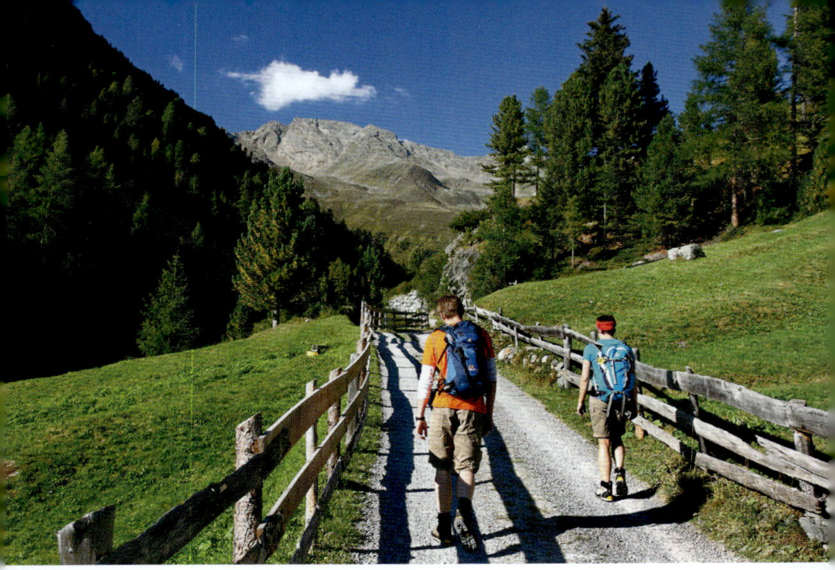

Gemütlich geht's durchs Horlachtal einwärts.

Ausgangspunkt: Niederthai, 1538 m, Gebührenpflichtiger Parkplatz im Ort. Im Sommer Wanderbus von Umhausen.
Anforderungen: T1. Über die ganze Strecke breiter, meist sanft ansteigender Fahrweg, im letzten Stück sowie am Bergmähderweg kann auch ein normaler Fußweg gewählt werden. Wandertechnisch und konditionell problemlose Tour.
Einkehr/Unterkunft: Larstighof, 1777 m, Tel. +43 676 9797689. Kleinhorlachalm, Tel. +43 664 75042169. Schweinfurter Hütte, 2034 m, Mitte Juni bis Anfang Oktober, Tel. +43 5255 50029, dav-schweinfurt.de.
Beste Jahreszeit: Juni bis Oktober.

Vom Parkplatz in **Niederthai** ❶, 1538 m, laufen wir schnurstracks und mit wenig Mühe taleinwärts. Immer rechts am rauschenden Bach entlang kommen wir auf halbem Wege zum bewirtschafteten **Larstighof** ❷, 1777 m, manchmal auch als Larstigalm bezeichnet. Rund anderthalb Kilo-

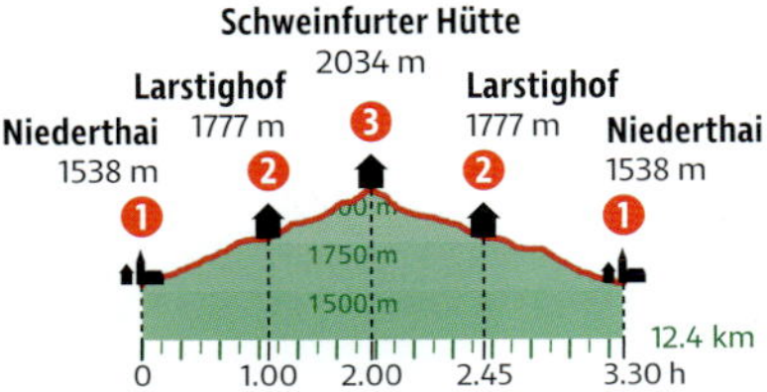

meter weiter setzt der breite Fahrweg auf die linke Seite über und führt zur Jausenstation Kleinhorlachalm sowie zur Großhorlachalm. Wir können allerdings vorerst diesseits bleiben und den Horlachbach sowie den Weitkarbach etwas später auf einem Steig kreuzen. So oder so treffen wir bald bei der **Schweinfurter Hütte** ❸, 2034 m, ein. Der Rückweg verläuft im Prinzip auf derselben Route. Hinter dem **Larstighof** ❷ lohnt sich dann der Wechsel über die Brücke auf den parallelen Bergmähderweg. Mit wenig Gegenanstieg quer durch die Wiesenlandschaft, zwischendurch eine Runse kreuzend und sehr idyllisch über die letzten drei Kilometer wieder zurück nach **Niederthai** ❶.

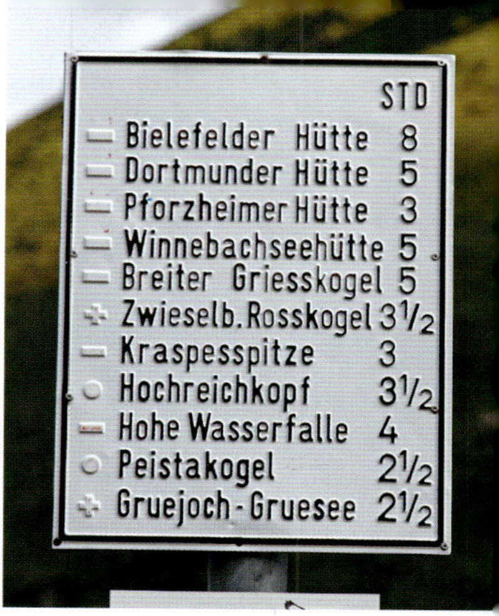

Jede Menge Ziele zur Auswahl ...

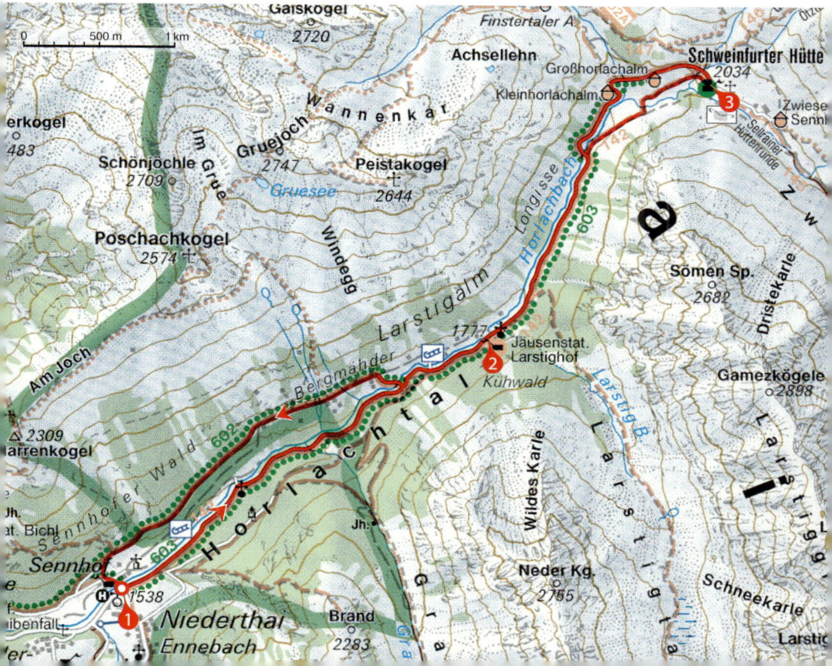

↗ 980 m | ↘ 980 m | 8.7 km

22 Kraspesspitze, 2954 m

5.00 h

Gipfeltour von der Schweinfurter Hütte

Die Kraspesspitze gehört zu den regelmäßig besuchten »Wegebergen« rund um die Schweinfurter Hütte und eignet sich gut für ein Hineinschnuppern in hochalpine Gefilde. Das Gelände zeigt sich naturgemäß schon etwas rau, wirft aber noch keine besonderen Hürden auf. Im oberen Teil gibt es zwei Varianten, die wir natürlich kombinieren. Auf der Kraspesspitze gewinnt man instruktive Einblicke in verschiedene Bergwinkel zwischen Ötztaler und Sellrainer Bergen.

Ausgangspunkt: Schweinfurter Hütte, 2034 m, erreichbar von Niederthai in 2 Std. (siehe Tour 21).
Anforderungen: T3. Markierte Gipfelroute mit hochalpinem Anstrich. Nach oben hin reichlich Blockschutt, im frühen Sommer meist auch Schneefelder. Am anspruchsvollsten ist die Traverse zur Finstertaler Scharte. Grundlegende Bergerfahrung und Trittsicherheit nötig, ab der Hütte normale Tagestour (aus dem Tal kernig).
Einkehr/Unterkunft: Schweinfurter Hütte, 2034 m, Tel.+43 5255 50029, Mitte Juni bis Anfang Oktober, dav-schweinfurt.de.
Beste Jahreszeit: Ende Juni bis Anfang Oktober.
Variante: Von der Finstertaler Scharte aus kurzer Abstecher zum Schartenkopf, 2855 m. Nordseitiger Abstieg zum Stausee und nach Kühtai möglich; gut 2 Std.

Blick über die Gipfelflur der Kühtaier Berge bis zu den Nördlichen Kalkalpen.

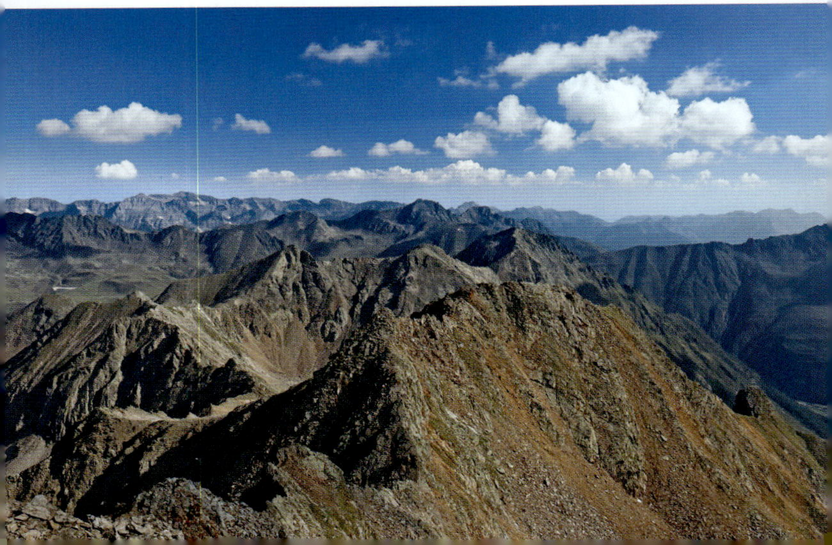

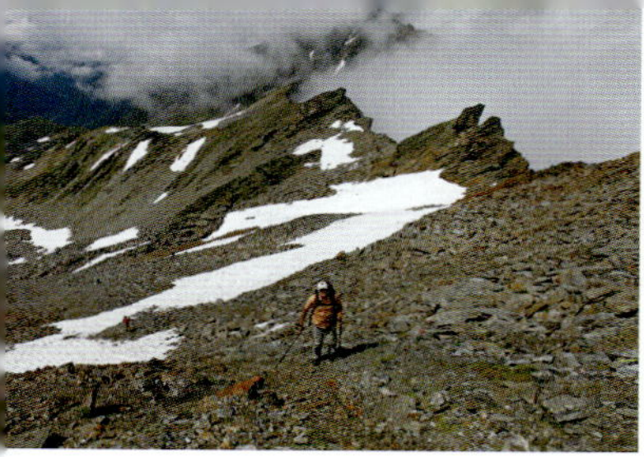

Im oberen Teil streben wir über Blockschutt gipfelwärts.

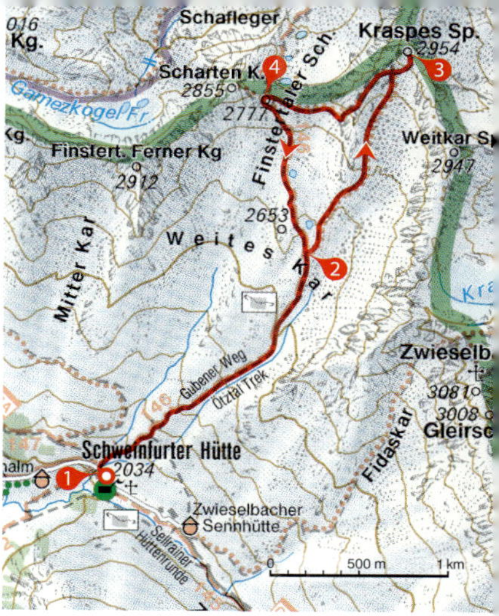

Knapp unterhalb der **Schweinfurter Hütte** ❶, 2034 m, beginnt der »Gubener Weg« (AV-Nr. 146) Richtung Finstertaler Scharte. Die erste halbe bis dreiviertel Stunde steigt er recht kräftig durch üppig bewachsenes Gelände an. Auf den Hängen der Zwieselbachalm dann moderater weiter, zeitweise neben einem Bachlauf. Im **Weiten Kar** ❷ gabelt sich die Route auf knapp 2600 Metern: Während die Haupttrasse linker Hand über die Toten Böden direkt weiter gegen die Scharte hinaufzieht, halten wir uns rechts in die abgestuften Hochkare. Zwischenzeitlich über steileren Blockschutt und aus der obersten Bucht an einer Verzweigung vorbei gegen den Gipfel hinan. Ein erdiger Steig, am Schluss felsdurchsetzt, leitet ohne nennenswerte Hürden bis zum Kreuz auf der **Kraspesspitze** ❸, 2954 m. Zurück bei der erwähnten Verzweigung schlagen wir eine Querverbindung ein, die über den Langschrofen-Rücken führt und immer etwas südlich des zerklüfteten Grats bleibt (teilweise blockig). Nach einigen steileren Windungen im Bergab wieder querend und kurz ansteigend in die **Finstertaler Scharte** ❹, 2777 m. Von dort südwärts über die Toten Böden ins Weite Kar hinab und auf bekannter Route zurück zur **Schweinfurter Hütte** ❶.

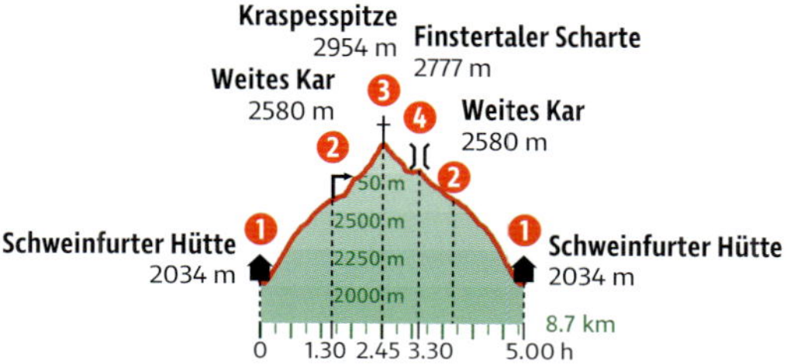

23 Zwieselbacher Roßkogel, 3081 m

Durchs steile Fidaskar über die 3000-Meter-Marke

Der Zwieselbacher Roßkogel erhebt sich über drei Hochtälern und gehört damit zu den bedeutendsten Gipfeln der nördlichen Stubaier Alpen. Als Dreitausender erscheint er im Umkreis der Schweinfurter Hütte besonders verlockend. Die hochalpine Tour, die sich an der Grenze zwischen Bergwandern und Bergsteigen bewegt, verlangt allerdings einige Standfestigkeit, besonders im grimmigen Fidaskar, das den Zugang ins obere Stockwerk vermittelt.

Ausgangspunkt: Schweinfurter Hütte, 2034 m, erreichbar von Niederthai in 2 Std. (siehe Tour 21).
Anforderungen: T4-. Hochalpine Steige über Schafweiden, Blockwerk und erdig-mürbes Terrain, ziemlich anspruchsvoll, obwohl ohne nennenswerte Kletterei. Durchschnittliches Tagespensum ab Hütte, großes vom Tal aus.
Einkehr/Unterkunft: Schweinfurter Hütte, 2034 m, Mitte Juni bis Anfang Oktober, Tel. +43 5255 50029 , dav-schweinfurt.de. Zwieselbachalm, 2055 m, Tel. +43 660 4682728.
Beste Jahreszeit: Anfang Juli bis Ende September.
Variante: Etwas leichter lässt sich der Gleirscher Roßkogel, 2994 m, besteigen (T3, rot). Ein Stück weiter taleinwärts schräg links hinauf und kehrenreich ins Gleirschjöchl, von dort über den Südostrücken, hin und zurück 6 Std.

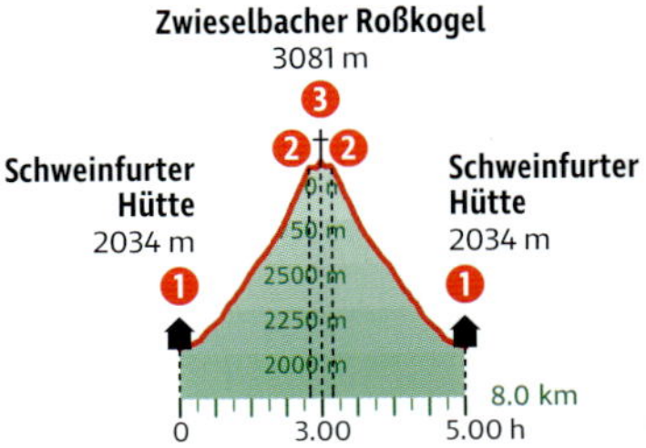

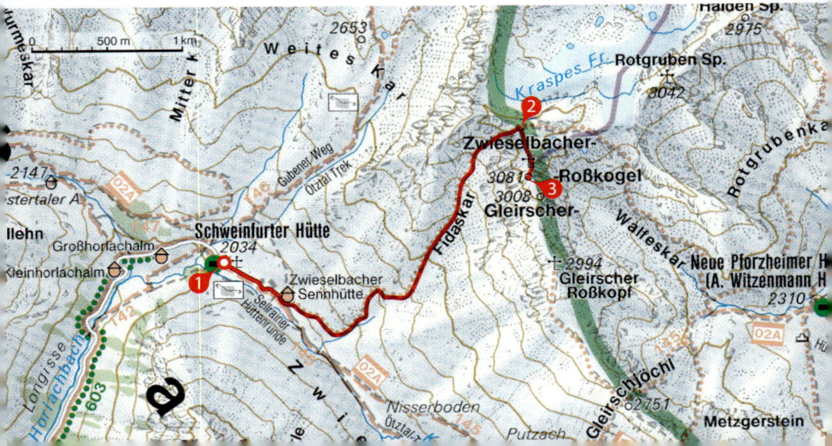

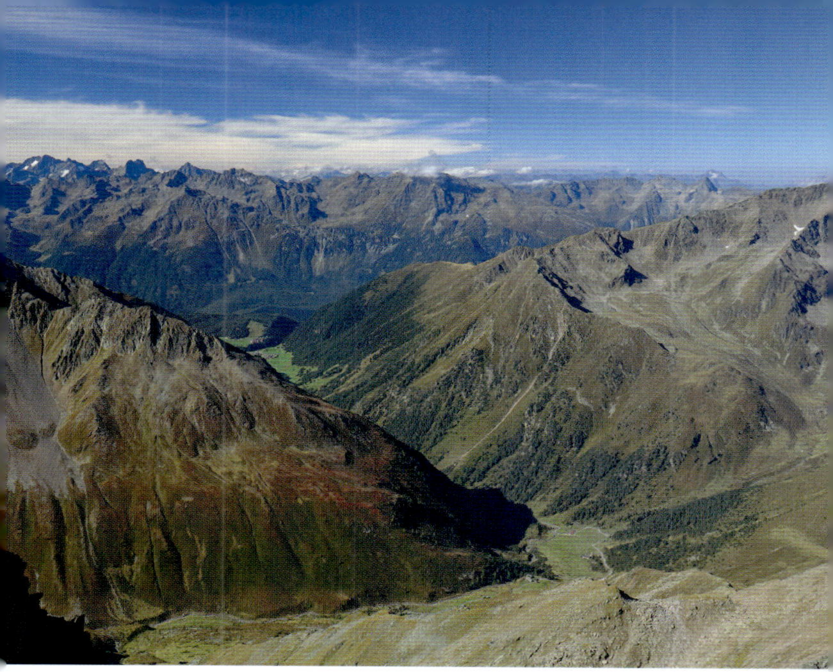

Fernblick in die Ötztaler Alpen, unten das Horlach- bzw. Zwieselbachtal.

Von der **Schweinfurter Hütte** ❶, 2034 m, erreichen wir taleinwärts in wenigen Minuten die **Zwieselbachalm**, 2055 m, und zweigen kurz dahinter nach links ab, um die Talsohle zu verlassen. Zunächst schräg aufwärts bis vor eine Bachrinne, die sich ein gutes Stück oberhalb kreuzen lässt. Weiter hinauf ins **Fidaskar** und über diverse kleine Böden und Hangstufen in steinigeres Gelände. Damit wird es deutlich beschwerlicher. Wir folgen den Markierungen, aber auch nach Augenmaß, um uns mit dem Blockwerk nicht über Gebühr zu plagen. Mit Disziplin sammeln wir Meter für Meter und kommen von links her in die abschließende Karrinne, die auf erdigem Untergrund (eventuell auch Schneereste) durchstiegen wird. Am Kammsattel ❷, ca. 3045 m, öffnet sich der Horizont. Wir drehen beim Wegweiser rechts (südwärts) ab und erklimmen nach einem kurzen, fast horizontalen Stück den finalen Blockhang. Man erreicht das Kreuz auf dem Nordgipfel des **Zwieselbacher Roßkogels** ❸, bevor zum offenbar geringfügig höheren Südgipfel, 3081 m, noch eine kurze Kletterei notwendig wäre (optional). Der Abstieg verläuft auf derselben Route, wobei wir im rutschigen Fidaskar besondere Vorsicht walten lassen.

Region Längenfeld – Gries

Von Oetz über Umhausen bringen uns die Ötztaler »Treppenstufen« durch die wilde Enge der Maurach ins Längenfelder Becken. Wieder so ein ausgedehnter, hier sogar auf sieben Kilometer Länge fast brettebener Talboden zwischen himmelstrebenden Flanken mit dunklen Tannenwäldern und plattigen Felsen! Der apokalyptische Bergsturz von Köfels staute einst einen riesigen See auf – heute das Siedlungsgebiet von Längenfeld und seinen zahlreichen Fraktionen. Wir befinden uns immerhin schon auf 1200 Meter Höhe und gleichsam in der »goldenen Mitte« des Ötztals, wie die Eigenwerbung oft und nicht ganz unzutreffend verlautbart.
Längenfelds hervorstechende Touristenattraktion heißt Aqua Dome: eine moderne, architektonisch anspruchsvolle Thermenanlage mit bis zu 40 Grad warmem, mineralhaltigem Tiefenwasser. In Huben ist ein Funpark eingerichtet worden. Daneben gibt es Klassisches: Das Ötztaler Heimatmuseum in Lehn, zahlreiche sakrale Sehenswürdigkeiten, etwa das Dreifaltigkeitskirchlein (Pestkapelle) am Kropfbichl, oder wieder mal die uralten Bergweiler in schönster Balkonlage (Burgstein und Brand). Wohltuend für den Sommergast: Rund um Längenfeld stören keine harten Erschließungen für den Skitourismus. Dem Fehlen von Aufstiegshilfen entsprechend muss bzw. darf man sich hier alles zu Fuß erwandern, wobei die Höhenunterschiede nicht zu knapp bemessen sind. Es gibt freilich auch reizvolle Unternehmungen im Talbereich und mit den Klettersteigen am Lehner Wasserfall und an der Burgsteinwand sogar Spezialitäten für Könner.

Schroffe Bergwelt über dem Sulztal: Breiter Grieskogel und Hoher Seeblaskogel.

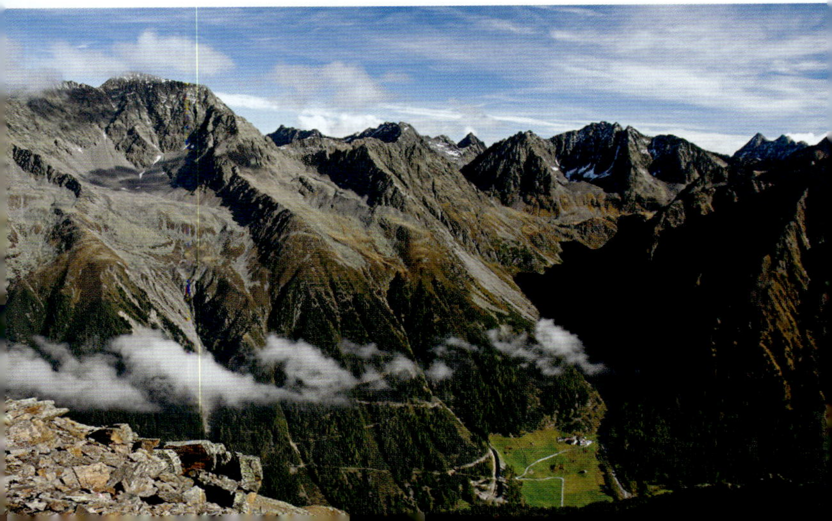

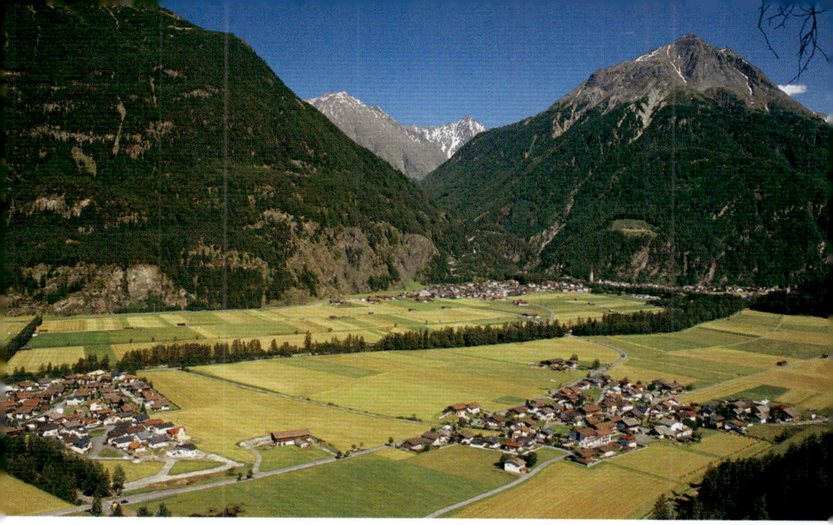

Die Talebene bei Längenfeld, dahinter die Öffnung des Sulztals und der Gamskogel.

Während auf der einen Seite die Urgesteinsgipfel des Geigenkammes über den Hochkaren eine ziemlich geschlossene Front aufbauen (lediglich das Breitlehnjöchl ermöglicht einen unschwierigen Übergang ins Pitztal), zieht gegenüber – ähnlich wie mit dem Horlachtal bei Umhausen – ein besiedeltes Seitental ins Gebiet der Stubaier Alpen hinein. Gemeint ist Gries im Sulztal. Im Umkreis zweier beliebter Stützpunkte, der Winnebachseehütte und der Amberger Hütte, lässt sich in hochalpinen Szenerien wie aus dem Bilderbuch schwelgen. Mehr als weiter nördlich spielen auch schon ansehnliche Gletscher eine Rolle. Mag sich das Sulztal vorderhand etwas verstecken, so offenbart es sich dem Entdeckungslustigen als ergiebige Tourenkammer. Mit dem Schrankogel steht hier sogar der höchste Wegeberg ganz Österreichs!

Die urige Nisslalm entdecken wir im Sulztal.

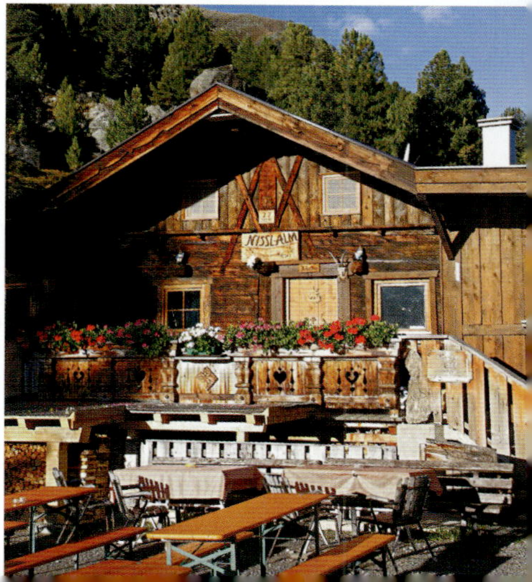

TOP

24

Stabelealm, 1908 m – Rauher Oppen, 2098 m

↗ 1000 m | ↘ 1000 m | 16.4 km

6.00 h

Längenfelder Almwanderung zur Wöckelwarte

Auf dieser Tour setzen wir uns keine hochalpinen Ziele, erleben aber doch jede Menge Abwechslung. Den Anfang macht der romantisch-verwunschene Winkelbergsee, bevor wir zu den Almhorizonten aufschließen. Ausgiebig genießen können wir die Verbindung von der Wurzbergalm bis zur Innerbergalm, wo man auch der Wöckelwarte am Rauhen Oppen noch seine Aufwartung machen wird: ein herrlicher Logenplatz mit kleinem Pavillon! An idyllischen Fleckchen herrscht jedenfalls kein Mangel.

Ausgangspunkt: Unterried, 1157 m, oder Lehn, 1159 m, Ortsteile nordwestlich von Längenfeld (mit Busanschluss). Dienstags Wandertaxi zu den Almen.
Anforderungen: T2. Meist gute Bergwanderwege ohne problematische Stellen. Einige Abschnitte etwas steiler, oft aber bequem. Durchschnittliche Tagestour.

Einkehr/Unterkunft: Wurzbergalm, 1575 m, Tel. +43 664 9858307. Stabelealm, 1908 m, Tel. +43 664 5004375. Innerbergalm, 1946 m, Übernachtung möglich, Tel. +43 5253 5988.
Beste Jahreszeit: Mitte Juni bis Oktober.
Variante: Vier-Seen-Weg via Plattach-, Weißer-, Spitzig- und Hauersee (rot), als Rundtour von der Stabelealm 5.45 Std.

Erstklassiger Logenplatz: die Wöckelwarte auf dem Rauhen Oppen.

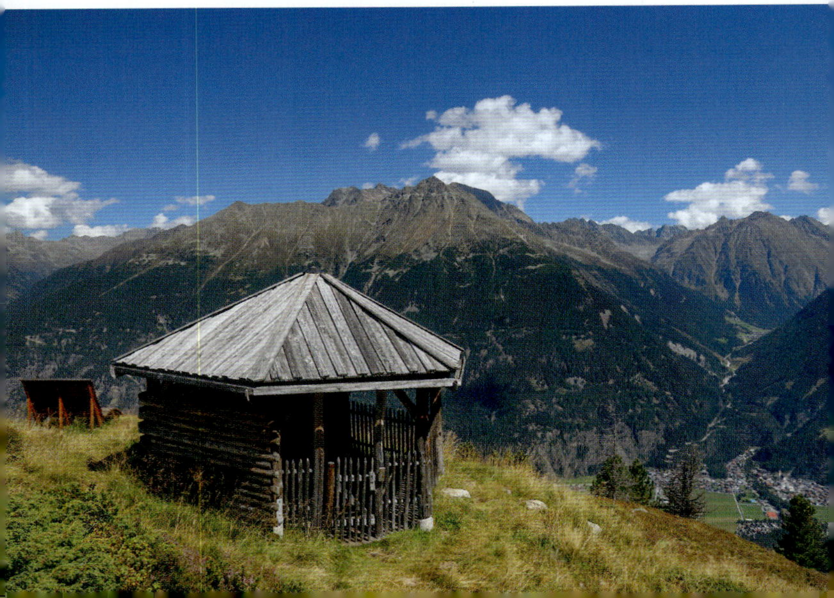

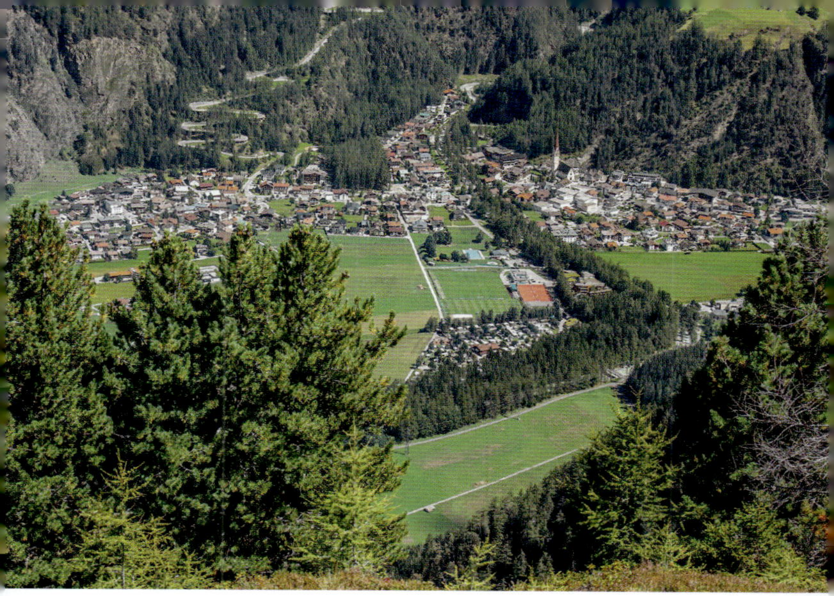

Tiefblick ins Ötztal bei Längenfeld.

Von **Unterried** ❶, 1157 m, beschreiten wir zuerst die Asphaltstraße in der Talsohle nach Norden und dann die Forststraße Richtung Wurzbergalm. Bald wird der kurze Abstecher zum vollkommen waldumkränzten **Winkelbergsee** ❷ ausgewiesen. Die besagte Forststraße können wir später ein Stück weit auf einem schönen Fußweg abkürzen und gelangen zur großen Freifläche der **Wurzbergalm**. Während sich der Wirtschaftsweg gleich links fortsetzt, gehen wir kurz hinüber zum **Gasthof Wurzbergalm** ❸, 1575 m, und spüren dort den Steig auf.

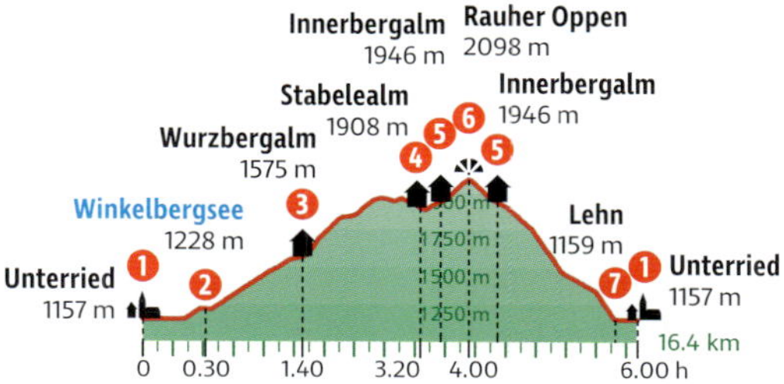

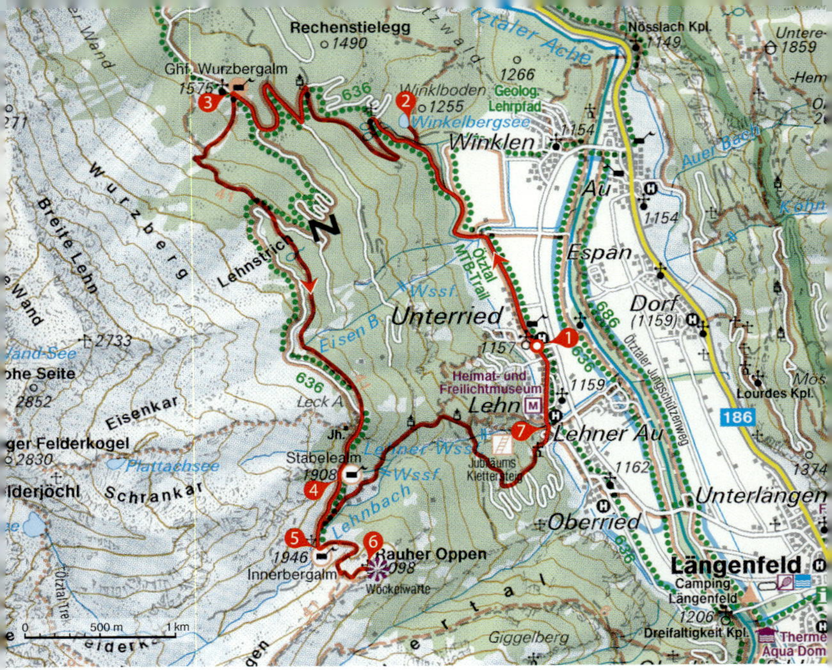

Über Wiesen gewinnt man vorübergehend kräftig an Höhe und wendet sich dann nach Süden auf die lange, nur noch geringfügig ansteigende Traverse. Kilometerweit geht es durch Buschwerk sowie typischen Lärchen-Zirben-Wald dahin, zwischendurch die Forststraße nochmals kreuzend. Nachdem der Einschnitt des Eisenkars passiert ist, treffen wir bei der **Leckalm** wieder auf den Fahrweg. Nun ist die bewirtschaftete **Stabelealm** ❹ (Lehner Stabele), 1908 m, nicht mehr fern. Wir haben die Wahl, dort einzukehren oder eine Viertelstunde später bei der **Innerbergalm** ❺, 1946 m, die uns nach kurzer Gegensteigung jenseits des Lehnbachs empfängt. Ein Kehrenweg zieht schließlich am Alpenrosenhang zum **Rauhen Oppen** ❻, 2098 m, hinauf, wo man in der Wöckelwarte auch ganz stille Rast halten kann.
Zurück zur **Innerbergalm** ❺ und neben dem Bach abwärts. Wir passieren einige Schupfen und tauchen unterhalb der Stabelealm in den Lärchenwald ein. Auf rund 1600 Metern gabelt sich der Weg: Die nicht beschilderte schwache Spur links führt direkt nach Unterried. Besser aber rechts mit dem guten Waldweg, der sich – mitunter eine Forststraße kreuzend – Richtung **Lehn** ❼, 1159 m, hinunterschraubt. Die Dorfstraße leitet dort nahtlos nach **Unterried** ❶ über.

↗ 1200 m | ↘ 1200 m | 14.7 km

7.00 h

Hauerseehütte, 2383 m

25

Urige Selbstversorgerunterkunft am großen Geigenkamm-Höhenweg

Die Hauerseehütte schließt als spartanischer, aber zweckdienlicher Stützpunkt die große Lücke zwischen Frischmannhütte und Rüsselsheimer Hütte am mittleren Geigenkamm. Schon in den 1920er-Jahren richtete eine Leipziger Alpenvereinssektion beim Hauersee eine Unterkunft ein, die jedoch 1947 durch eine Lawine zerstört wurde. 1969 reaktivierten die Ludwigsburger den Platz mit einer bescheidenen neuen Behausung. Die ehrenamtlichen Betreuer wechseln sich meist im Wochenturnus ab. Einen Tee können wir hier jederzeit bekommen, ansonsten wird aber einem ganz schlichten Hüttenkonzept auf Selbstversorgerbasis gehuldigt, was für manchen Bergfreund eine ungewohnte Erfahrung sein mag. Als Ziel einer langen Tageswanderung entfaltet freilich auch der Hauersee seinen Reiz.

Ausgangspunkt: Längenfeld, 1180 m, Parkplätze bei den Sportanlagen. Bushalt an der Durchgangsstraße.
Anforderungen: T3. Markierte Bergwege, teils steil und stellenweise unter Nässe leidend. Grundlegende Trittsicherheit und solide Kondition notwendig; volle Tagestour.

Unterkunft: Hauerseehütte, 2383 m, Ende Juni bis Mitte/Ende September, Tel. +43 664 7828637.
Beste Jahreszeit: Ende Juni bis Ende September.
Variante: Kombination mit Tour 24 über die Verbindung zwischen Hauerseehütte und Innerbergalm.

Urgewaltig wirkt die Landschaft rund um die Hauerseehütte.

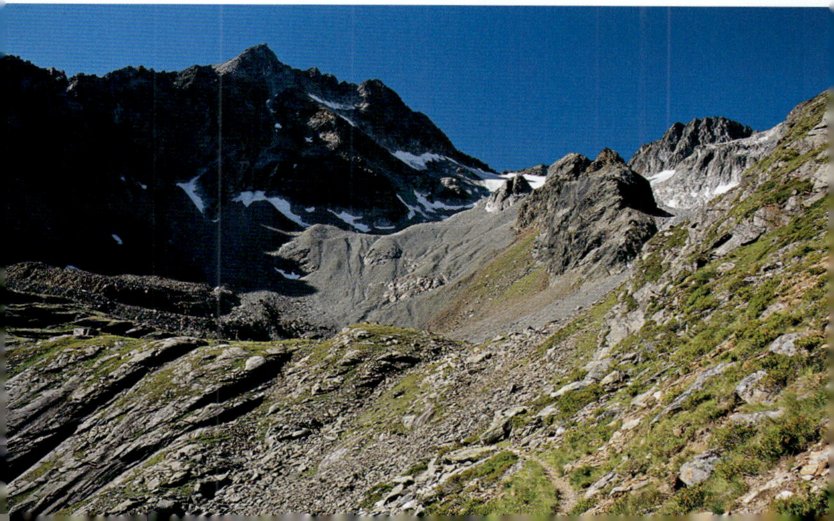

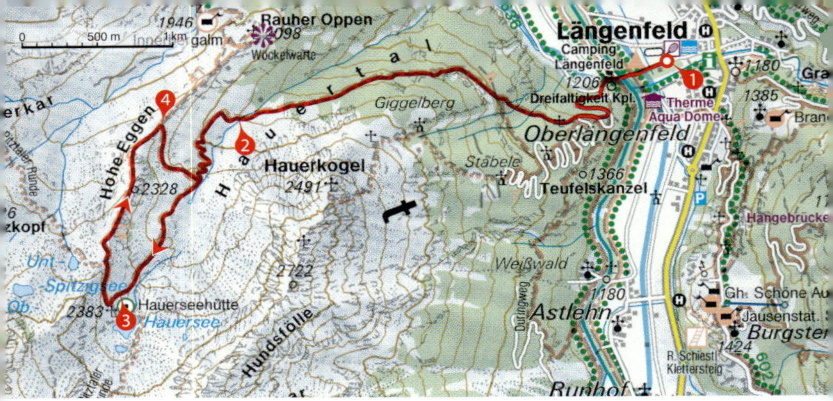

Von **Längenfeld** ❶, 1180 m, zuerst über die Ötztaler Ache zur Pestkapelle Heilig Geist, wo wir uns in den Bergwald begeben. Nach ein paar Kehren auf der Forststraße übernimmt ein rechts abzweigender Steig die Führung. Über zwei kleinere Gräben hinweg gewinnt man bei einem Forstweg einen Absatz und setzt den Aufstieg unmittelbar schräg rechts fort. Durch steile Waldflanken dreht der Pfad allmählich Richtung **Hauerkar** ein, wobei jetzt öfter mit unangenehm feuchten Passagen zu rechnen ist. Auf ca. 1920 Metern über den **Hauertalbach** ❷ und nach einigem Zickzack zu einer Talstu-

Der milchiggrüne Hauersee.

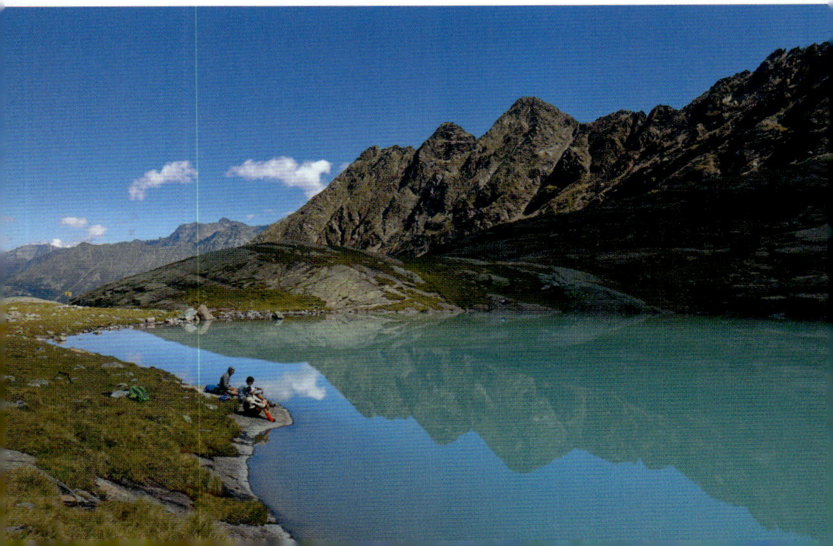

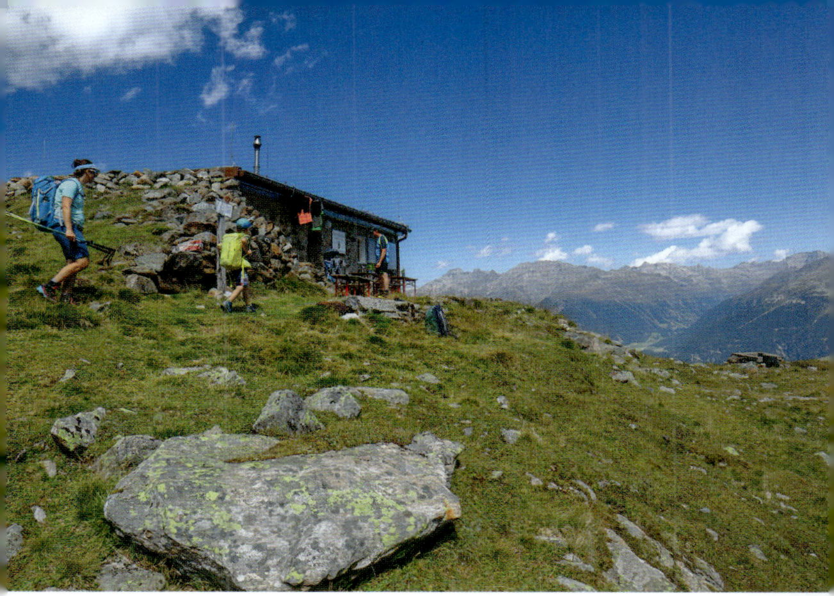

Unweit des Sees befindet sich die kleine Unterkunft.

fe mit Gabelung. Geradeaus weiter durchs Hauerkar und schließlich rechts ausholend über Gletscherschliffe auf die nächste Karschwelle. Dort duckt sich die kleine **Hauerseehütte** ❸, 2383 m, gleich neben der türkisfarbenen Perle, nach der sie benannt ist.

Für den Rückweg schlagen wir anfangs den Höhenweg Nr. 911 zur Frischmannhütte ein, zweigen vor den Spitzigseen rechts ab und folgen nordwärts dem Rücken der **Hohen Eggen**. Auf knapp 2200 Metern wird der Weg zur Innerbergalm scharf rechts verlassen ❹. Mittels einer Schrofenquerung zurück ins Hauerkar und auf dem Hinweg hinab nach **Längenfeld** ❶.

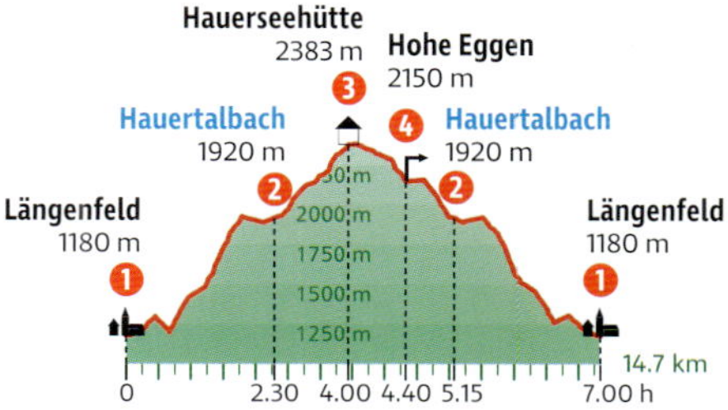

↗ 650 m | ↘ 650 m | 11.9 km

26 Duringweg – Burgstein, 1424 m

3.45 h

Rund um Längenfeld

Bei dieser Unternehmung kombinieren wir zwei kurze talnahe Routen im Längenfelder Becken. Die eine führt über die Teufelskanzel auf den leicht verschlungenen Duringweg, die andere auf der gegenüberliegenden Talseite über den Balkon von Burgstein und Brand. Als Clou erleben wir dabei die Hängebrücke über die schluchtartige Mauerrinne. Immer wieder ergeben sich herrliche Ausblicke ins mittlere Ötztal.

Ausgangspunkt: Längenfeld, 1180 m. Parkmöglichkeiten im Ort. Bushaltestelle bei der Abzweigung Gries.
Anforderungen: T2–3, meist leichter. Wechsel von Wirtschaftswegen bzw. Straßen und Steigen, am Duringweg aufgrund steiler Abhänge durchaus etwas Trittsicherheit angezeigt. Trassen jedoch stets gut angelegt und mitunter mit Geländern gesichert.
Einkehr: Burgstein, 1424 m. Jausenstation Brandalm, 1385 m, Tel. +43 5253 5283.
Beste Jahreszeit: April bis November.
Variante: Weiterweg durch die Talsohle nach Huben und von dort per Bus zurück nach Längenfeld.

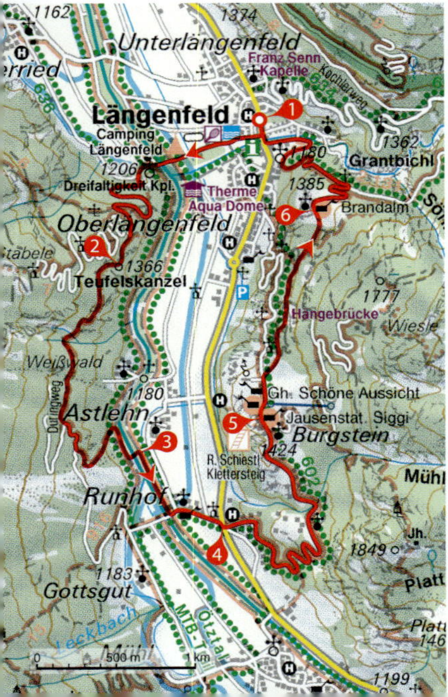

In **Längenfeld ❶**, 1180 m, zum Campingplatz und über die Ötztaler Ache zur Pestkapelle Heilig Geist, die am Beginn des Aufstiegs liegt. Wir folgen den Schleifen der Forststraße, wobei mögliche Abkürzungen unbezeichnet sind – außer jene, die uns zur **Teufelskanzel ❷**, 1366 m, leitet. Anschließend weiter auf dem Duringweg mit etwas Auf und Ab quer durch die Steilhänge, dabei mehrere Runsen kreuzend (einmal mit kleinem Wasserfall). Ausgesetzte Stellen sind mit Geländer oder Drahtseil abgesichert; immer wieder laden Bänke zur Rast ein. Südwärts stoßen wir auf eine Forststraße, folgen dieser einige Kehren abwärts und nehmen dann am besten den steilen Waldpfad Richtung Talsohle. Am Ufer der Ötztaler Ache rechts, um in Kürze bei **Astlehn ❸** den Fluss zu überschreiten. Eine andere Brücke befindet

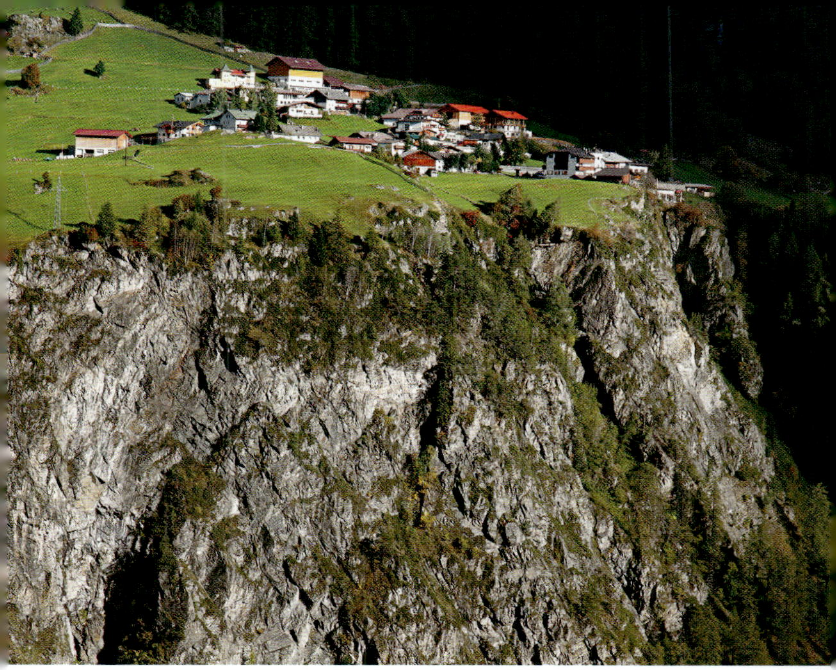

Oberhalb der Burgsteinwand wird seit Jahrhunderten gesiedelt.

sich bei **Runhof**. Durch den Weiler erreichen wir in Kürze die Bundesstraße mit **Bushaltestelle** ❹, 1172 m.

Direkt gegenüber setzt die Burgsteiner Straße an. Nach etlichen Kurven haben wir nochmals 250 Höhenmeter und damit den Weiler **Burgstein** ❺, 1424 m, gewonnen. Man setzt den Weg nordwärts fort, hält sich bei der Gabelung rechts und gelangt auf einem schönen, gepflegten Flankenweg zur Hängebrücke. In ähnlicher Manier geht es bequem weiter zur Lichtung von **Brand** ❻, 1385 m, wo man wie schon in Burgstein einkehren kann. Zuletzt am einfachsten auf dem Fahrweg hinunter nach **Längenfeld** ❶.

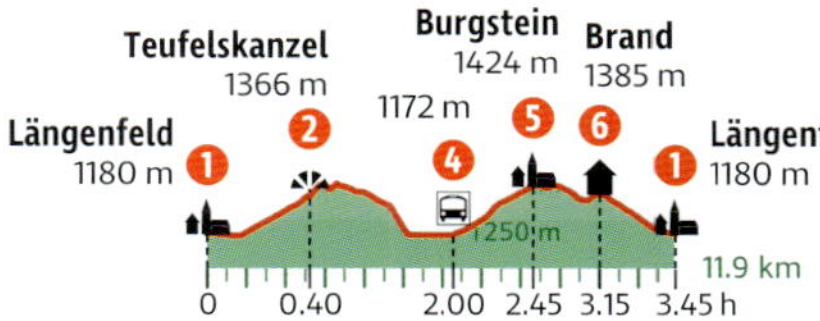

27 Winnebachseehütte, 2362 m – Gänsekragen, 2914 m

7.30 h

Von Gries auf einen stattlichen Felsgipfel

Für gemäßigte Wanderer ist die reizvoll in einem Kessel gelegene Winnebachseehütte ein beliebtes Ziel über dem Sulztal, für ambitionierte auch der Hausberg mit dem ulkigen Namen Gänsekragen. In steilen Felsschrofen verlangt er eine kleine Kraxelpartie und belohnt die Mühen mit einem famosen Panorama. Die westlichen Stubaier Alpen und weite Teile der Ötztaler Alpen liegen wie ein aufgeschlagenes Buch vor uns.

Ausgangspunkt: Parkplatz Gries, 1599 m, im Sulztal (gebührenpflichtig). Beschränkte Parkmöglichkeit auch etwas oberhalb in der Kehre, aber nicht in Winnebach selbst. Anrufsammeltaxi von Längenfeld: Tel. +43 664 99901454.
Anforderungen: T4. Bis zur Winnebachseehütte normaler, unschwieriger Bergwanderweg (T2+, 760 Hm); zum Gipfel markierter Steig durch Schrofen, Schutt und Felsen, phasenweise ziemlich steil. Trittsicherheit unerlässlich und stellenweise auch etwas Kletterei (I. Grad) nötig, daher »schwarz«. Lange Tagestour.
Einkehr/Unterkunft: Winnebachseehütte, 2362 m, Mitte Juni bis Anfang Oktober, Tel. +43 5253 5197, winnebachsee-huette.com.
Beste Jahreszeit: Juli bis Mitte Oktober.
Variante: Falls der Gänsekragen zu schwierig erscheint, kann auf die Ernst-Riml-Spitze, 2507 m, ausgewichen werden. In 30 Min. erreicht man die kreuzgeschmückte Aussichtskuppe am Zugang zum Seeblaskogel bzw. Bachfallenferner, unweit des gleichnamigen Wasserfalls.

Die Winnebachseehütte ist ein beliebtes Ziel für Wanderer aller Couleur.

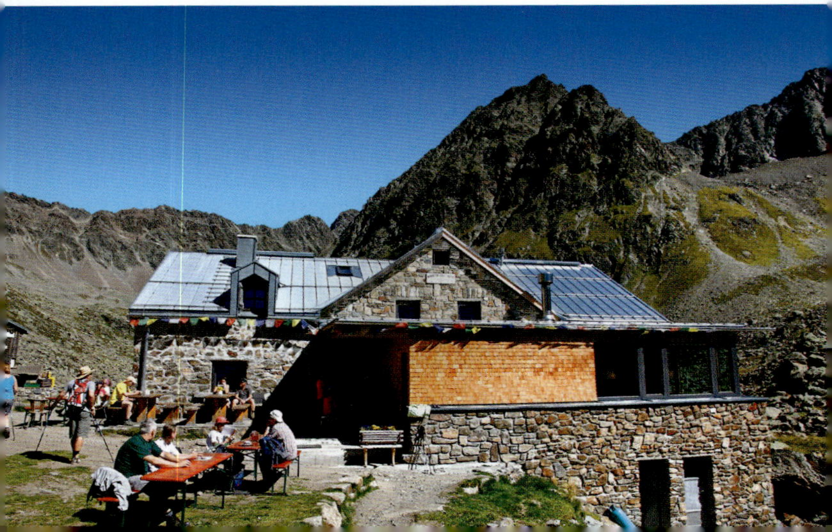

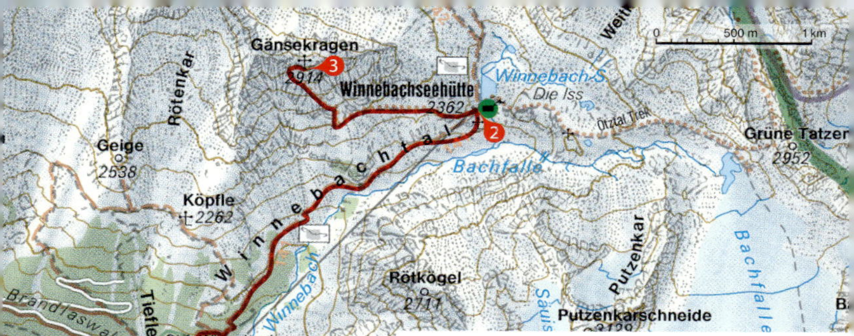

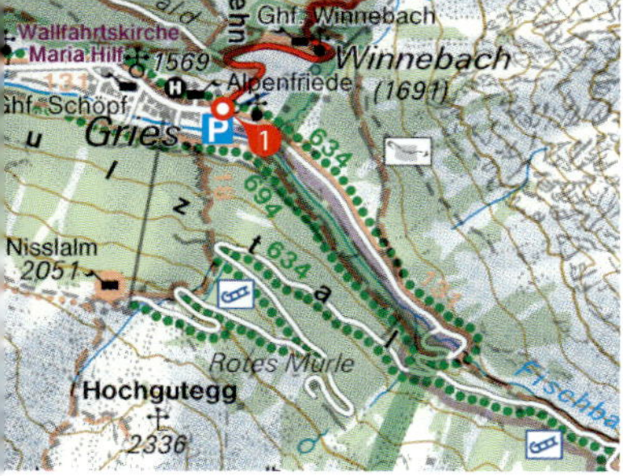

Vom großen Parkplatz in **Gries** ❶, 1599 m, oder dem kleineren etwas oberhalb nehmen wir den Hüttenweg Nr. 141 auf, zunächst mit der Asphaltstraße zum Weiler **Winnebach**, 1691 m, und seinen Hotels am Wiesenhang. Hier beginnt der eigentliche Wanderweg. Ein Weilchen geht es noch durch Wald, der von Latschen abgelöst wird, ehe die große, schuttbedeckte Hangmulde unter dem Gänsekragen (»Auf den Grießern«) schräg aufwärts durchquert wird. Hinter einem Geländevorsprung mit Rastbank verbirgt sich das kleine Hüttchen der Winnebachalp. Dahinter unter einem Riegel entlang, bis dieser den Durchschlupf links hinauf zur **Winnebachseehütte** ❷, 2362 m, freigibt. Einige Kehren noch und wir haben das Zwischenziel erreicht.

Unmittelbar nebenan beginnt der Gipfelsteig in westlicher Richtung. Nach einer nur wenig ansteigenden Querung über einige kleine Rinnen geht es in der Südflanke über Schutt und Schrofen kräftig bergauf, manchmal leicht vermurt, nach oben hin auch immer häufiger felsdurchsetzt, was ab und zu etwas Kraxelei erfordert.

Insgesamt bewegen wir uns dabei sukzessive nach links hinaus und gelangen um eine Kante herum bis in die Nähe des Gipfelgrates. Geschickt laviert die Route nun über Bänder und Absätze nach rechts und gewinnt die höchsten Blockfelsen des **Gänsekragens** ❸, 2914 m. Abstieg auf derselben Route.

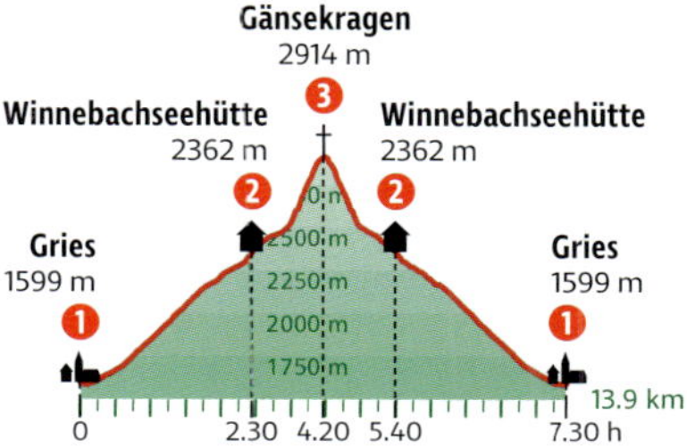

↗ 1250 m | ↘ 1250 m | 9.1 km

28 Gamskogel, 2813 m

6.30 h

Massiger Bergkegel über dem Längenfelder Becken

Als nordwestlicher Eckposten des Sulztalkammes ist der Gamskogel einer der besten Aussichtsberge über dem Ötztal. Er verlangt schon einen erfahrenen Bergwanderer, ist aber im Vergleich zu seinen schwer zugänglichen Nachbarn noch relativ gutmütiger Natur. Die Normalroute führt von Gries zur urigen Nisslalm, ein Stück weit auf der Trogschulter des äußeren Sulztales entlang und dann am Nordostausläufer gipfelwärts.

Ausgangspunkt: Gries im Sulztal, 1569 m. Linientaxi: Tel. +43 664 99901454.
Anforderungen: T3–4. Markierter Bergsteig, streckenweise steil mit gesicherten Stellen, nach oben hin häufiger über blockigen Fels. Trittsicherheit wichtig (knapp schwarz), ein Grundmaß auch schon bis zur Nisslalm (rot). Volle Tagestour.
Einkehr: Nisslalm, 2051 m, ganzjährig bewirtschaftet (ohne Übernachtung), Tel. +43 676 5618561.
Beste Jahreszeit: Ende Juni bis Mitte Oktober.
Variante: Auch von Burgstein, 1424 m, gibt es einen markierten Zugang zum Gamskogel. Dieser windet sich an der Westseite empor und trifft im obersten Teil mit der beschriebenen Route zusammen. Kombination möglich mit zwei Fahrzeugen oder ggf. öffentlichen Verkehrsmitteln.

Die Tour beginnt im Dorfzentrum von **Gries** ❶, 1569 m. Wir überschreiten als Erstes den Fischbach und steigen am düsteren, bewaldeten Nordhang unvermittelt steil bergauf. Der Zickzacksteig kreuzt mehrmals eine Forststraße und wendet sich schließlich nach rechts zur **Nisslalm** ❷, 2051 m. In der Nähe befindet sich ein Aussichtspunkt mit Tiefblick auf Gries. Auf der

Rechts: der Breite Grieskogel vom Gamskogel-Nordostgrat aus gesehen.

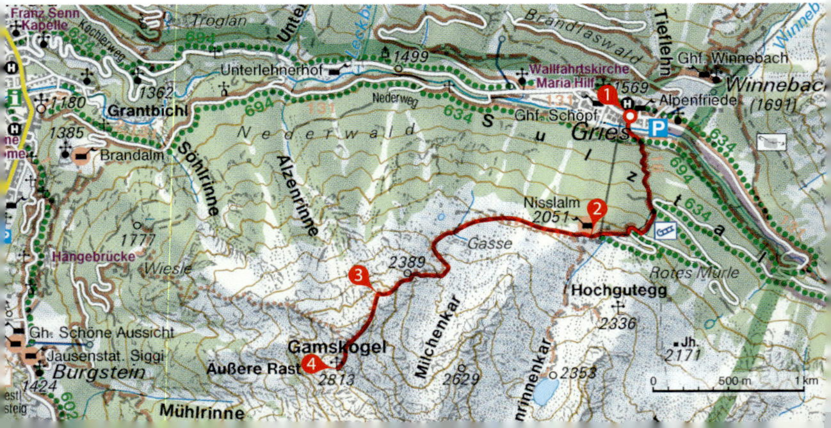

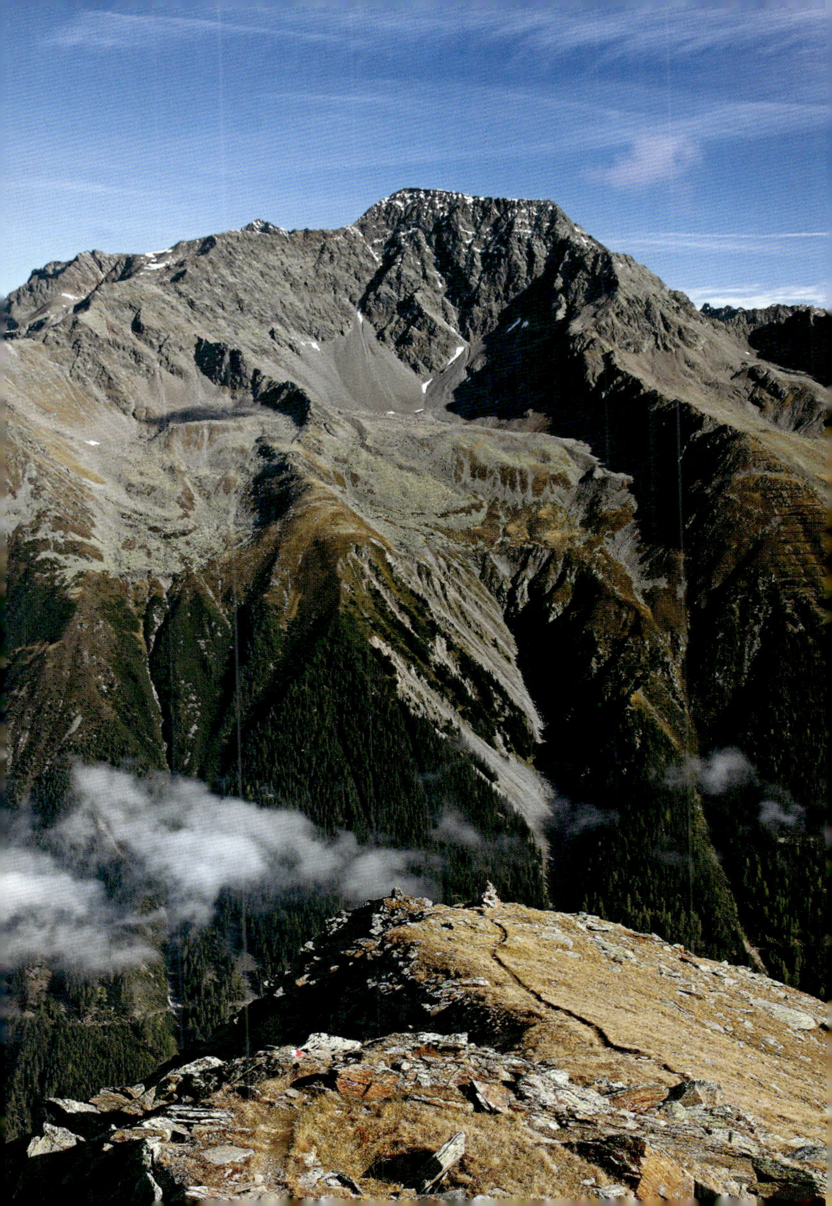

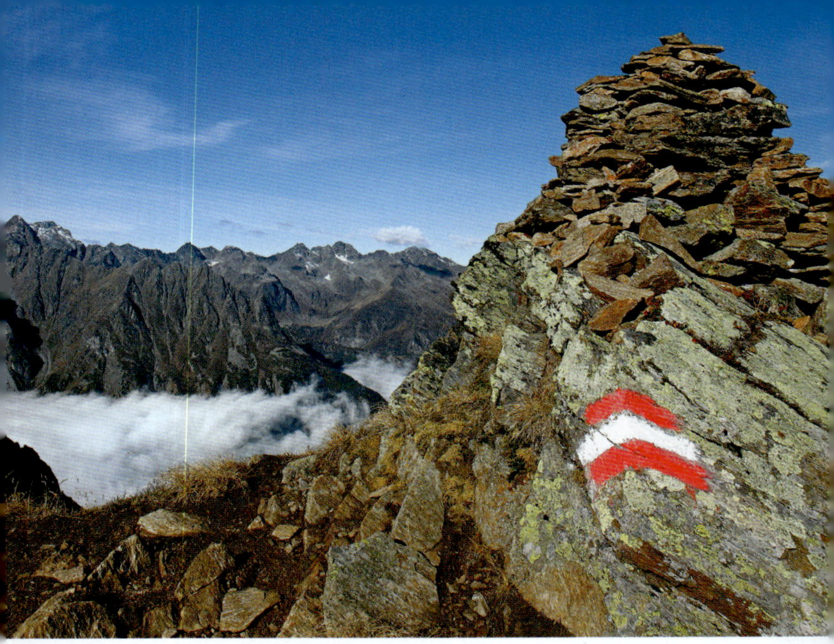

Orientierungshilfe beim Aufstieg zum Gamskogel.

ausgeprägten Hangterrasse setzt man die Tour fort. Richtung Westen etwas holprig, aber fast eben entlang der Waldgrenze ins Weidegebiet von Gasse und hinter einem seichten Bach an die Aufschwünge des Gamskogels heran. Im Linksbogen über eine erste Steilstufe auf die Verflachung im Milchenkar und wieder steiler entlang einer Rückenstruktur bis auf den Nordostgrat 3, ca. 2550 m. Hier wird den zerklüfteten Felsen so gut es geht nach links ausgewichen (ab und zu gesicherte Stellen an Blöcken). Wir nehmen die Route von Burgstein auf und erreichen zuletzt von der linken Seite her den Gipfel des **Gamskogels** 4, 2813 m. Der Abstieg ist auf derselben Route vorgesehen. Wer es am Schluss etwas gemütlicher haben möchte, kann ab **Nisslalm** 2 der Alm- und Forststraße folgen, muss dabei aber ein gutes Stück ins Sulztal ausholen. Durch dieses schließlich rund anderthalb Kilometer hinaus nach **Gries** 1.

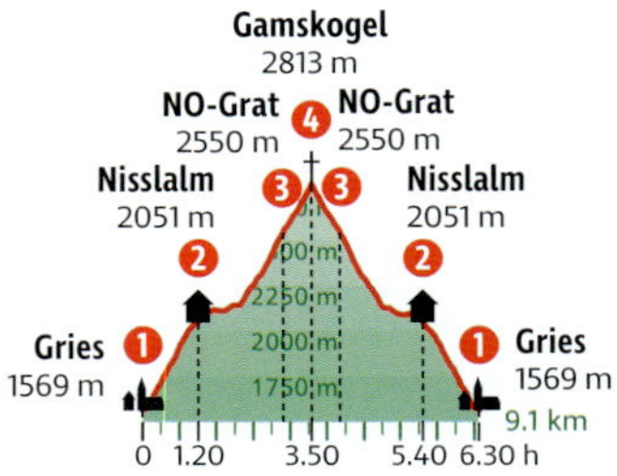

↗ 1080 m | ↘ 1080 m | 20.4 km

7.00 h

Amberger Hütte, 2136 m – Sulztalferner

29

Zum Ursprung des Sulztales

Neben der Winnebachseehütte (siehe Tour 27) ist die Amberger Hütte der zweite Alpinstützpunkt im Bereich des Sulztales – auch sie ein leicht zu erreichendes Wanderziel. Sie liegt im Talschluss, am Rand der Sulze, die mit ihren Schotterfluren und den verästelten Wildbächen ein mustergültiges Gletschervorfeld darstellt. Wer den einfachen Hüttenbummel bereichern möchte, kann noch ein gutes Stück bis gegen den Sulztalferner hinaufsteigen und mit den eisigen Elementen unmittelbar auf Tuchfühlung gehen. Bleibt zu hoffen, dass die Sulze ihre Ursprünglichkeit auf ewig behalten wird. Vor einigen Jahren hatte die mächtige TIWAG bereits ein Auge auf das Hochtal geworfen, mit der Idee, hier einen riesigen Speichersee zur Energiegewinnung einzurichten. Diese Pläne sind wohl glücklicherweise vom Tisch …

Im Hochtal der Sulze liegt die leicht erreichbare Amberger Hütte.

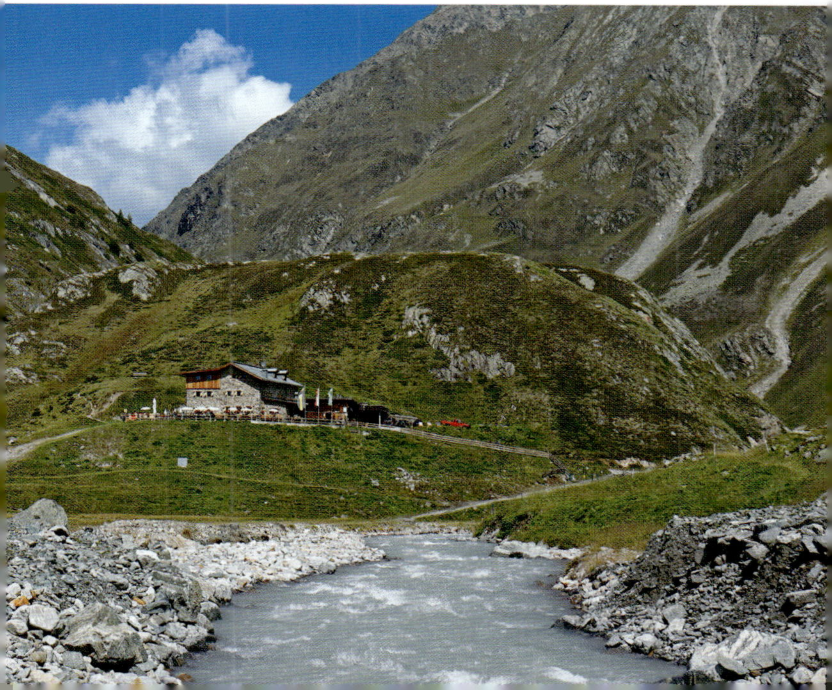

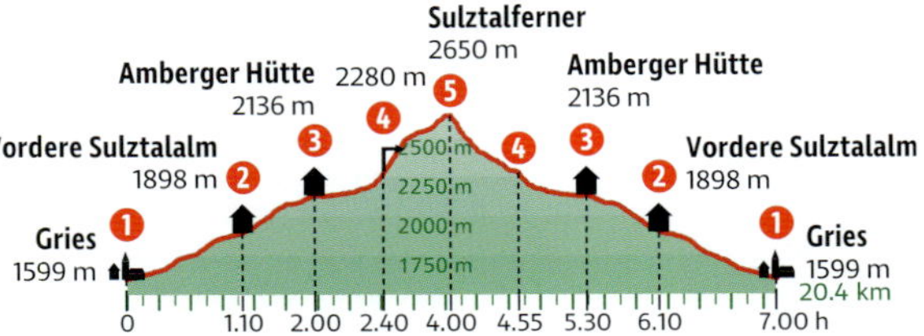

Ausgangspunkt: Gries im Sulztal, gebührenpflichtiger Wanderparkplatz am Dorfende,1599 m. Anrufsammeltaxi von Längenfeld: Tel. +43 664 99901454.
Anforderungen: T2–3. Bis zur Amberger Hütte breiter Fahrweg (T1, 540 Hm), anschließend normaler Bergweg bis vor die Gletscherzunge, nur kurzzeitig steiler, meist Blockschutt, einige Stellen felsdurchsetzt. Volles Tagesprogramm, bis zur Hütte hingegen gemütlich.
Einkehr/Unterkunft: Vordere Sulztalalm, 1898 m, Tel. +43 676 5115370. Amberger Hütte, 2136 m, Anfang/Mitte Juni bis Anfang Oktober, Tel. +43 676 9523426, ambergerhuette.at.
Beste Jahreszeit: Ende Juni bis Ende September.
Variante: Von der Amberger Hütte in 2 Std. auf den Niederen Sulzkogel, 2796 m. Kleiner Steig in teils steilem Gelände, Trittsicherheit wichtig (T3, rot). Nähere Beschreibung im Rother-Wanderführer »Trekking Ötztal – Pitztal«.

Vom Parkplatz hinter **Gries** ❶, 1599 m, folgen wir dem breiten Fahrweg taleinwärts. Nach einer Weile über die Brücke auf die rechte Seite und insgesamt mäßig steil aufwärts. Kurz vor der bewirtschafteten **Vorderen Sulztalalm** ❷, 1898 m, wird wieder die Seite gewechselt. Mit Blick auf den

Unterwegs im Moränengelände des Sulztalferners.

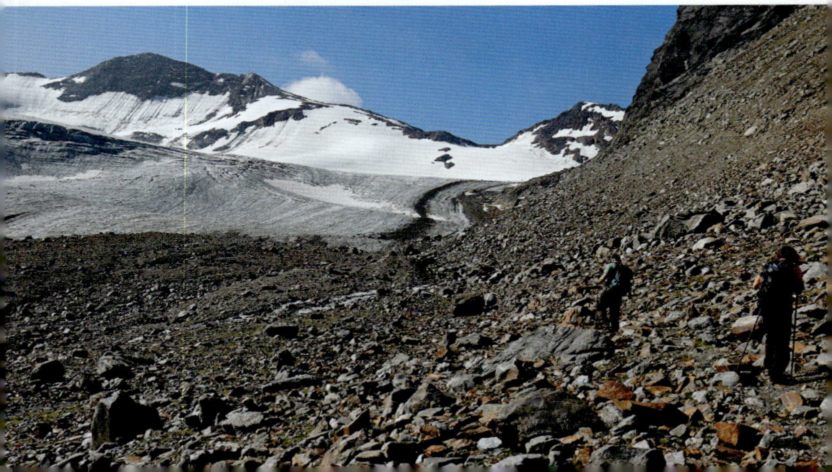

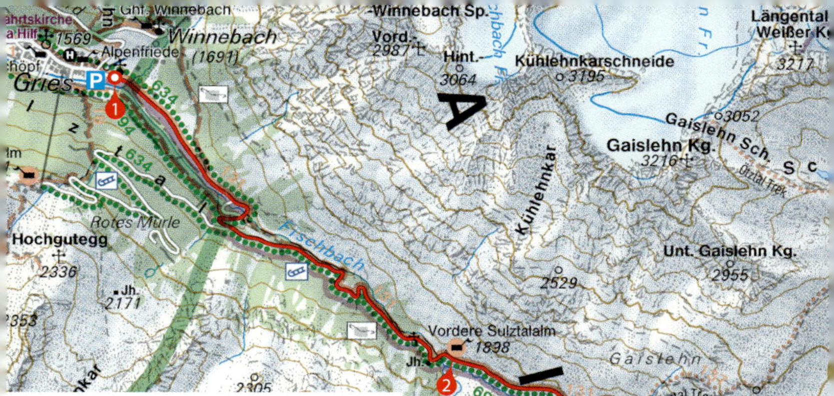

mächtigen Schrankogel vollziehen wir die Talbiegung mit, passieren die Hintere Sulztalalm und erreichen um den Sulzbichl herum die **Amberger Hütte** ❸, 2136 m.
Hier öffnet sich die weitläufige Sulze. Auf der rechten Seite am nahen Schwefelsee vorbei einen guten Kilometer weit flach einwärts. Nachdem sich beim Lausbühel Weg Nr. 137 rechts Richtung Atterkarjöchl verabschiedet hat, gewinnt auch unser Steig allmählich an Höhe. Bei einer Gabelung ❹, 2280 m, rechts und über eine felsdurchsetzte Geländestufe auf einen Moränenrücken, der nun die Richtung vorgibt. Ein guter Pfad mit gelegentlichen Blockpassagen nähert sich allmählich dem Sulztalferner und verbindet sich auf rund 2650 Metern ❺ mit der ebenfalls markierten Parallelroute, die zuvor näher am Gletscherbach entlangführt und für den Rückweg gewählt werden kann. Bis zum Eis ist es von hier nur noch ein kurzes Stück (vorbehaltlich des fortschreitenden Gletscherrückgangs).

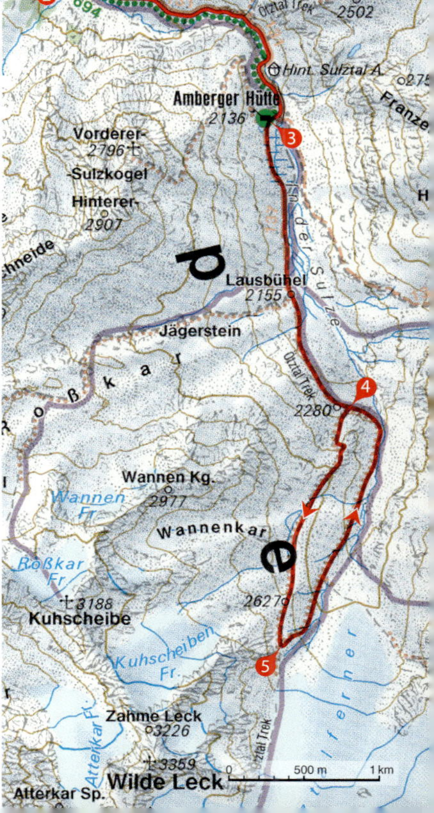

TOP

30 Schrankogel, 3497 m

↗ 1380 m | ↘ 1380 m | 10.6 km

7.15 h

Königstour auf den höchsten Wegeberg Österreichs

Die absolut dominante Gestalt über dem Sulztal ist der Schrankogel, mit fast 3500 Metern der zweithöchste Gipfel der Stubaier Alpen und zudem der höchste mit einem markierten Weg erschlossene Berg in ganz Österreich. Wobei der Begriff »Weg« mit einem zugedrückten Auge verwendet wird, denn im hochalpinen Felsgelände muss man schon die Hände aus den Hosentaschen nehmen. Beide Augen weit öffnen wird man hingegen angesichts des gigantischen Panoramas, das uns vor allem die schwarz-weiß gescheckte Topografie der Stubaier Alpen nahebringt, darüber hinaus aber auch bis zum fernen Horizont schauen lässt. Ein besonderer Clou: Der Schrankogel offeriert gleich zwei Routen vergleichbarer Schwierigkeit. Obwohl sich viele Aspiranten mit dem Normalweg zufrieden geben, darf der Ostgrat Erfahrenen als Herausforderung für eine Überschreitung empfohlen werden.

Das dunkle Felshorn des Schrandele vor den Zillertaler Alpen am Horizont.

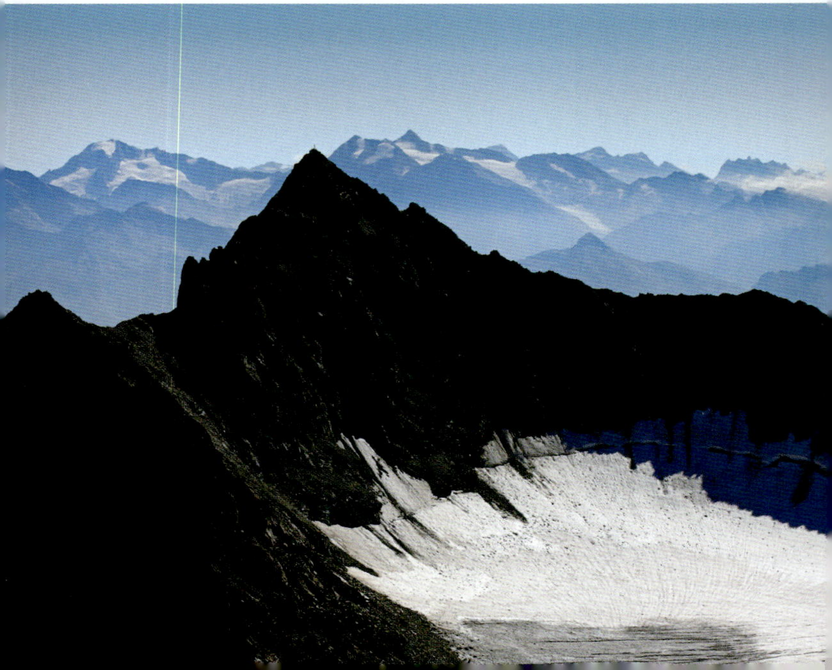

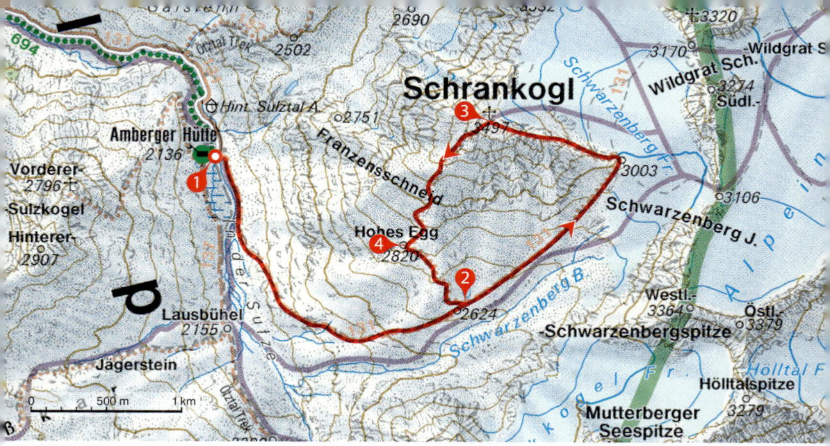

Ausgangspunkt: Amberger Hütte, 2136 m, erreichbar von Gries in 2 Std. (siehe Tour 29).
Anforderungen: T4–5. Gipfelüberschreitung auf markierten Routen, am Ostgrat etwas spärlicher als am südwestseitigen Normalweg. Unterhalb der 3000er-Marke passable Steige, darüber viel Blockschutt und Fels mit Kletterstellen im I. Grad (ohne Sicherungen). Ausgeprägte Trittsicherheit wichtig, im Hoch- und Spätsommer normalerweise weitgehend schneefrei, andernfalls Hochtourencharakter! Volles Tagesprogramm.
Einkehr/Unterkunft: Amberger Hütte, 2136 m, von Mitte Juni bis Anfang Oktober, Tel. +43 676 9523426, ambergerhuette.at.
Beste Jahreszeit: Juli bis September (falls schneefrei).

Von der **Amberger Hütte** ❶, 2136 m, sofort über die Brücke auf die linke Seite der Sulze und dort erst einmal flach weiter. Nach einer Weile geht es an der Berglehne schräg aufwärts, wobei wir allmählich in den Einschnitt des Schwarzenbergtroges eindrehen. Ein Hinweis zur Mutterberger Seespitze bleibt unbeachtet. Man gelangt auf einen ausgeprägten Moränen-

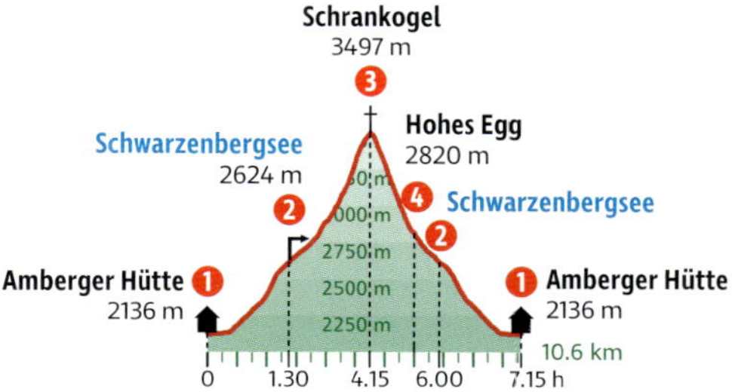

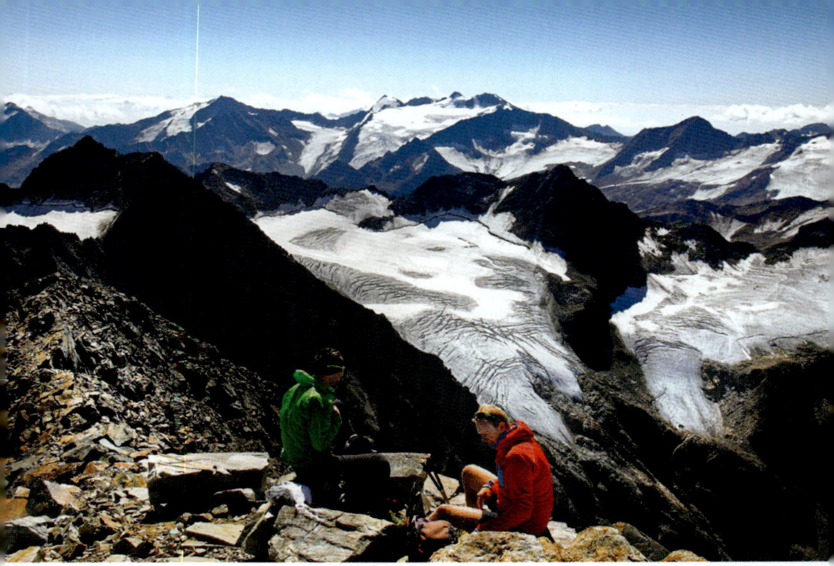

Gipfelrast mit den Bergen des Hochstubai im Blickfeld.

rücken und zur Verzweigung der beiden Gipfelrouten ❷, 2624 m, beim kleinen Schwarzenbergsee.

Wir bleiben am lang gezogenen Rücken und geraten später aufsteilend in etwas chaotischeres Block- und Schuttgelände. Man hält zum Schwarzenbergferner stets Abstand und umkurvt ein Stück weit die Abbrüche des Ostgrat-Ausläufers, um diesen dann mehr von der Nordseite über einen instabilen Blockhang zu gewinnen. Wenige Markierungen unterstützen die hier nicht ganz einfache Orientierung. So kommen wir auf eine breite Verflachung des Ostrückens, der sich nachfolgend steiler aufschwingt. Steigspuren und einzelne Kraxelstellen (I) wechseln. Nachdem auf gut 3300 Meter Höhe eine längst sichtbare Stange passiert ist, verschärft sich der Blockgrat, leitet dafür aber bald nur noch mäßig steil zum Gipfel des **Schrankogels** ❸, 3497 m.

Am oberen Südwestgrat präsentiert sich das Gelände ebenfalls sehr blockig sowie ziemlich abschüssig. Konzentriert bewältigen wir wiederholt kleine Kletterpassagen I. Grades, bevor sich der Grat allmählich zu einer Flanke verbreitert. Aus Pfadspuren wird nun sukzessive ein richtiger Steig. Der Hang läuft zunächst zum Absatz am **Hohen Egg** ❹, 2820 m, aus. Hier scharf links und über einige kuppenartige Vorsprünge hinweg zum Vereinigungspunkt ❷ der Routen. Anschließend wie bekannt zurück zur **Amberger Hütte** ❶.

↗ 1500 m | ↘ 1500 m | 14.9 km

7.45 h

Äußerer Hahlkogel, 2655 m

31

Auf die Hubener Aussichtswarte

Schon bei der Anfahrt hinterlassen die beiden Hahlkögel mit ihren düsteren nordseitigen Plattenwänden einen nachhaltigen Eindruck, obwohl sie im Gipfelmeer der Ötztaler Alpen eher zweitrangig sind. Aber die gegen das Tal vorspringende Position sorgt nicht nur für ein allgegenwärtiges Kulissenbild im Raum Längenfeld, sondern umgekehrt auch für einen fulminanten Tiefblick in die Talsohle. Von konditionsstarken Bergwanderern kann der Äußere Hahlkogel in einer strammen Tagestour bestiegen werden – ein bezeichneter Steig über die hindernisarme Südostflanke macht's möglich. Leider ist das Hahlkogelhaus auf dem großen Balkon der Ebenalm mittlerweile nicht mehr bewirtschaftet. Gleichwohl lohnt sich auch eine kleine Rundtour ohne Gipfelabstecher – für alle, die es beschaulicher mögen.

Ausgangspunkt: Huben, 1189 m, Parkmöglichkeiten beim Sportplatz oder beim Funpark. Bushalt Alpenblick.
Anforderungen: T3–4. Streckenweise steilere Bergsteige, teils im Aufstieg zur Hütte sowie im schrofigen Gipfelbereich Trittsicherheit erforderlich, Abstiegsweg ab Hütte merklich leichter. Stramme Tagestour für Ausdauernde.
Einkehr/Unterkunft: Keine. Das Hahlkogelhaus ist geschlossen.
Beste Jahreszeit: Ende Juni bis Ende September.
Varianten: 1. Abstecher zum Wartkogelsee ca. 15 Min., auch schon ein schönes Ziel.
2. Ausschweifende Abstiegsvariante ins Pollestal und via Vordere Pollesalm, 1776 m, zurück nach Huben; mindestens 1 Std. länger (vgl. Tour 32).

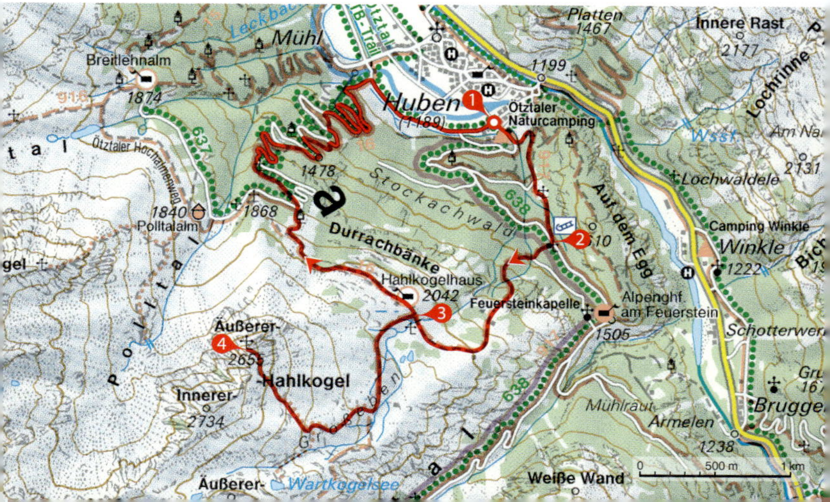

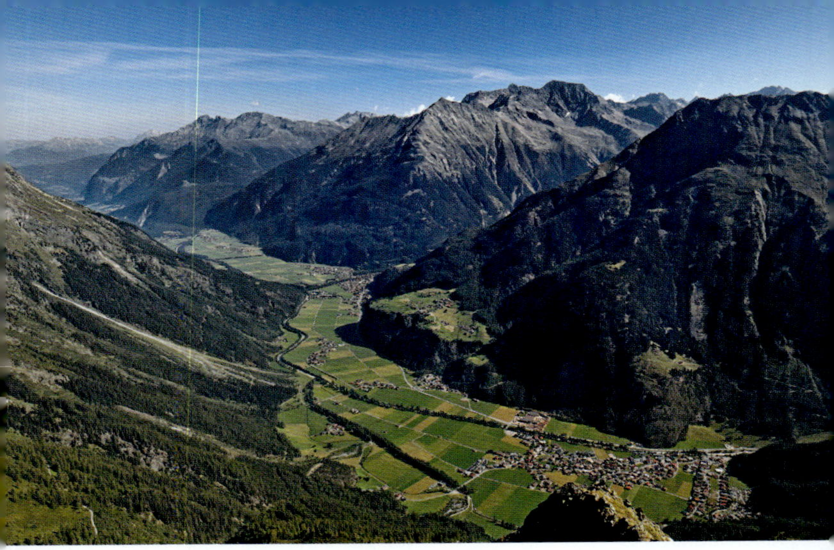

Vom Gipfel ergibt sich ein gigantischer Tiefblick ins mittlere Ötztal bei Huben.

Vom Sportplatz in **Huben** ❶, 1189 m, startet die Tour auf dem sehr bequemen Feuersteinweg, den wir bald auf einen Weg mit vielen unterhaltsamen Sprüchetafeln verlassen ❷. In steilem Wald, der später auflockert, gewinnt man zügig an Höhe. Ab und zu sind Stufen und sogar einige Fixseile verbaut; auf ca. 1760 Meter wird ein Rastplatz mit Talblick passiert. Über die teils verfallenen Stadel von Hintenstallen steigen wir auf das freie, ausgedehnte Plateau der **Ebenalm** aus, orientieren uns hier nach rechts, passieren ein kleines Hüttchen und treffen kurz darauf beim ehemaligen **Hahlkogelhaus** ❸, 2042 m, ein. Von dort südwärts in geringer Steigung über mitunter sumpfige Hochböden und bei zwei Verzweigungen jeweils

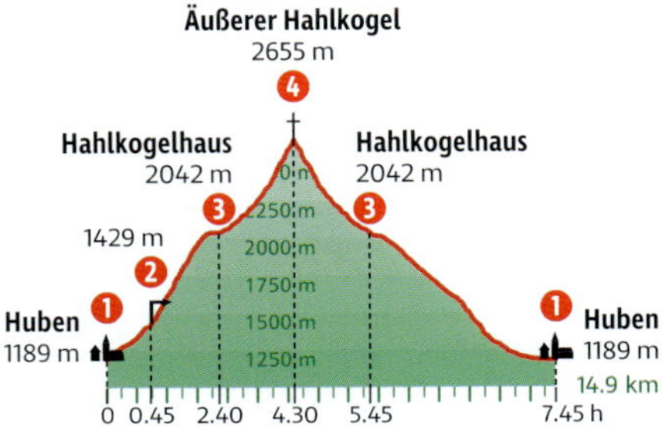

rechts haltend aufwärts. In der grasigen, später auch felsig durchbrochenen Südostflanke nimmt die Neigung allmählich zu. Wir peilen die Scharte zwischen beiden Gipfeln an und wenden uns dort rechts, um auf einem Schrofensteig mit gelegentlicher Händeunterstützung den **Äußeren Hahlkogel** 4, 2655 m, zu erklimmen.

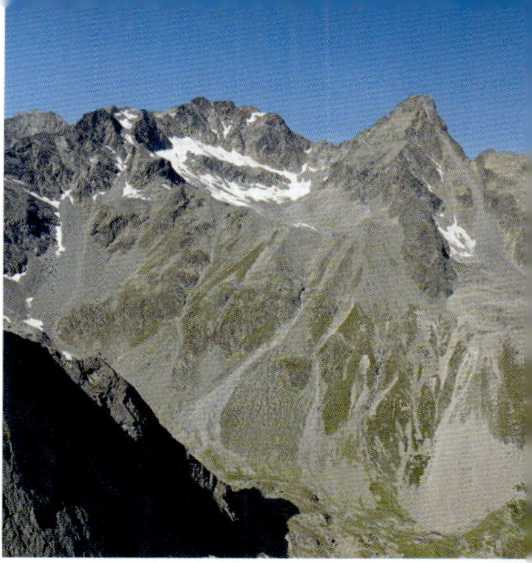

Schroffes Ambiente am Geigenkamm.

Der Abstieg verläuft bis zum **Hahlkogelhaus** 3 auf derselben Route. Dort schwenken wir Richtung Nordwesten, durchstreifen in längerer Abwärtstraverse dichte Alpenrosenhänge und gelangen mit einigen Kehren zu einer Alm- und Forststraße hinunter. Dieser könnte man jetzt talwärts folgen, doch ist es meist vorteilhafter, auf dem engeren, gut angelegten Zickzackweg abzukürzen. Dabei kreuzen wir durch dichten Wald noch ein paarmal die breite Trasse und kommen schließlich beim Funpark im Westen von **Huben** 1 heraus. Gute zehn Minuten durch die flache Au beschließen die abwechslungsreiche Bergtour.

Urwüchsiger Pfad zum Hahlkogel.

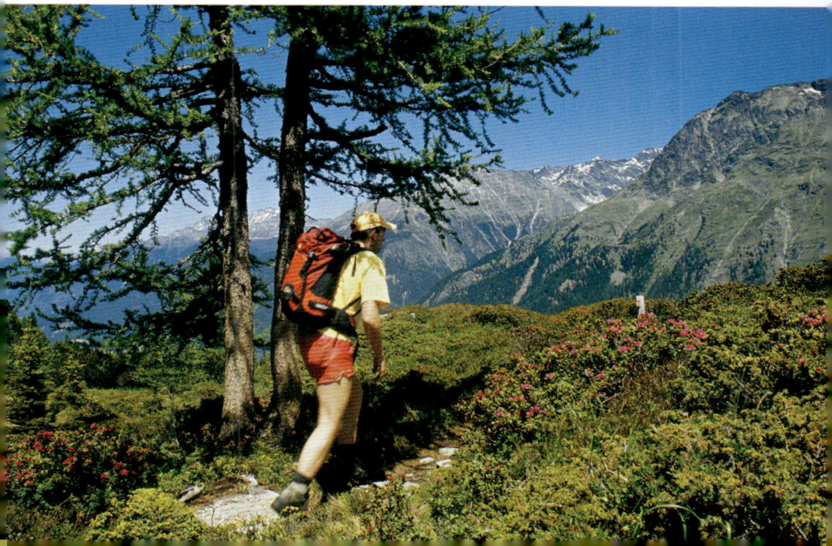

↗ 600 m | ↘ 600 m | 11.1 km

32 Vordere Pollesalm, 1776 m

3.30 h

Familienwanderung am Ötztaler Sagenweg

Von Huben hinauf zum Feuerstein gibt es eine neue Attraktion, die vor allem Kindern viel Spaß machen wird: Auf gut einem Dutzend Stationen, die mit schmiedeeisernen Skulpturen versehen sind, taucht man ein in die fantasievolle Sagenwelt des Ötztals. Anschließend führt die Wanderung noch ein gutes Stück einwärts ins tief eingeschnittene Pollestal, ein unbesiedeltes Hochtal, das letztlich zu den Höhen des Geigenkammes aufschließt.

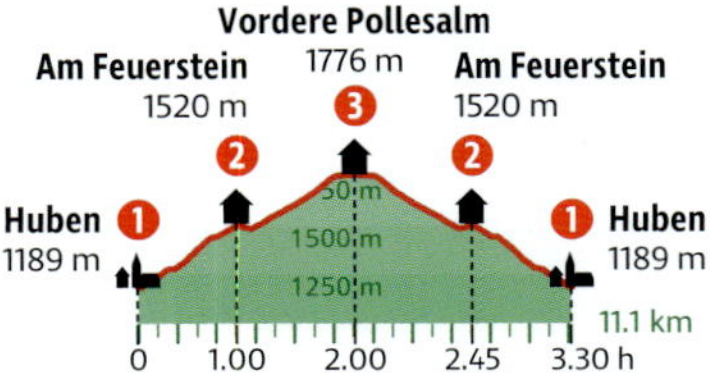

Ausgangspunkt: Huben, 1189 m, Parkplatz beim Sportplatz, Bushaltestelle im Ort.
Anforderungen: T1. Am Feuersteinweg gutmütiger Wanderweg, weiter ins Pollestal auf einem breiten Wirtschaftsweg, stets nur mäßige Steigungen. Gutes Halbtagespensum.
Einkehr: Alpengasthof am Feuerstein, 1520 m, Tel. +43 5253 20120. Vordere Pollesalm, 1776 m, Tel. +43 660 4466849 oder +43 664 99920681.
Beste Jahreszeit: Mitte Juni bis Mitte Oktober (Pollesalm nur bis etwa Mitte September geöffnet).
Varianten: 1. Man kann noch beliebig weit ins Pollestal hineinwandern, z.B. bis zur Hinteren Pollesalm, 2102 m.
2. Außerdem gibt es von der Vorderen Pollesalm eine Verbindung (zwischendrin mit steilerem Aufstieg) über das nicht mehr bewirtschaftete Hahlkogelhaus zurück nach Huben (vgl. Tour 31).

Vom Sportplatz in **Huben** ❶, 1189 m, an der Waldlehne hoch und in Kürze auf den bestens ausgebauten und liebevoll gestalteten Feuersteinweg (rot beschildert). Man kreuzt einen Bach (Hängebrücke) und bewegt sich danach im Bereich einer Schneise aufwärts. Zahlreiche Stationen

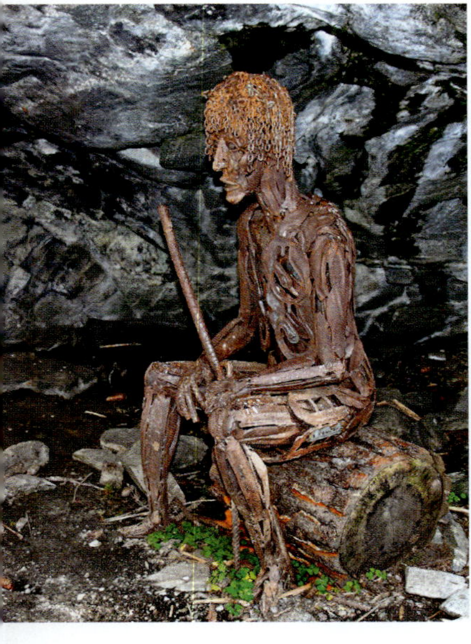

Der Ötztaler Sagenweg wird künstlerisch begleitet.

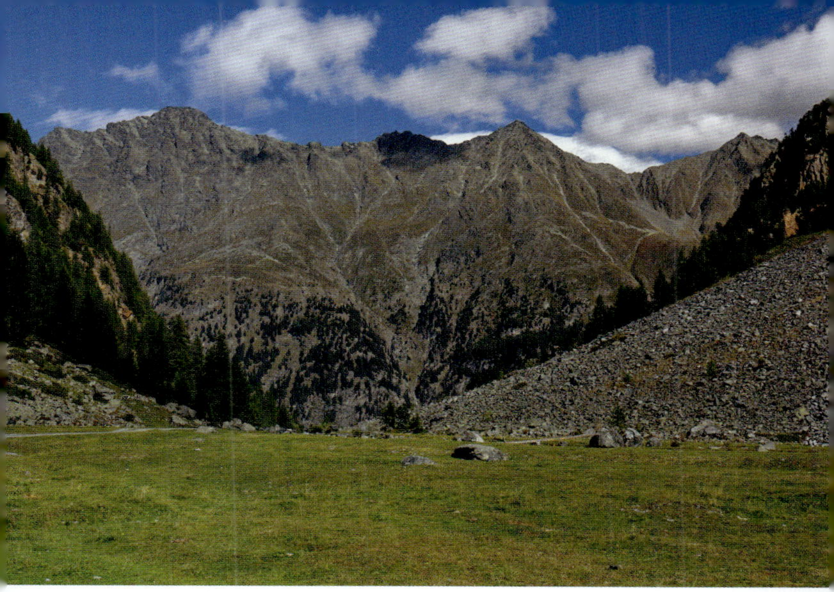

Der Sulztalkamm aus dem Pollestal gesehen.

animieren zum Verweilen und Lesen der Sagen – insofern wird die veranschlagte Stunde bis zum **Alpengasthof am Feuerstein** ❷, 1520 m, wahrscheinlich kaum ausreichen. Die Einkehrstation befindet sich knapp oberhalb von Kapelle und Aussichtsplattform. Bei der Feuersteinkapelle nehmen wir südwestwärts den breiten Weg ins sich verengende Pollestal auf. Nach einer Steigungsstrecke mit zwei Doppelkehren öffnet sich ein flacher Boden mit der **Vorderen Pollesalm** ❸, 1776 m, nahe dem rechtsseitigen Hang. Zurück geht es auf demselben Weg.

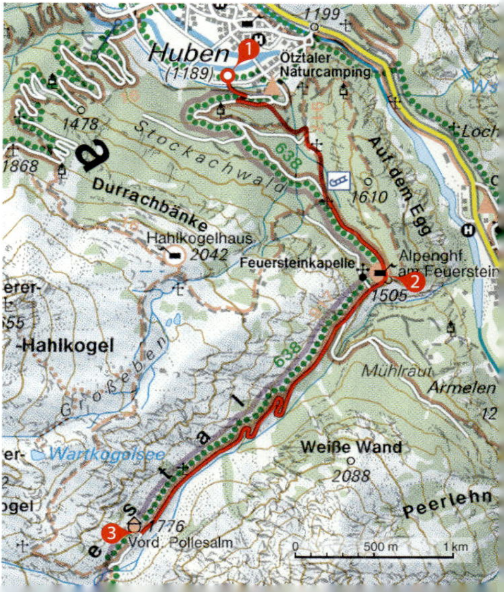

Region Sölden

Hinter Huben verengt sich das Ötztal zu einem V-förmigen Einschnitt, der wenig Platz für Siedlungen bietet. Das von rechts in einer Steilstufe ausmündende Pollestal nehmen wir kaum wahr – es trennt auf fast zehn Kilometer Länge den Polleskamm vom Geigenkamm und ist fast noch ein Geheimtipp. Doch dann erreicht man jene Destination, die im Bekanntheitsgrad ganz weit vorn rangiert.

Sölden gilt in gewissen Kreisen als Mekka weit über das Ötztal hinaus. Dieses Prädikat resultiert aus einer veritablen Tourismusindustrie, die hier vor allem aufs Wintergeschäft ausgerichtet buchstäblich Raum gegriffen hat. Das jährliche Opening des Ski-Weltcups in Sölden ist zum Wirtschaftskatalysator von überregionaler Bedeutung avanciert. Somit können dem Ort zweifelsohne Trendsetter-Eigenschaften zugeschrieben werden. Dass dies alles eine gewisse Ambivalenz geschaffen hat, liegt auf der Hand. Der Charakter eines idyllischen Bergdorfes ging zunehmend verloren. Speziell auf der westlichen Talseite, im Areal von Hochsölden bis hin zum Rettenbach- und Tiefenbachferner, gewahren wir einen erheblichen Landschaftsverbrauch. Auf einer Mautstraße durchs Rettenbachtal kann der Tourist bis

Verblüffendes Juwel in Söldens beanspruchter Berglandschaft: der Schwarzsee.

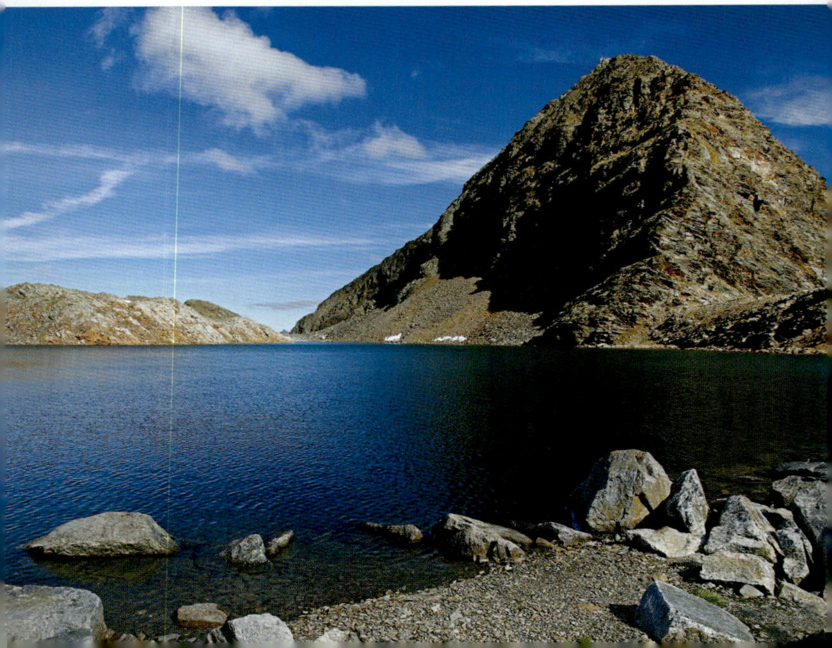

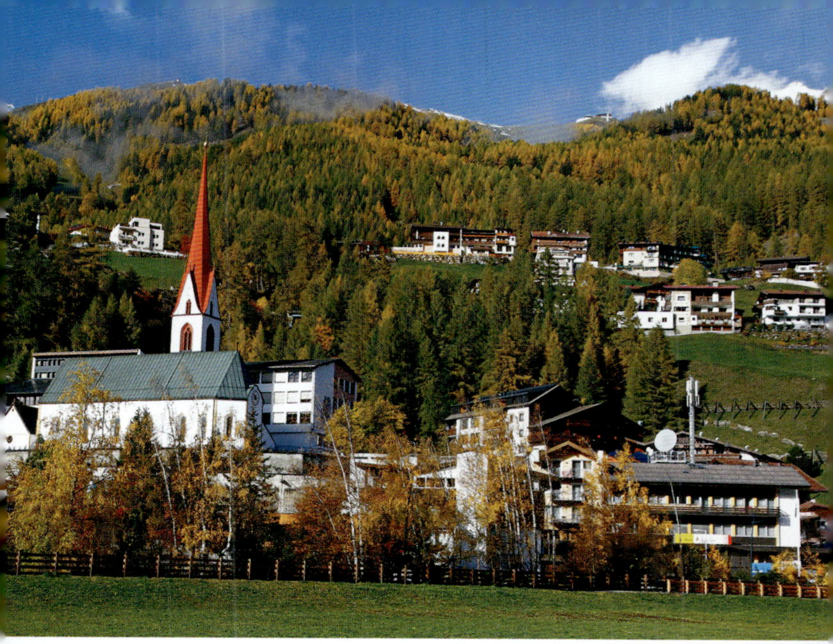

In Sölden läuft das Tourismusrad auf Hochtouren.

auf 2800 Meter Höhe mit dem Auto fahren, zudem dienen sommers die Gaislachkogelbahn und die Giggijochbahn als Aufstiegshilfen, im Winter noch erheblich mehr.

Freilich besitzt Sölden verschiedene Facetten, zu denen auch eine stille Seite gehört. Diese liegt namentlich im Bereich der Stubaier Alpen, rund um das Windachtal. Da locken ein paar wirklich nette Almen und nicht zuletzt vier alpine Schutzhäuser, die allesamt einen Besuch wert sind. Brunnenkogelhaus und Hochstubaihütte besetzen aussichtsreiche Söldener Gipfellogen, während sich Hildesheimer und Siegerlandhütte zuhinterst im ursprünglichen Windachtal verstecken.

Ebenfalls nicht übersehen sollten wir die kleineren Fraktionen Söldens abseits des quirligen Zentrums, wie zum Beispiel Granstein. Dort lässt sich noch das eine oder andere Traditionelle entdecken. Stromern wir Richtung Süden durch die Kühtraienschlucht, gelangen wir nach Zwieselstein, wo sich das innere Ötztal Richtung Vent und Gurgl verzweigt. Auch diese Orte gehören noch zur Gemeinde Sölden, der flächengrößten ganz Österreichs, sollen aufgrund der Bedeutung für Wanderer und Bergsteiger aber später gesondert betrachtet werden …

↗ 670 m | ↘ 670 m | 6.0 km

33 Kaiserbergalm, 2015 m

3.00 h

Einsames Kleinod in Sichtweite des Rummels von Sölden

Es ist der üblichen Wanderpraxis geschuldet, dass die meistfrequentierten Touren bewirtschaftete Hütten oder Almen zum Ziel haben bzw. dort zumindest Station machen. Wer sich einmal aus der Masse ausklinken, seine Jause aus dem eigenen Rucksack angeln und eine althergebrachte Bergbauernkultur in stiller Ursprünglichkeit entdecken möchte, dem sei ein Ausflug zur Kaiserbergalm ans Herz gelegt. Von ihrem Balkon genießt man eine prächtige Aussicht – speziell auch hinein nach Sölden, wo es zur selben Zeit wahrscheinlich ziemlich wuselt.

Ausgangspunkt: Kaisers, ca. 1340 m, Weiler nördlich von Sölden. Bushaltestelle Gehörde an der Ötztalstraße.
Anforderungen: T2. Gewöhnlicher Bergweg durch Wald, gut angelegt und ohne besondere Schwierigkeiten. Konditionell ein lockeres Halbtagespensum.
Einkehr: Keine.
Beste Jahreszeit: Juni bis Oktober.
Variante: Der Aufstieg kann ins Atterkar fortgesetzt werden, für erfahrene und sehr ausdauernde Bergwanderer sogar über das Atterkarjöchl, 2976 m, hinweg bis zur Amberger Hütte im Sulztal. Schwierigkeit T4 (schwarz); Gehzeit ca. 7 Std.

Die Kaiserbergalm in wundervoller Balkonlage.

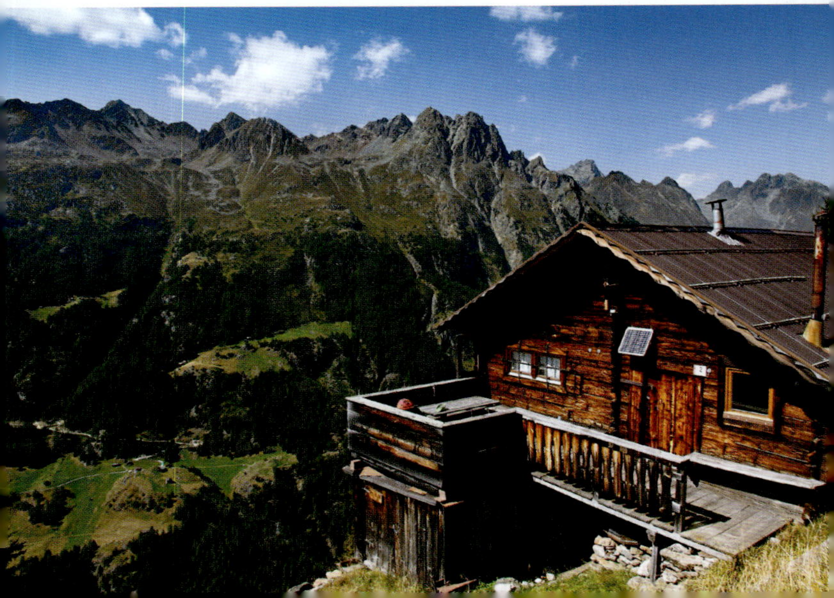

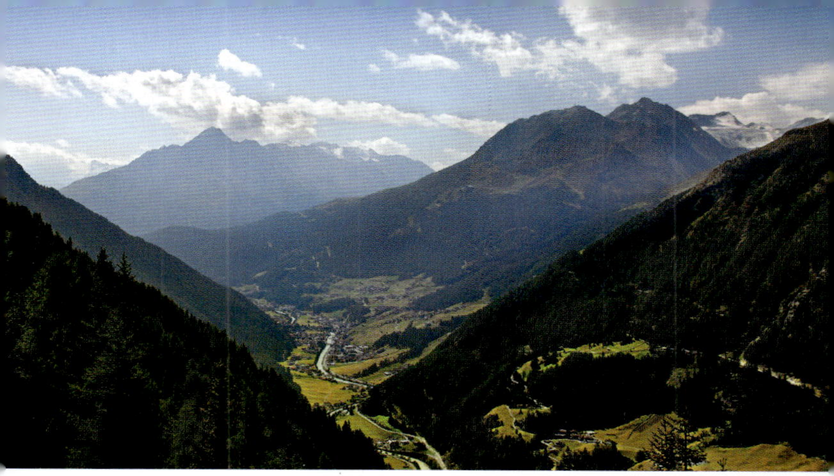

Blick ins Ötztal einwärts Richtung Sölden.

Falls man an der Bushaltestelle startet, zunächst auf die andere Seite der Ötztaler Ache nach **Kaisers** ❶ – ansonsten von dort mit der Kaiserbergstraße zu den Anwesen von Höfle und weiter auf einem Forstweg nordwärts. Nach einer Weile zweigt rechts der Steig Nr. 137 ab ❷, ca. 1450 m. Wir gewinnen im meist lichten Kaiserwald stets diagonal an Höhe, kreuzen zwischendurch die eine oder andere Runse und erreichen später mit einigen Kehren die hübsch gelegene **Kaiserbergalm** ❸, 2015 m.
Für Normalwanderer wird dies der Umkehrpunkt sein, obgleich die Route Nr. 137 noch fast 1000 Meter bis zum Atterkarjöchl ansteigt und einen Übergang ins Sulztal ermöglicht. Der Abstieg erfolgt auf dem Aufstiegsweg.

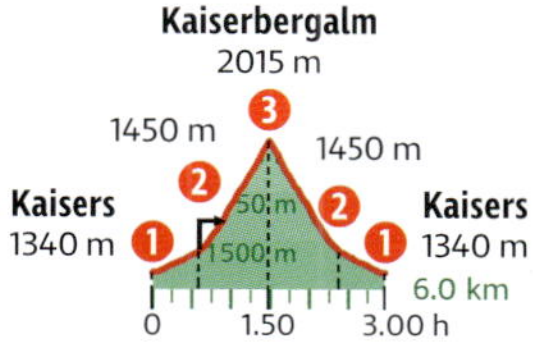

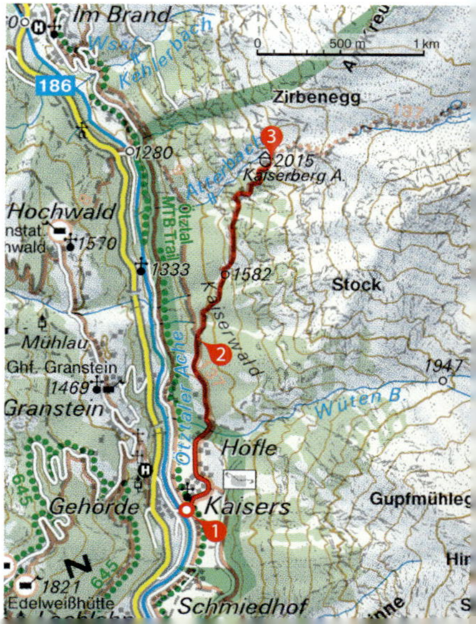

TOP 34

↗ 1100 m | ↘ 1100 m | 13.5 km

Bergler (Peerler) See, 2466 m – Dr.-Bachmann-Weg

5.20 h

Rundtour über den Dr.-Bachmann-Weg

Diese Tour verläuft abseits des Hochsöldener Pistengebietes und begeistert durch ihr erstaunlich urwüchsiges Flair. Namentliches Ziel ist der versteckte Bergler (auch Peerler) See, der über die Gransteiner Alm angesteuert wird. Buchstäblich rund wird die Unternehmung mit dem Bogen über den aussichtsreichen Dr.-Bachmann-Weg. Bevor wir allerdings vom Erscheinungsbild Hochsöldens irritiert werden, drehen wir am Leiterberg talwärts ab.

Ausgangspunkt: Granstein, 1469 m. Abzweig der Zufahrt bei Mühlau (vor Sölden), Parkmöglichkeit am besten beim Nesselhof (kein Busanschluss).
Anforderungen: T2–3. Im unteren Teil jeweils Straßen und Forstwege, sonst teils relativ schmale Bergwege ohne besondere Hindernisse. Zumeist Grasgelände, abgesehen von ein paar Blockfeldern am Höhenweg. Etwas Trittsicherheit vorteilhaft, ansonsten genügt die Ausdauer für eine durchschnittliche Tagestour.
Einkehr: Gasthof Granstein, Tel. +43 5254 2404. Jausenstation Hochwald, 1570 m, Tel. +43 664 9154286. Leiterbergalm, 1887 m, Tel. +43 5254 2491.
Beste Jahreszeit: Ende Juni bis Mitte Oktober.
Variante: Auf dem Höhenweg bis Hochsölden und von dort hinab zur Leiterbergalm, rund 1 Std. länger.

Die idyllische Gransteinalm liegt am Weg zum Bergler (Peerler) See.

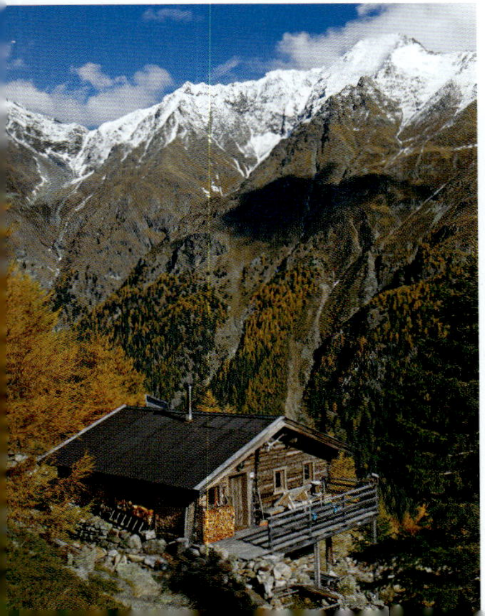

Im Weiler **Granstein** ❶, 1469 m, folgen wir zunächst weiter der Straße zur Jausenstation **Hochwald** ❷, 1570 m, wo der eigentliche Bergweg beginnt. Die Schleifen einer Forststraße bringen uns auf rund 1800 Meter bei der Isse hinauf. Danach schlängelt sich ein gewöhnlicher Steig höher. Oberhalb einiger Stadel tritt man aus dem Lärchenwald heraus und passiert die **Gransteinalm** ❸, 2003 m. Weiter geht es über die mäßig steilen ostseitigen Matten, stets auf das Schönkögele zu. Auf ungefähr 2330 Metern verzweigt sich die Route Richtung Hochsölden (links) und Bergler See (rechts). Um einen Hangrücken herum noch etwas aufwärts, stehen wir 25 Minuten später im Hochkar, wo sich der **Bergler See** ❹, 2466 m, verbirgt.

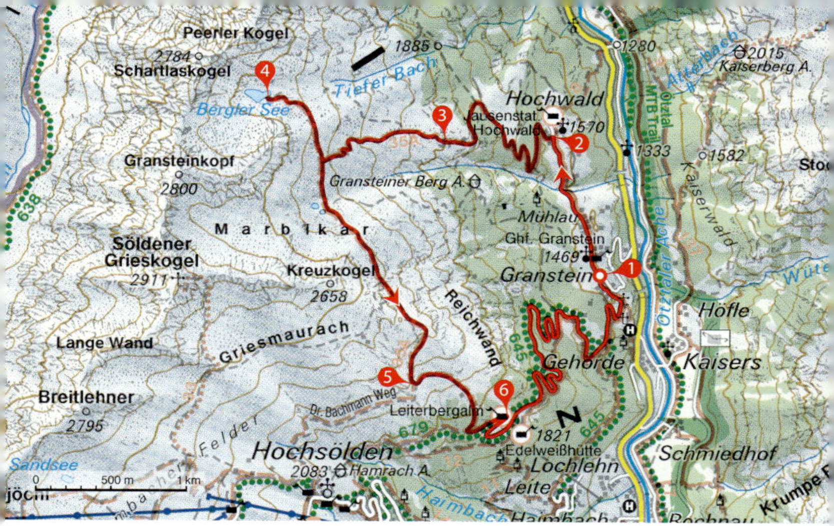

Auf dem Stichweg retour und im weiteren Verlauf dem **Dr.-Bachmann-Weg** folgend in leichtem Auf und Ab quer durch die Flanken. Man wandert unter dem Marblkar entlang und passiert das Kreuzkögele auf seiner Ostseite. Dann allmählich wieder abwärts zu einer Bergschulter mit überraschendem Talblick auf Sölden. In der Hangmulde der Leiter Mahder biegen wir links auf eine Abkürzung ab ❺, und zwar bevor der Höhenweg um ein markantes Eck Richtung Hochsölden zieht. Somit hinab in den Lärchenwald und auf einen breiteren Weg einmündend zur Jausenstation **Leiterbergalm** ❻ (Leiteralm), 1887 m. Knapp unterhalb befindet sich das Leni Mountain Chalet (ehemals Edelweißhütte). Der Rest des Abstiegs vollzieht sich recht langwierig auf einer Forststraße, die etliche Schleifen beschreibt (etwaige Abkürzungen sind als Singletrail für Mountainbiker eingerichtet und sollten nicht benutzt werden). Die Route kommt direkt beim Nesselhof in **Granstein** ❶ heraus.

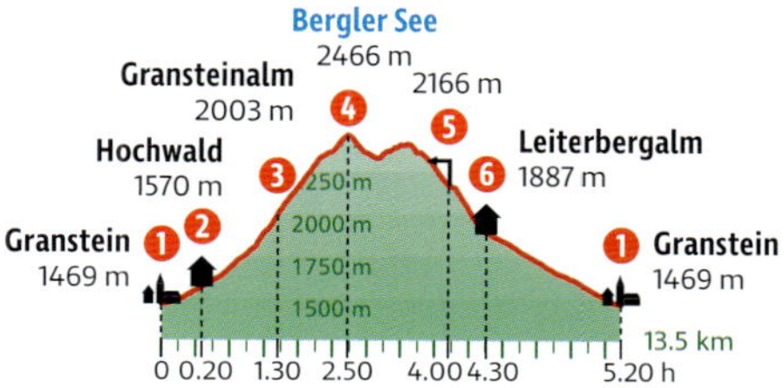

↗ 830 m | ↘ 830 m | 7.0 km

35 Söldener Grieskogel, 2911 m

4.10 h

Beliebtes Gipfelziel im Polleskamm

Das Söldener Skigebiet mag sommers nicht den ultimativen Reiz verströmen, doch wer sich ein wenig abseits begibt und den Grieskogel besteigt, unternimmt eine relativ kurze Tour, die einen gewissen Pep nicht entbehrt. Vor allem die unterhaltsame Kraxeleinlage im gesicherten Fels und das tolle Panorama können als Pluspunkte verbucht werden. Zwischen Geigenkamm und Stubaier Alpen wandern die Blicke hin und her. Für einen Gipfel dieser Höhe müssen sonst gewöhnlich erheblich größere Mühen in Kauf genommen werden. Unterschätzen sollte man die Tour jedoch nicht.

Ausgangspunkt: Hochsölden, 2083 m, erreichbar auf einer Bergstraße von Sölden (von Anfang Juli bis Anfang September auch per Bus-Shuttle). Alternativ mit der Giggijochbahn, 2284 m, Mitte Juni bis Anfang Oktober.
Anforderungen: T3–4. Zunächst unschwieriges Mattengelände, nach oben hin steiler und anspruchsvoller, mit Drahtseilen und Tritteisen im blockigen Fels versichert, daher knapp schwarz. Trittsicherheit und Schwindelfreiheit nötig. Konditionell moderate Tagestour.
Einkehr: Restaurants in Hochsölden.
Beste Jahreszeit: Ende Juni bis Mitte Oktober.

Gipfelschau nach Norden Richtung Hörndle und Breiter Grieskogel.

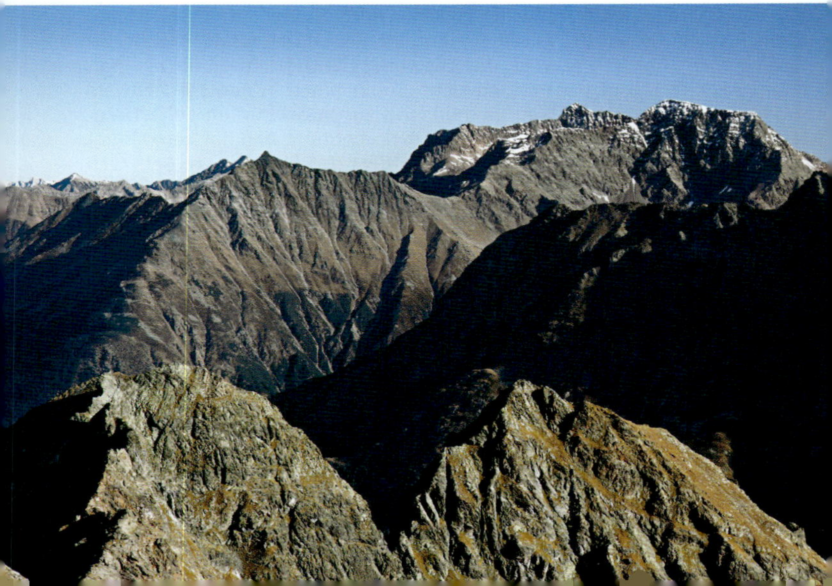

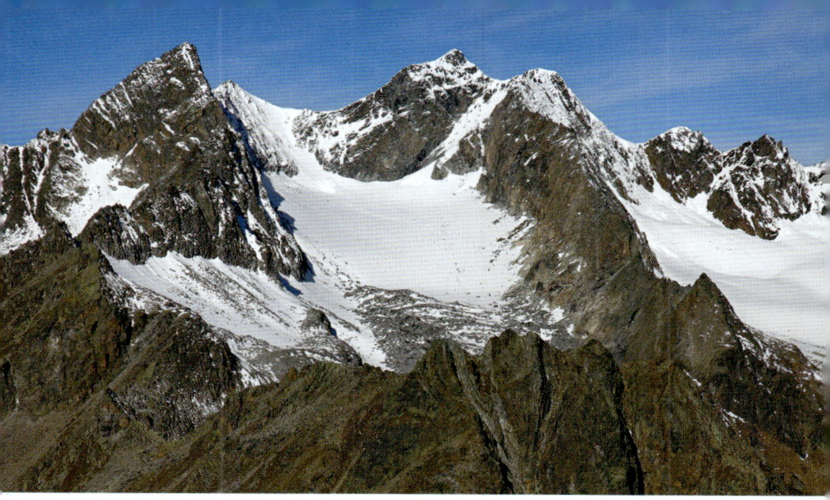

Jenseits des Pollestals dominiert das Massiv der Hohen Geige.

Von der Hotelsiedlung **Hochsölden** ①, 2083 m, folgen wir einem kräftig ansteigenden Fahrweg ins Skigebiet und halten uns auf Höhe des Seilbahn-Komplexes rechts (teils schlecht beschildert). Von der Giggijochbahn kann man rasch herüberqueren. Im Mattengelände zu einer kleinen Verflachung und nun nordwärts sachte aufwärts ins Griesmaurachkar, das man linksseitig, am Schrofensockel der Langen Wand begeht. Ein paar Kehren schließen zum Riegel der Griesplatte auf, wo Sicherungen einsetzen. Ein Stück links oberhalb des Sattels kommt man auf den Ostgrat und steigt in blockigem Fels höher. Vorübergehend weichen wir in die Schattseite aus, wechseln dann über gesicherte Passagen wieder in die Südostflanke und gelangen hier auf erdigem Pfad zum Gipfelkreuz auf dem **Söldener Grieskogel** ②, 2911 m. Für den Abstieg empfiehlt sich nur dieselbe Route.

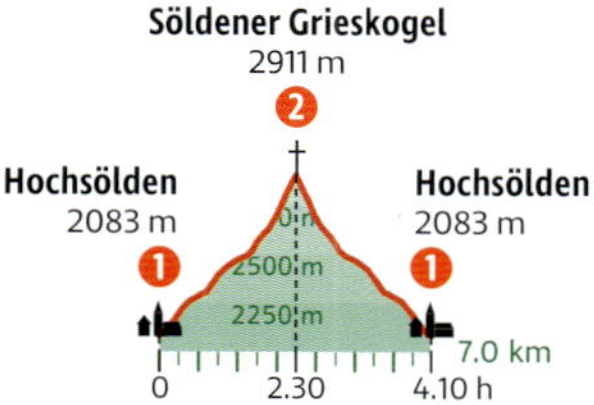

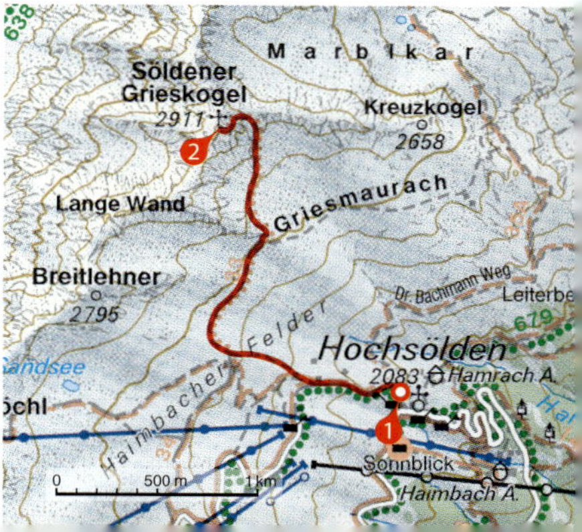

↗ 800 m | ↘ 800 m | 9.7 km

36 Schwarzkogel, 3016 m

4.00 h

Einer der leichtesten Dreitausender über dem Ötztal

Die Besteigung des Schwarzkogels ist eine zwiespältige Sache. Einerseits kommt man selten so unkompliziert auf einen Dreitausender und kann die Aussicht auf die Gletscher der Ötztaler Alpen auf Augenhöhe genießen. Die Kehrseite der Medaille kann dabei aber nicht übersehen werden, denn der Schwarzkogel ist voll in die Fänge einer ausufernden Erschließung für den Wintersport geraten. Dieses Ambiente begleitet uns auf Schritt und Tritt. Umso bemerkenswerter erscheint das Kleinod des zwischen Rotkogel und Schwarzkogel eingebetteten Schwarzsees, der uns in seiner herben Ausstrahlung und auch in seiner Größe verblüfft. Insgesamt also eine Tour mit sehr gemischten Eindrücken.

Ausgangspunkt: Talstation der Giggijochbahn, 1368 m, in Sölden (hier auch Bushaltestelle) bzw. Bergstation, 2284 m. Betriebszeiten Mitte Juni bis Anfang Oktober von 8.30 bis 17 Uhr. Ansonsten kann man in Hochsölden, 2083 m, starten (siehe Tour 35) oder mit der Langegg-Sesselbahn schon bei der Rotkogelhütte.
Anforderungen: T3. Weithin Pistengelände, dabei teils LKW-breite Fahrwege, teils auch Steige. Keine nennenswerten Hürden, auch selten blockig, aber bis in den Sommer hinein Schneefelder möglich. Elementare Trittsicherheit und Ausdauer für eine moderate Tagestour.
Einkehr: Rotkogelhütte, 2660 m (keine Übernachtung), Tel. +43 5254 30477 oder +43 664 4428105.
Beste Jahreszeit: Juli bis September.

Auf 2800 Meter Höhe bettet sich der Schwarzsee in eine Hochmulde. Über dem Ufer der Rotkogel und im Hintergrund die Berge des Hochstubai.

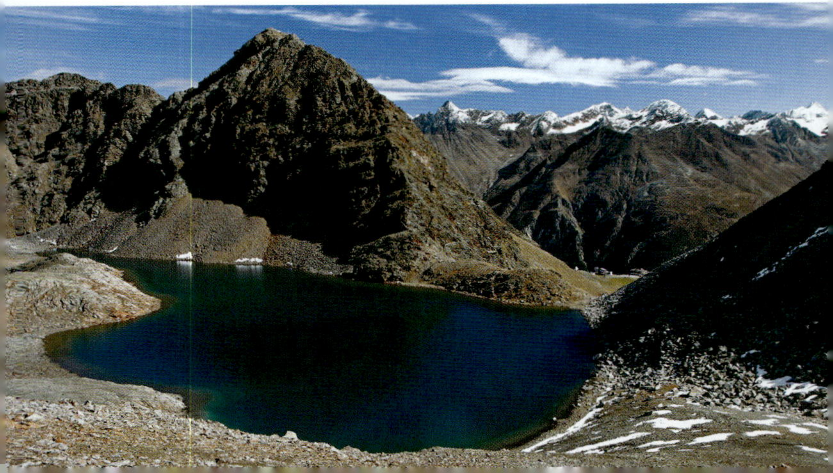

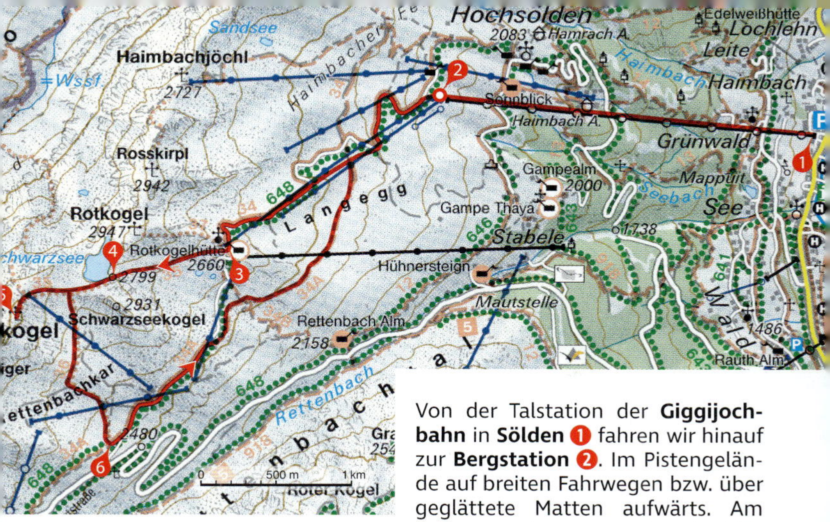

Von der Talstation der **Giggijochbahn** in **Sölden** ❶ fahren wir hinauf zur **Bergstation** ❷. Im Pistengelände auf breiten Fahrwegen bzw. über geglättete Matten aufwärts. Am besten am Langegg unter der Lifttrasse entlang und mit einer Schleife hinauf zur **Rotkogelhütte** ❸, 2660 m. Bei der Kapelle zweigt ein Steig zum Rotkogel ab. Wir peilen indes den Geländeeinschnitt P. 2799 am **Schwarzsee** ❹ an und erreichen damit den schönsten Fleck der Tour. Über Blöcke am Südufer entlang (schwierigste Passage), anschließend über die Flanke hinauf zum höchsten Skilift und das letzte Stück über den gutmütigen Rücken von Norden her zum Gipfelkreuz auf dem **Schwarzkogel** ❺, 3016 m.
Im Abstieg drehen wir noch vor dem Schwarzsee nach Süden ab und steigen über Pisten ins Große Rettenbachkar hinunter. Mit einigen Kurven zu den Skiliftstationen und zum Höhenweg über dem **Rettenbachtal** ❻, 2550 m, dem man auf zunächst sehr breiter Trasse nordostwärts folgt. Wo die Gegensteigung zur Rotkogelhütte ansetzt, schlüpfen wir durch eine Lücke in den Schneefangzäunen und queren horizontal bzw. leicht absteigend um den ganzen Hang herum. Damit schließt sich der Kreis ins Hochsöldener Pistengebiet und zur **Bergstation der Giggijochbahn** ❷, mit der wir abschließend hinabschweben zur Talstation in **Sölden** ❶.

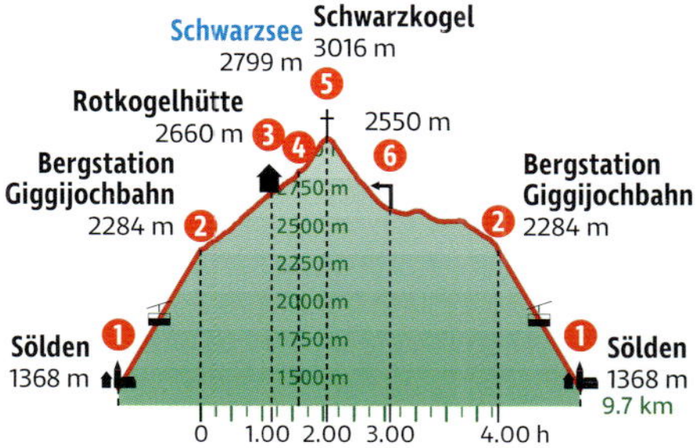

↗ 730 m | ↘ 730 m | 7.9 km

3.30 h

37 Gaislacher See, 2704 m

Malerisches Fleckchen im Söldener Hinterland

Glasklare Seen sind echte Juwele in der alpinen Landschaft und üben folglich große Attraktivität auf uns Wanderer aus. Zu den schönsten im hinteren Ötztal zählt der Gaislacher See auf der Südseite des bekannten Söldener Seilbahnberges. Wir steigen über die sonnseitigen Flanken ins Hochkar auf, genießen derweil die Ausblicke ins Venter Tal und Timmelsjochgebiet und erleben damit eine stille Facette abseits von Söldens Touristen-Brennpunkten.

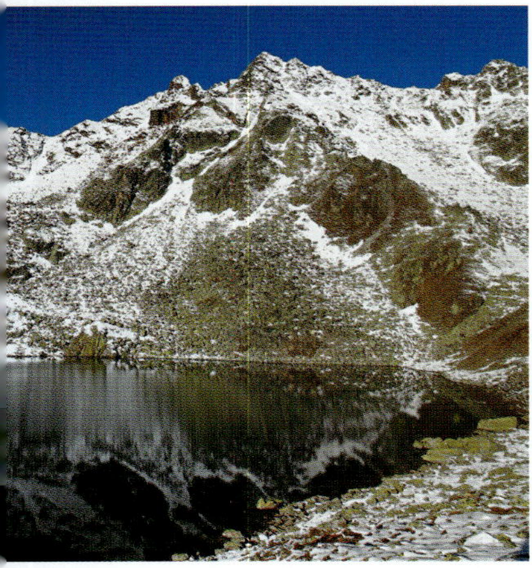

Den Gaislacher See entdecken wir im Kar unter der Äußeren Schwarzen Schneide.

Ausgangspunkt: Gaislachalm, 1968 m. Mautfreie Zufahrt von Sölden über die Gletscherstraße und noch im unteren Teil links ab. In der Hauptsaison Wanderbus, Tel. +43 5254 2914.

Anforderungen: T2. Guter Bergweg ohne schwierige Stellen, retour etwas schmalerer Hangweg, ebenfalls unproblematisch. Konditionell gemäßigt, aber Höhenlage beachten.

Einkehr/Unterkunft: Alpengasthof Gaislachalm, 1968 m, Ende Juni bis Ende September, Tel. +43 5254 2914. Almferienclub Silbertal, 1982 m, Tel. +43 5254 2987 (beherbergt das Ötztaler Mineralienmuseum).

Beste Jahreszeit: Ende Juni bis Mitte Oktober.

Variante: Mit der Seilbahn von Sölden zum Gaislachkogel, 3056 m, und dann Bergabwanderung über den See zur Mittelstation (T3, rot). Gehzeit ca. 2.15 Std., umgekehrt gut 3 Std.

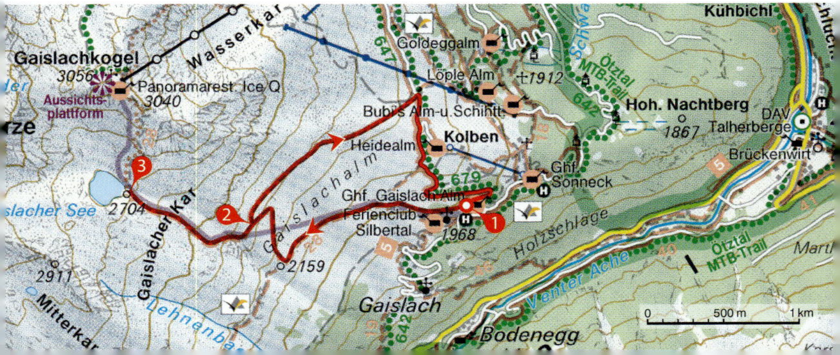

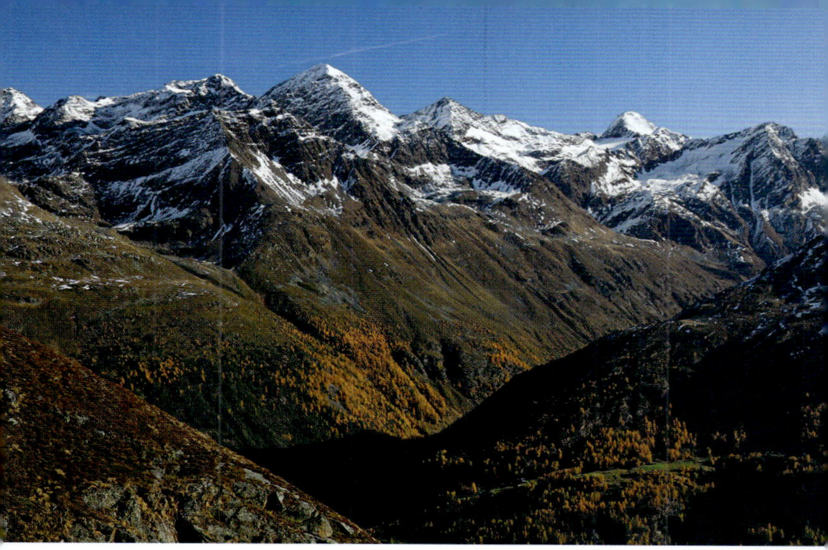

Blick auf die stolzen Berge über dem Windachtal.

Von der **Gaislachalm** ❶, 1968 m, gehen wir oberhalb des Hotels Silbertal vorbei und schlagen den schräg ansteigenden Weg ein. Bei P. 2159 scharf rechts hinauf und mit einer Schleife zu einer Verzweigung auf rund 2350 Metern ❷, die man sich schon mal für den Rückweg vormerken kann. Auf der Hauptroute vorübergehend etwas steiler zu einer Bachrunse und dahinter weiter ins Gaislacher Kar aufwärts. Der Untergrund wird karger, bildet aber keine Hürden, während wir in Windungen zur Schwelle des **Gaislacher Sees** ❸, 2704 m, ansteigen. Rechter Hand führt übrigens der Gipfelsteig zum Gaislachkogel weiter.

Der Rückweg ist bis zur erwähnten Gabelung ❷ identisch mit dem Anstiegsweg. Hier folgen wir dem unmarkierten, aber durchgehend gut erkennbaren Pfad, der die Flanken Richtung **Heidealm** schneidet, und zwar parallel zum Hinweg auf höherer Linie. Schließlich auf den Fahrweg einmündend und zurück zur **Gaislachalm** ❶.

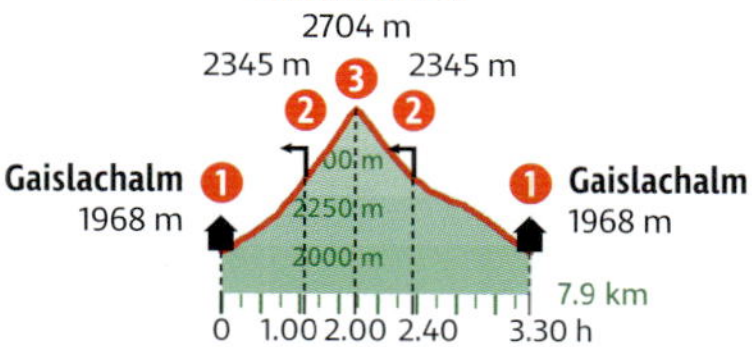

38 Kleblealm, 1983 m

3.15 h

Idyllisches Almdorf an der Waldgrenze

Liebhaber von beschaulichen Wanderungen nehmen sich nicht selten Almen zum Ziel. Diesbezüglich ist die Kleblealm oberhalb von Sölden eine besondere Empfehlung wert. Nicht nur, dass man hier bestens mit Tiroler Schmankerln verköstigt wird, auch das Panorama kann sich sehen lassen und das Almhütten-Ensemble mit Kapelle selbst sowieso. Wir kombinieren hier zwei Zugänge und steigen vom Ortsteil Rechenau über den steileren Weg auf und über die normale Route später wieder zu Tal.

Ausgangspunkt: Am nördlichen Ortseingang von Sölden, Ortsteil Rechenau, ca. 1340 m. Parkmöglichkeit bei der Ötztal-Info, Bushaltestelle Abzweig Schmiedhof.
Anforderungen: T2–3. Ordentliche Bergwege in teils steilem Wald, wobei die Aufstiegsroute fordernder ist (vereinzelt Halteseile, fast schon rot). Mit elementarer Trittsicherheit keine Schwierigkeiten; Halbtagestour.
Einkehr/Unterkunft: Kleblealm, 1983 m, Mitte Juni bis Ende September (Mi Ruhetag), Tel. +43 5254 3245.
Beste Jahreszeit: Juni bis Oktober.
Varianten: Etwas unterhalb kann auch die Jausenstation Stallwiesalm, 1875 m, besucht werden. Außerdem besteht eine Verbindung zur Lochlealm, 1870 m, im Windachtal.
Hinweis: Im Sommer spezieller Wanderbus zur Kleblealm, Tel. +43 5254 3550.

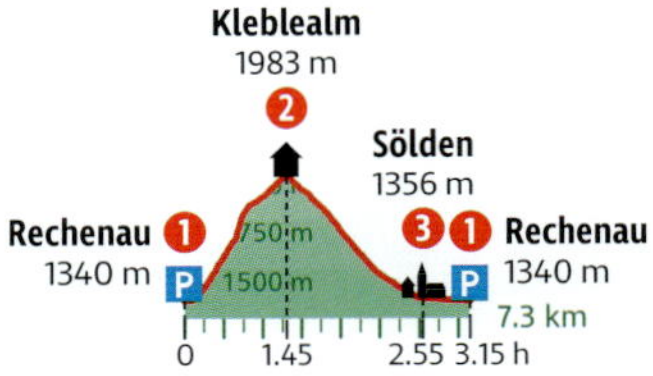

Auf der heimeligen Kleblealm.

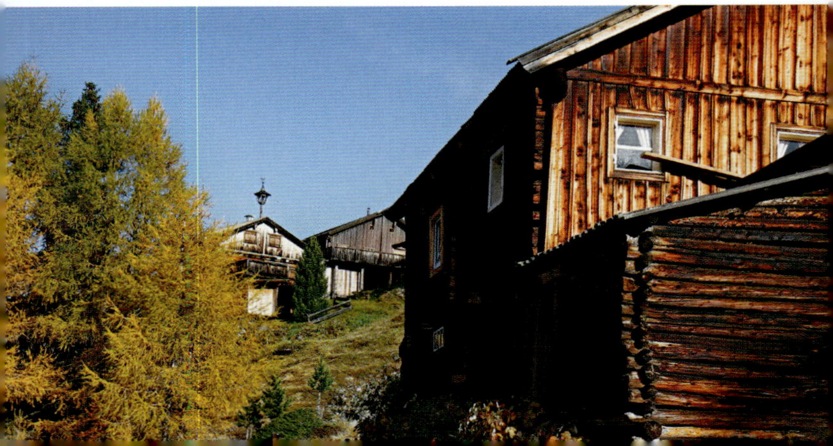

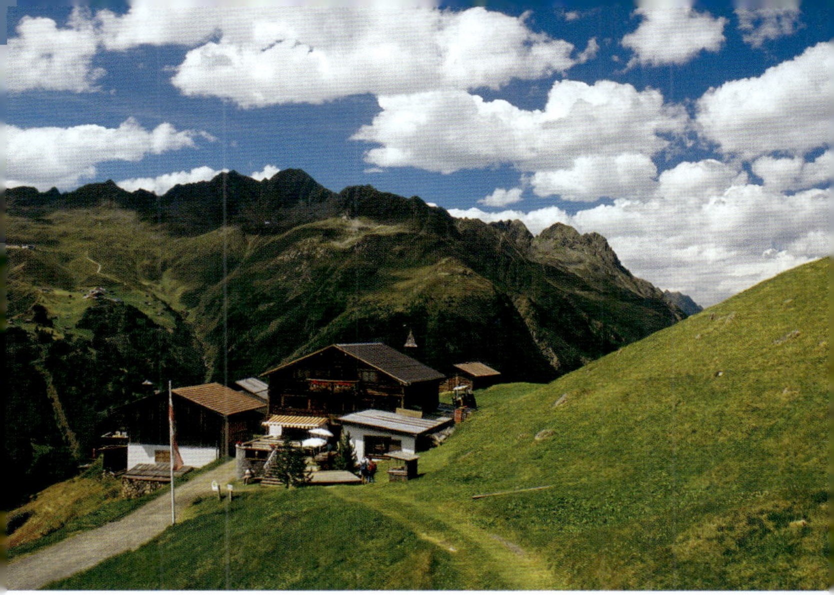

Die Kleblealm liegt auf der »stillen Seite« von Sölden, im Hintergrund der Grieskogel.

Gegenüber der Ötztal-Info im Söldener Ortsteil **Rechenau** ❶ gehen wir über die Brücke und links zum sofortigen Beginn des Bergweges, der bald in den Wald eintaucht. Nach Beschilderung insgesamt rechts haltend teils kräftig bergauf. Ab und zu sind Serpentinen eingestreut und an abschüssigen Passagen Drahtseile installiert. Nachdem sich der Wald gelichtet hat, stoßen wir bei einigen Hütten auf einen Abzweig zur **Stallwiesalm** und folgen wahlweise dem oberen Weg schräg aufwärts zur **Kleblealm** ❷, 1983 m. Die Abstiegsroute wendet sich südwestwärts rasch wieder in den Wald hinab. Die Stallwiesalm bleibt nun knapp rechts liegen. Wir kreuzen mehrmals die Forststraße, orientieren uns im unteren Teil schräg nach rechts und laufen schließlich auf einer Straße durch den Ortsteil Granbichl hinunter ins Zentrum von **Sölden** ❸, 1356 m. Um den Kreis zu schließen, bleibt man am besten diesseits der Ötztaler Ache und folgt der Uferpromenade nordwärts zurück nach **Rechenau** ❶.

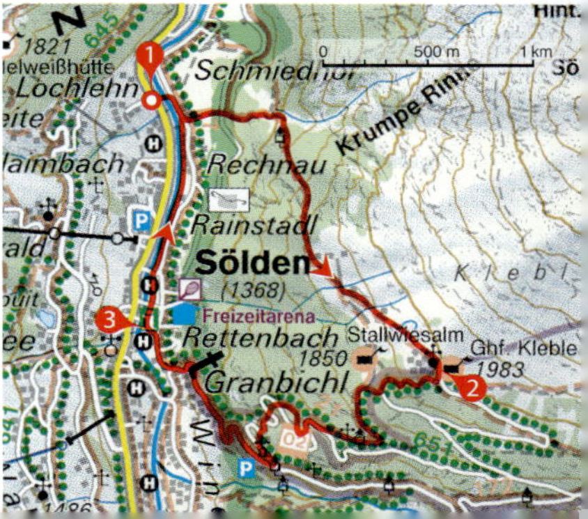

TOP

↗ 1220 m | ↘ 1190 m | 11.5 km

6.30 h

39 Hochstubaihütte, 3174 m

Das Wolkenhaus hoch über Sölden

Sehr weit oben auf der Wildkarspitze thront die Hochstubaihütte – ein außergewöhnlicher Standort, der allein schon höhenmäßig zur Extraklasse zählt. In jedem Fall nimmt man hier einen idealen Platz für gefühlsintensive Sonnenuntergänge ein. Die Schau nach Westen auf die Gipfelflur der Ötztaler Alpen, die ihre Silhouetten im abendlichen Gegenlicht aufbauen, ist vollkommen frei. Mithilfe des Söldener Wanderbusses rückt freilich selbst dieses hochalpine Ziel in den Bereich einer Tagestour. Dabei können wir zwei interessante Routen kombinieren: Bergauf am besten vom Gasthaus Fiegl über die sogenannte »Himmelsleiter«, retour hingegen auf der altbewährten Normalroute via Laubkarsee, die bei der Kleblealm ausläuft.

Ausgangspunkt: Fiegl's Hütte (Gasthaus Fiegl), 1956 m, erreichbar mit dem Wanderbus von Sölden, Anmeldung unter Tel. +43 5254 3550. Zu Fuß ca. 2 Std.
Endpunkt: Kleblealm, 1983 m, wird ebenfalls vom Wanderbus angefahren.
Anforderungen: T4. Bergwege mit nachhaltig hochalpinem Charakter, im oberen Bereich Blockschutt bzw. felsig, meist auch von Schneefeldern durchsetzt. Steilpassagen vor allem an der »Himmelsleiter«, die Abstiegsroute ist etwas leichter (T3). Solide Bergerfahrung, ausgeprägte Trittsicherheit sowie gute Kondition wichtig. Volle Tagestour (oder oben übernachten).

Die Hochstubaihütte thront auf der 3174 Meter hohen Wildkarspitze.

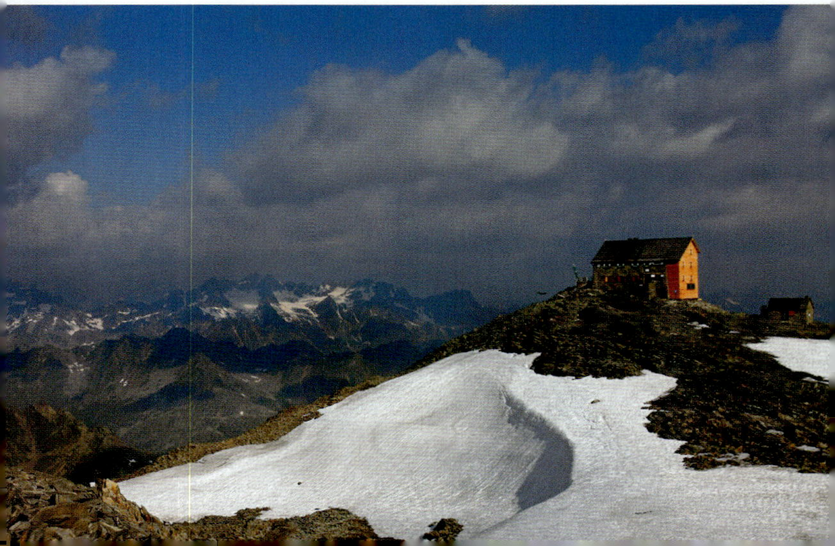

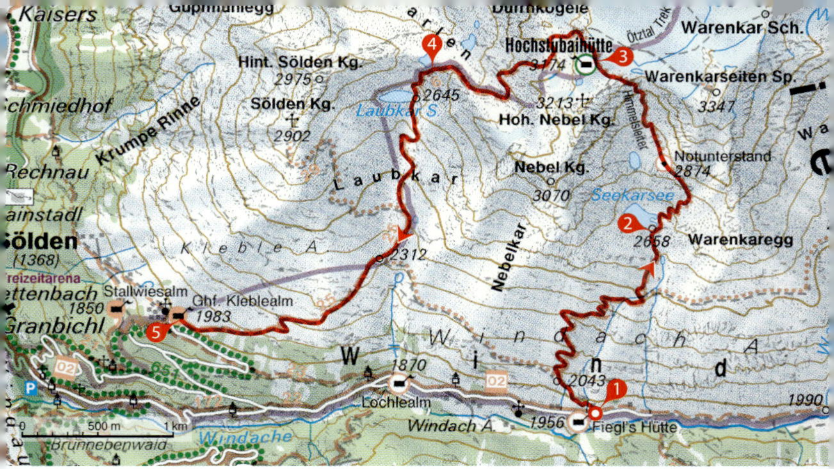

Einkehr/Unterkunft: Fiegl's Hütte, 1956 m, Tel. +43 650 5053958. Hochstubaihütte, 3174 m, Ende Juni bis Mitte September, Tel. +43 676 9243343, hochstubaihuette.at. Kleblealm, 1983 m, Tel. +43 5254 3245.

Beste Jahreszeit: Juli bis Mitte September.

Variante: Aus dem Laubkar kann man zuletzt auch wieder links Richtung Fiegl's Hütte abbiegen (nicht viel längere Strecke).

Der Wanderbus zu **Fiegl's Hütte** ❶, 1956 m, im Windachtal verkürzt den Aufstieg um rund zwei Stunden. In unmittelbarer Nähe erfolgt der Einstieg in die südexponierte Bergflanke. Mittels zahlreicher Kehren schraubt sich der Weg bis zur Schwelle des **Unteren Seekarsees** ❷, 2658 m, empor. Rechts daran vorbei und in weiterem Zickzack über die nächste, steile Stufe der Kartreppe zum alten Notbiwak, 2874 m, am Rand des Oberen Seekars. Man steigt nun über Blockwerk und Schneefelder dem Karschluss entgegen. Der Pfad bleibt auch dort überraschend passabel, wird aber na-

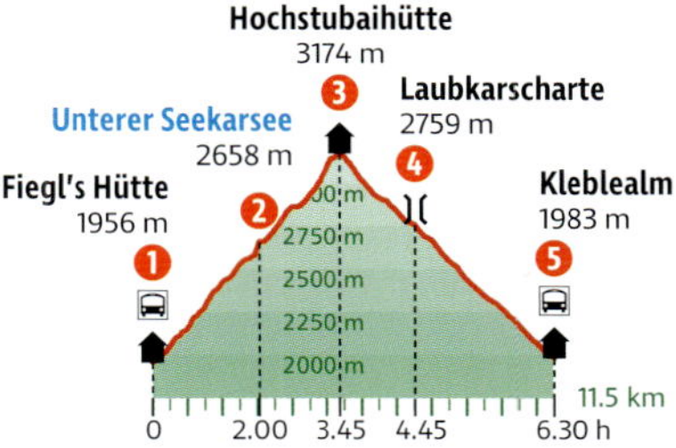

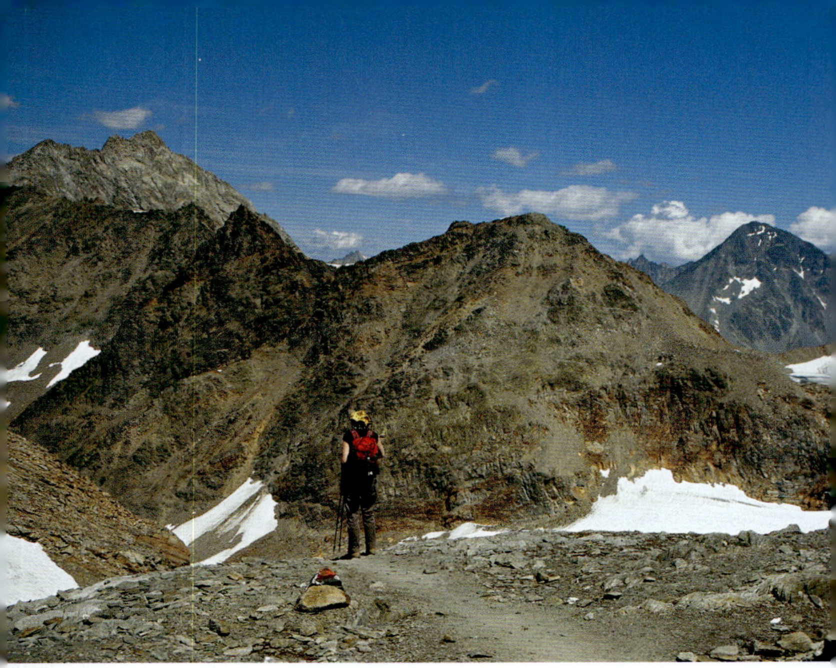

Den Abstieg wählen wir über den Normalweg im Angesicht der Wütenkarspitzen.

turgemäß exponiert. Im oberen Teil auf der mit Blöcken und Platten treppenartig ausgebauten »Himmelsleiter« steil empor, ehe wir mit Erreichen der Gratkante unser Ziel nur wenige Minuten entfernt erblicken. Bevor wir dort einkehren, lohnt sich linker Hand ein Abstecher zum **Hohen Nebelkogel**, 3213 m – die Ötztaler Alpen liegen wie ein aufgeschlagenes Buch ausgebreitet.

Von der **Hochstubaihütte** **3**, 3174 m, kurz nord-, dann westwärts über sehr steiniges Gelände tiefer lavierend, und zwar so geschickt, dass keine größeren Hürden zu nehmen sind. Mit kleinen Querungen zwischendurch geht es in die Mulden der Durrnkarlen hinab, wo erneut ein paar Seen Akzente setzen. Nun weniger blockreich um ein Eck zur **Laubkarscharte** **4**, 2759 m, und zum hübschen Laubkarsee gleich darunter. Man passiert ihn links und setzt den Weg über die Schwelle ins Laubkar fort, lässt die Abzweigungen zum Söldenkogel sowie ins Windachtal unbeachtet und dreht immer weiter nach rechts ab. Dabei verlieren wir stetig an Höhe und treffen schließlich bei der malerischen **Kleblealm** **5**, 1983 m, ein – vielleicht noch auf eine Schlusseinkehr, bevor uns das Wandertaxi wieder nach Sölden bringt.

↗ 1450 m | ↘ 1450 m | 20.0 km

8.40 h

Hildesheimer Hütte, 2899 m – Siegerlandhütte, 2710 m

Windachtaler Hüttenverbindung über das Gamsplatzl

Das Windachtal wird gern als »Söldens stille Seite« beworben. In der Tat ist man in diesem Hochtal, das sich tief ins vergletscherte Hochstubai hineinzieht, vom Rummel wohltuend weit entfernt. Als hauptsächliche Wanderziele gelten hier die alpinen Schutzhäuser, die für zünftige Bergsteiger auf hochalpine Touren wie Zuckerhütl und Sonklarspitze ausgerichtet sind. Die Hildesheimer Hütte wurde bereits 1896 errichtet, die trutzige Siegerlandhütte 1930. Beide sind durch einen Höhensteig verbunden, der uns eine abwechslungsreiche Schleife ermöglicht und die Bergwelt des Windachtals in vielen Facetten nahebringt.

Ausgangspunkt: Fiegl's Hütte (Gasthaus Fiegl), 1956 m, erreichbar mit dem Wanderbus von Sölden. Ende Juni bis Ende Sept. nach Fahrplan, morgens ab 7 Uhr bergauf, letzte Fahrt talwärts 17.45 Uhr. Anmeldung unter Tel. +43 5254 3550. Zu Fuß ca. 2 Std.
Anforderungen: T3. Gut ausgebaute, etwas steinige, aber unproblematische Hüttenwege. Verbindungsroute alpiner Steig durch Blockschutt, eventuell Schneefelder, Trittsicherheit erforderlich. Als Tagestour lang und anstrengend, besser mit Übernachtung.
Einkehr/Unterkunft: Fiegl's Hütte, 1956 m, Tel. +43 650 5053958. Hildesheimer Hütte, 2899 m, Ende Juni bis Mitte September, Tel. +43 5254 2300 , hildesheimerhuette.at. Siegerlandhütte, 2710 m, Ende Juni bis Mitte September, Tel. +43 664 8667935, siegerlandhuette.com.
Beste Jahreszeit: Juli bis Mitte September.

Das Wandertaxi entlässt uns bei **Fiegl's Hütte** ❶, wo wir den breiten Karrenweg sachte ansteigend taleinwärts aufnehmen. Nach knapp drei Kilometern zweigt bei P. 2122 linker Hand der Ludwig-Aschenbrenner-Weg zur Hildesheimer Hütte ab ❷. Dieser schraubt sich an den südwestseitigen Schafmatten weit empor, aufgrund der ausgiebigen Serpentinen meist nur mäßig steil. Wo er über eine Art Schulter hinwegzieht, gelangt erstmals das Hüttenziel in Sicht. Wir

Auf der hochalpinen Hüttenverbindung über das Gamsplatzl.

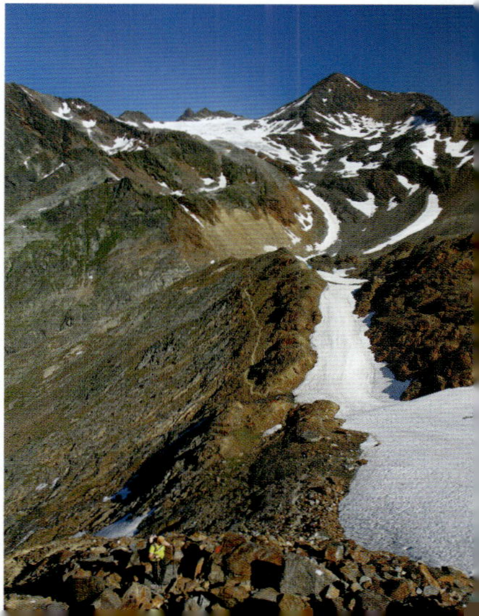

gehen eine Blockmulde aus, nehmen den alternativen Gaiskarsteig auf und absolvieren die restlichen Höhenmeter am teils mit Platten ausgelegten Kehrenweg hinauf zur **Hildesheimer Hütte** 3, 2899 m.

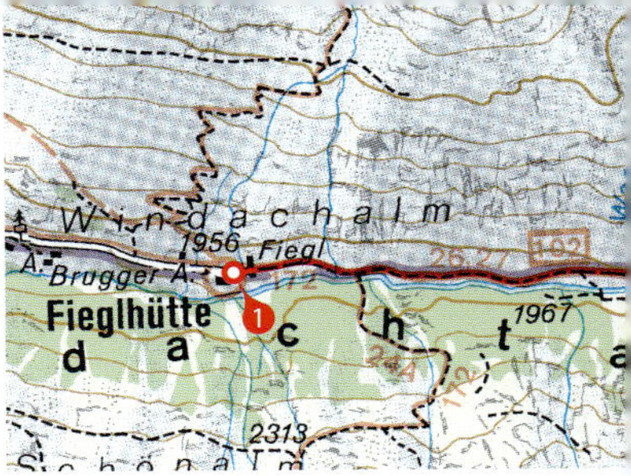

Für den Übergang zur Siegerlandhütte müssen wir zunächst wieder etwas absteigen, anfangs am Hüttenweg, dann links abzweigend zum Übertritt am Gaisbach. Ein paar Meter höher quert man an der Karschwelle entlang, kreuzt einen weiteren Gletscherabfluss und ersteigt anschließend den steileren Blockschutthang (stellenweise Drahtseile). Der Plattenweg bringt uns hinauf zur Verflachung am **Gamsplatzl** 4, 3018 m, flankiert vom markanten Gaiskogel. Jenseits der Einsattelung auf steiler, erdiger Spur bergab (eventuell Schneefelder). Von einem Absatz an einem Geländesporn nach rechts, läuft die Route allmählich ins ausgedehnte Triebenkar hinein. Wir durchschreiten es flach oberhalb des großen Sees, gelangen über einige Abflüsse auf die Ostseite und queren in leichtem Auf und Ab die Blockschutt- und Schrofenflanken hinüber zur **Siegerlandhütte** 5, 2710 m.

Von dort mäßig steil in den weiten Geländekessel hinab. Wir halten uns anfangs links, dann deutlich rechts und nochmals links zur Materialseilbahn, womit der Bach mehrfach gekreuzt wird. Nach abermaligem Wechsel auf

Einer von vier Alpinstützpunkten rund ums Windachtal: die Hildesheimer Hütte.

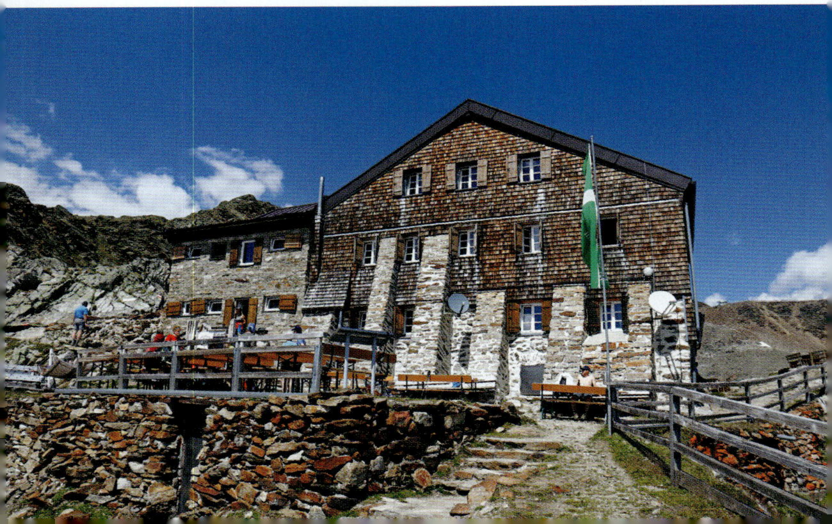

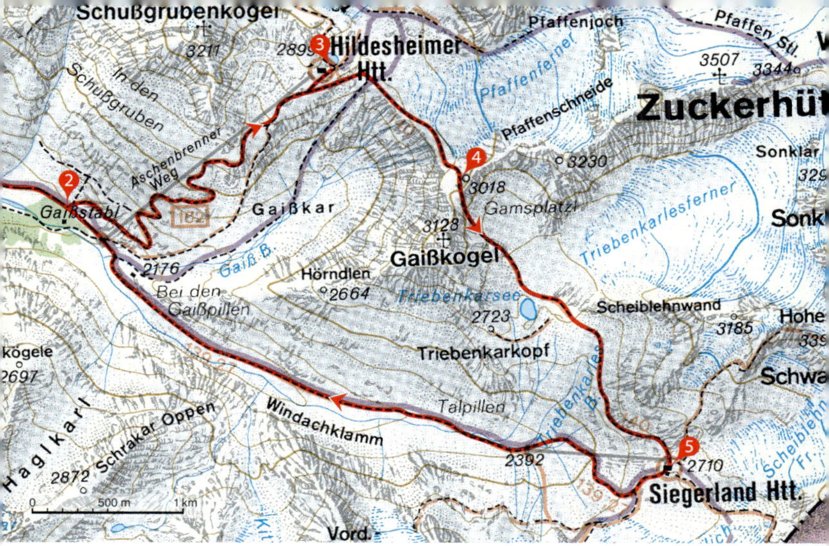

die rechte Seite geht es am Windachklamml vorbei und sehr flach talaus. Erst nach geraumer Zeit gewinnt man Anschluss zum Fahrweg bei der Materialseilbahn der Hildesheimer Hütte, mit dem Abzweig des Gaiskarsteiges. Ein paar Gehminuten weiter vorn auch am Ludwig-Aschenbrenner-Weg ❷ vorbei und auf bekannter Strecke Richtung **Fiegl's Hütte ❶**.

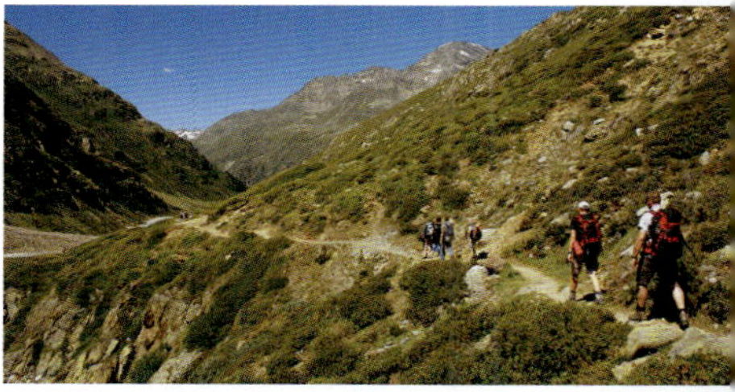

Am Rückweg von der Siegerlandhütte durchs Windachtal.

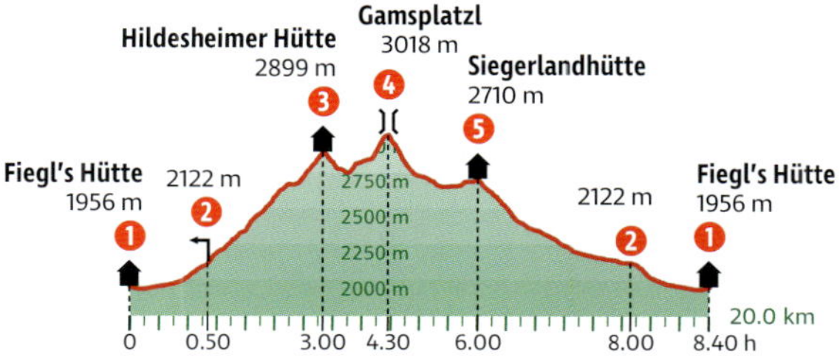

↗ 1480 m | ↘ 1480 m | 16.3 km

41 Brunnenkogelhaus, 2738 m

7.30 h

Gipfelhütte am Ausläufer des Windachkammes

Rund um das Windachtal haben wir in den vorigen Kapiteln schon spannende Hüttenwanderungen kennengelernt, aber eine wichtige fehlt noch. Bereits 1888 errichtete der Österreichische Touristenklub (ÖTK) am Brunnenkogel ein Schutzhaus in großartiger Lage. Der Blick schweift hier über Sölden tief unten sowie in die Talfurchen von Vent und Obergurgl. Nachdem die Bausubstanz über die Zeit stark angegriffen war, schufen die Hüttenwirte 2007 in Eigenregie einen Neubau, der stilistisch schlicht, aber sehr ansprechend aus Holz ausgeführt wurde. Wir gehen den Brunnenkogel von vorn an und überschreiten ihn später ins Windachtal.

Ausgangspunkt: Sölden, 1368 m, Parkmöglichkeit und Bushaltestelle bei der Gaislachkogelbahn.
Anforderungen: T3. Normale Bergwege wechselnder Steilheit, kaum geländebedingte Hürden (nur wenig Blockwerk zuoberst), aber stattliches Pensum vom Tal aus. Als Tagestour ziemlich anstrengend.
Einkehr/Unterkunft: Stabelealm, 1910 m, Tel. +43 5254 2948. Brunnenbergalm, 1972 m, Tel. +43 664 1246076. Brunnenkogelhaus, 2738 m, Mitte Juni bis Ende September, Tel. +43 664 1234206, brunnenkogelhaus.at. Fiegl's Hütte, 1956 m, Tel. +43 650 5053958. Lochlealm, 1870 m, Tel. +43 5254 3240.
Beste Jahreszeit: Mitte Juni bis Ende September.

Das neue Brunnenkogelhaus hoch über Sölden.

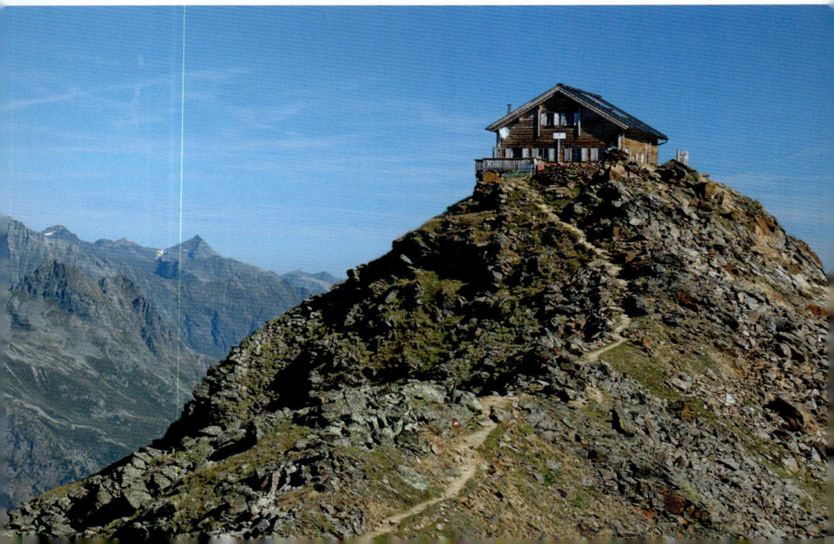

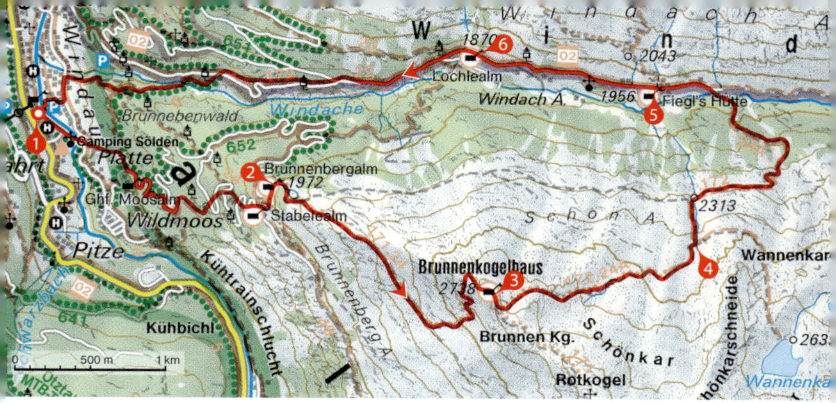

Vom großen Parkplatz bei der Gaislachkogelbahn in **Sölden** ❶, 1368 m, laufen wir südwärts über die Brücke, hinter der bereits unser Ziel ausgewiesen wird. Etwas verworren im Wald bergauf, treffen wir auf eine Forststraße, der man ein paar Kehren folgt, bis sich auf einem Steig wieder abkürzen lässt. Kurz vor der Stabelealm links hoch zur nahen **Brunnenbergalm** ❷, 1972 m, wo fast der halbe Aufstieg geschafft ist. Der angenehme Steig führt weiter durch würzigen Zirbenwald und setzt oberhalb der Baumgrenze zu einer längeren Rechtsdiagonale über eine ausgeprägte Geländeabdachung an. Am aufsteilenden Westhang im Zickzack und schließlich links ausholend vollends zur Schrofenkuppe mit dem **Brunnenkogelhaus** ❸, 2738 m, empor.

Für die Fortsetzung begibt man sich in die felsige Scharte südlich der Hütte und von dort in die nahe Blockmulde hinab. Man quert nach rechts über eine kleinere Rippe hin-

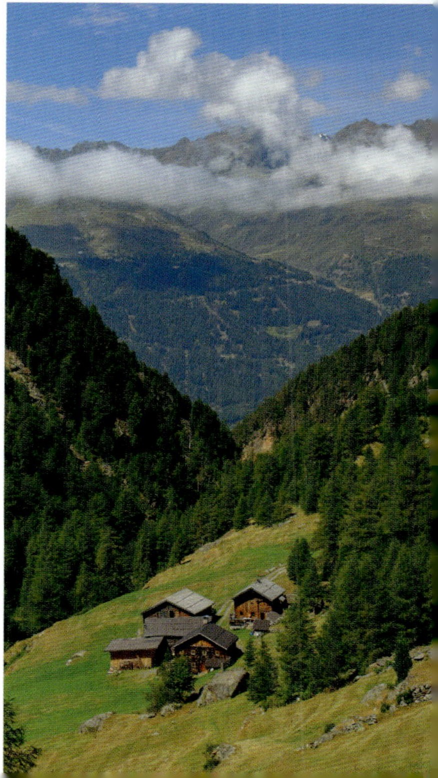

Almidyll im Einschnitt der Windach.

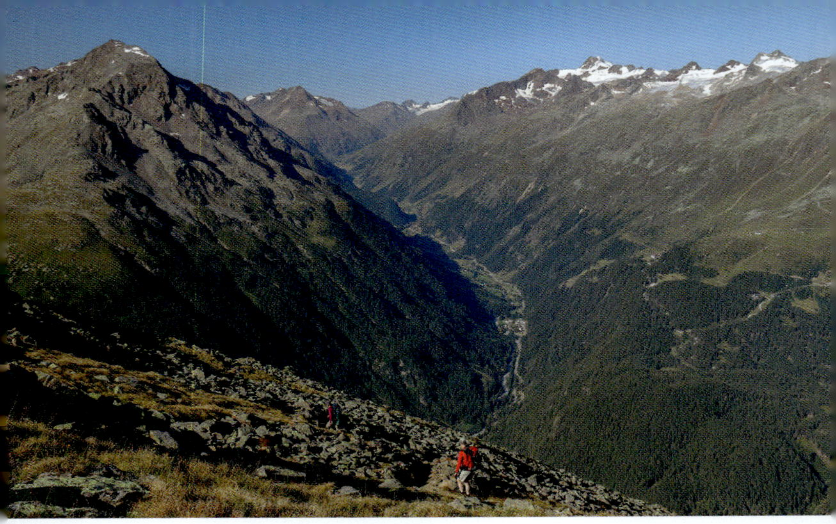

Blick von den Hängen des Brunnenkogels ins Venter Tal zwischen Nederkogel (links) und Wildspitzgebiet.

weg und gelangt ins freundliche **Schönkar** ④, das schräg absteigend auf die rechte Seite durchmessen wird. Nach Abzweig einer Route zum Wannenkarsee weiter gegen das Windachtal abwärts, wobei zwischendrin auch eine Verbindung zurück zur Brunnenbergalm möglich ist (Abzweig bei P. 2313). Ansonsten aber rechts über den Bach und nach einer Querung in den Bergwald hinein. Unser Steig kommt im Talgrund ca. 600 Meter hinter **Fiegl's Hütte** ⑤, 1956 m, heraus. Von dort auf dem Fahrweg über die **Lochlealm** ⑥, 1870 m, talauswärts, später auf die linke Seite wechselnd, ein Stück weit am Waalweg entlang und schließlich vollends nach Sölden ① hinab. Alternativ kann für das letzte Stück auch der Wanderbus genutzt werden.

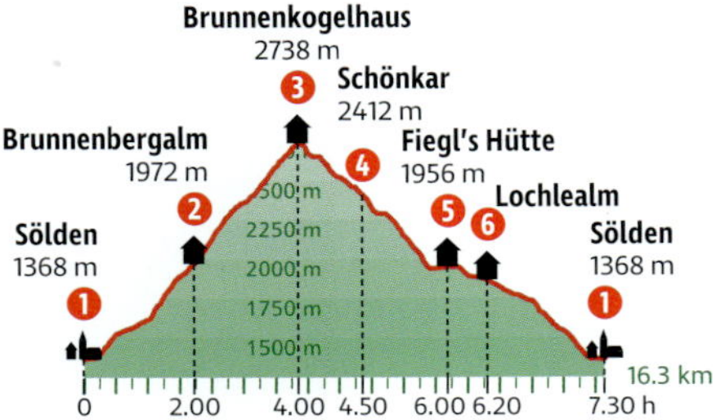

↗ 600 m | ↘ 830 m | 7.8 km

4.00 h

Hochstubai-Panoramaweg

42

Auf hoher Route vom Brunnenkogel zum Timmelsjoch

Einer der schönsten Höhenwege im Ötztal verbindet das exponierte Brunnenkogelhaus mit dem Timmelsjoch, wo eine hochalpine Straßenverbindung den Alpenhauptkamm nach Südtirol überwindet. Vor allem die Gurgler Bergwelt zeigt sich prächtig aufgeschlossen. Freilich handelt es sich nicht um einen Spaziergang – mit der Wilden Rötespitze wird unterwegs sogar ein Fast-Dreitausender überschritten.

Ausgangspunkt: Brunnenkogelhaus, 2738 m. Zugang von Sölden siehe Tour 41.
Endpunkt: Timmelsjoch, 2509 m. Per Bus zurück nach Sölden (verkehrt nur zwischen Mitte Juni und Mitte September), ansonsten wandert man durchs Timmelstal in 2 Std. bis Zwieselstein.
Anforderungen: T3. Bezeichnete Höhenroute mit schon ziemlich alpinem Charakter, Trittsicherheit in steinigem Gelände notwendig. Konditionell eher gemäßigte Tour, sofern man zum Brunnenkogel am Vortag aufsteigt und talwärts den Bus nutzt.
Einkehr/Unterkunft: Brunnenkogelhaus, 2738 m, Mitte Juni bis Ende September, Tel. +43 664 1234206. Rasthaus Timmelsjoch, 2509 m.
Beste Jahreszeit: Juli bis September.

Der Ramolkamm mit dem Nederkogel (Bildmitte) scheidet das Gurgler vom Venter Tal.

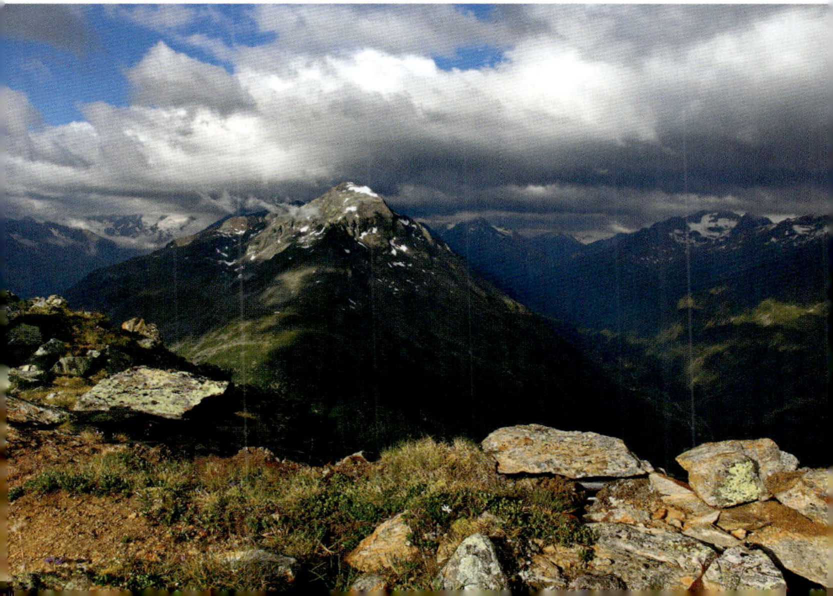

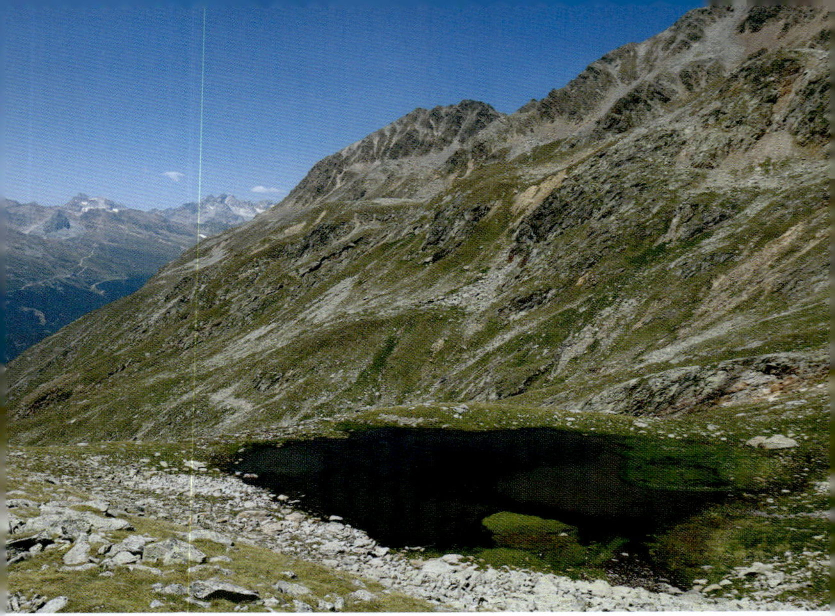

Seichtes Seeauge im Wietenkar.

Nach minimalem Abstieg vom **Brunnenkogelhaus** ❶, 2738 m, in eine kleine Kammsenke führt der Hochstubai-Panoramaweg gut trassiert durch blockbesetzte Schrofen an einem großen Steinmann vorbei zu einem Vorgipfel. Dahinter an Ketten kurzzeitig steil abwärts in den Trennsattel und hinüber zum Hauptgipfel des **Rotkogels** ❷, 2894 m. Wir setzen die Überschreitung fort und packen aus dem nächsten Kammsattel den oft felsigen bzw. blockigen Gegenanstieg auf die **Wilde Rötespitze** ❸, 2966 m, an. Der höchste Punkt der Etappe befindet sich jedoch erst jenseits des Wannenkarsattels beim namenlosen P. 2968 ❹. Hier nun am Südrücken bergab und links über die Kante durch schrofige und sandige Flanken ins Wannenkar. Dieses durchqueren wir in welligem Gelände an einem Seeauge vorbei. Um einen Vorsprung herum ins Rötenkar und über eine seichte Schwelle ins Wietenkar, die beide nacheinander ausgegangen werden, bevor der Höhenweg in leichtem Gefälle allmählich Richtung **Timmelsjoch** ❺, 2509 m, ausläuft.

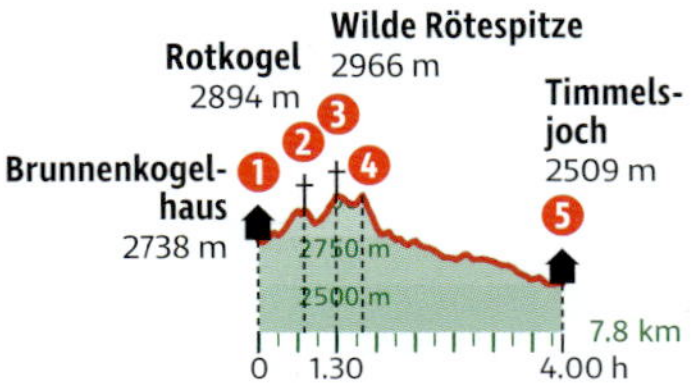

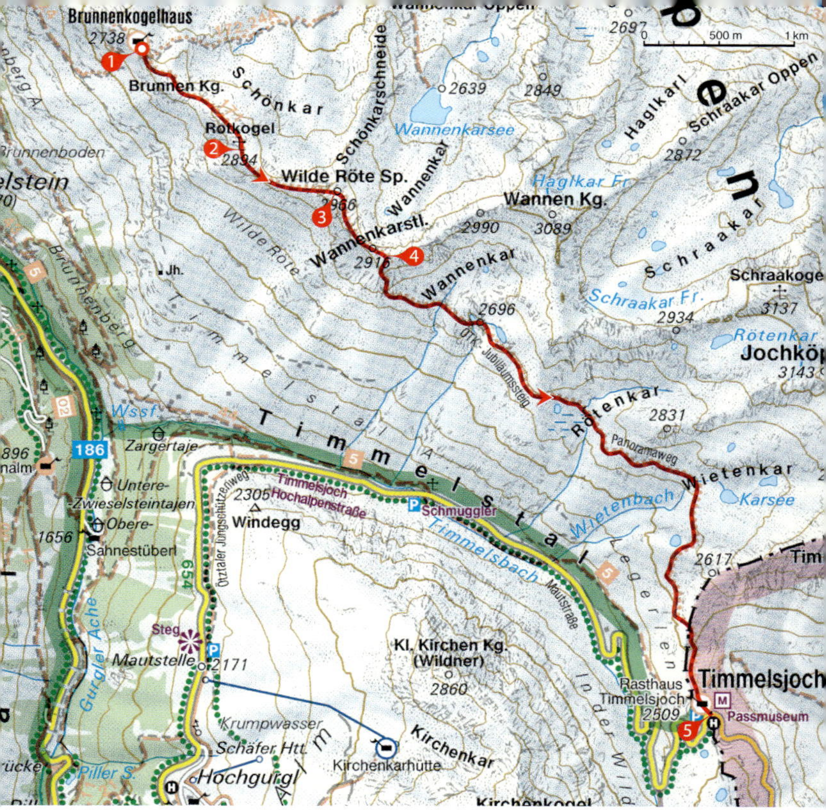

Fernblick auf die östlichen Ausläufer des Ötztaler Weißkamms (Söldener Skigebiet).

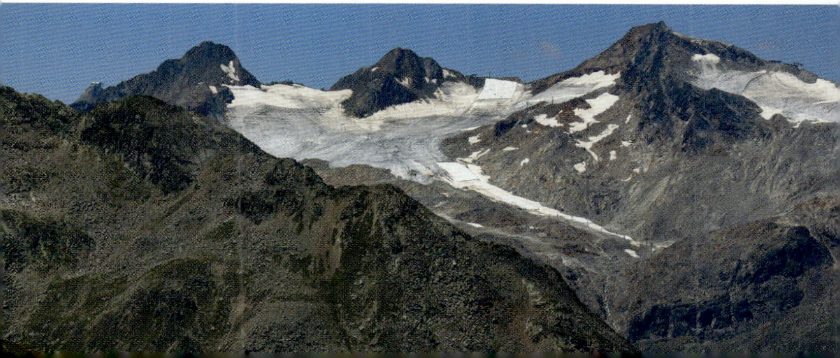

Region Vent

Bei Zwieselstein teilt sich das Ötztal in zwei Äste. Südwestwärts greift das tief eingekerbte Venter Tal direkt hinein in die wohl prächtigsten Gebirgskammern der gesamten Ötztaler Alpen. Außer dem Kirchdorf Vent, das gut 100 Einwohner zählt und einst von Süden über die Jöcher besiedelt wurde, finden sich kaum nennenswerte Siedlungen (am ehesten noch Heiligkreuz, Winterstall sowie die legendären Rofenhöfe, die auf gut 2000 Metern die höchstgelegene Dauersiedlung Österreichs bilden).

Vent versteht sich zu Recht als Bergsteigerdorf und ist auch Teil der gleichnamigen Initiative, die der Österreichische Alpenverein vor ein paar Jahren lanciert hat. Und das darf schon als Prädikatsauszeichnung gesehen werden, denn Aufnahme in den erlauchten Kreis finden nur solche Ortschaften, die sich ihr ursprüngliches Ambiente weitgehend bewahren konnten, dabei einen sanften Tourismus pflegen und mit der Bergsteigerei traditionell verbunden sind. Alle Kriterien treffen auf Vent mustergültig zu. Als Wegbereiter des Alpintourismus hat sich vor allem Franz Senn, der in Längenfeld geboren wurde und 1860–72 als Pfarrer in Vent wirkte, verdient gemacht.

Schauen wir uns die Topografie ringsum ein wenig genauer an: Unmittelbar beim Dorf gabeln sich Rofental und Niedertal, die beide Richtung Al-

Die Skyline von Hinterer Schwärze, Marzellspitzen und Similaun.

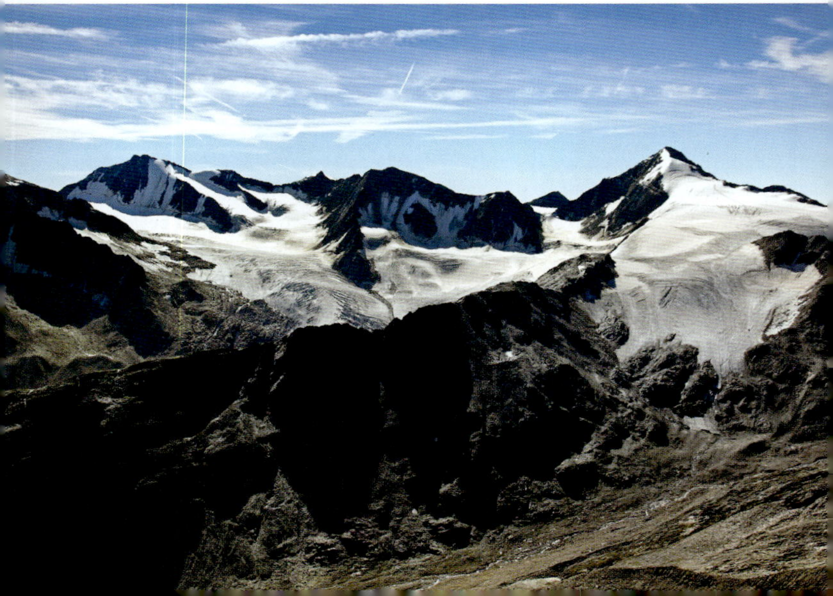

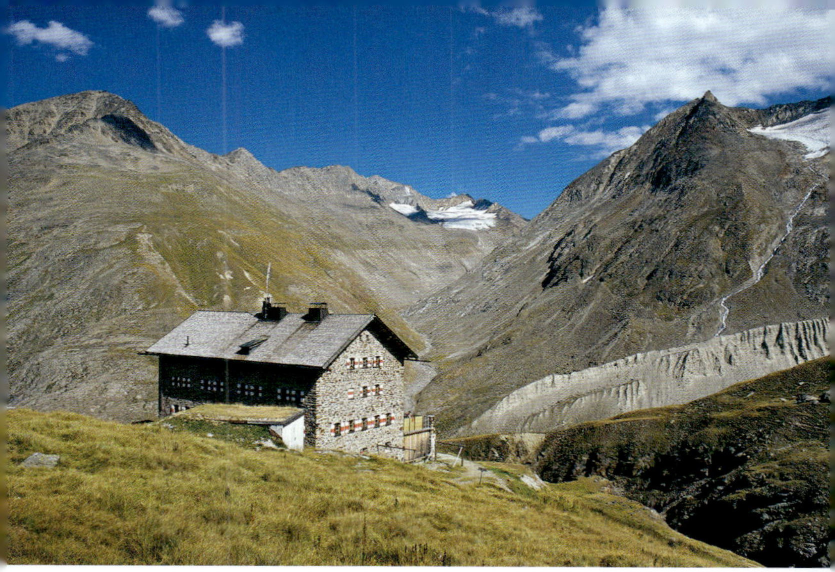

Die Martin-Busch-Hütte zählt zu den viel besuchten Anlaufpunkten um Vent.

penhauptkamm aufschließen. Im Zwickel dazwischen liegt der Kreuzkamm mit Gipfeln, die an der 3500-Meter-Marke kratzen. Sogar darüber hinaus gehen sie am Ramolkamm (u.a. Ramolkögel und Schalfkogel), am Ötztaler Hauptkamm (Hintere Schwärze, Similaun und Fineilspitze) sowie vor allem auch am mächtigen Weißkamm, der mit der Wildspitze den höchsten Berg ganz Nordtirols trägt. Ausgedehnte Gletscherdecken prägen diese Landschaft, auch wenn der stetige Eisrückgang offenkundig in immer größeren Bereichen Moränengeschiebe und Schliffgelände zu Tage treten lässt. Im Ganzen präsentiert sich uns eine zentralalpine Welt wie aus dem Bilderbuch – mit grünen Schafweiden und herben Blockkaren, mit kantigen Urgesteinsgraten und leuchtenden Fernern, mit rauschenden Wildbächen und ab und zu mal einem lieblichen Seeauge …
Worauf richtet nun der normale Bergwanderer sein Augenmerk? Die höheren, vergletscherten Gipfel sind natürlich nur (imposante) Kulisse, abgesehen von ein paar bemerkenswerten Ausnahmen, wenn beispielsweise eine Kreuzspitze mit einem markierten Steig erschlossen ist. Als wichtigste Ziele für unser Wanderbuch sind in erster Linie die Hütten samt Verbindungswegen zu nennen. Rund um Vent finden wir immerhin ein halbes Dutzend Schutzhäuser. Eine bescheidene Aufstiegshilfe gibt es mit dem Lift nach Stablein, ansonsten bleibt es eine alpine Fußgängerzone, die ihresgleichen sucht …

↗ 200 m | ↘ 1100 m | 10.2 km

43 Höhenweg Tiefenbachferner – Vent

3.45 h

Panoramawanderung über dem Venter Tal

Zwischen dem Gletscherskigebiet am Tiefenbachferner und dem Bergdorf Vent verläuft ein Höhenweg, der uns die komplette Nordfront des Ramolkammes gegenüber auf den Präsentierteller legt. In dieser Richtung begangen sind kaum Anstiege zu bewältigen und geländebedingte Hindernisse sind ebenfalls nicht zu erwarten, weshalb die Sache eindeutig unter die Rubrik »Genuss« fällt. So gesehen vielleicht die schönste Annäherung an Vent …

Ausgangspunkt: Parkplatz Tiefenbachferner, 2793 m, am Ende der mautpflichtigen Gletscherstraße von Sölden. Anfahrt mit dem Bus empfohlen.
Endpunkt: Vent, 1896 m. Busverbindung nach Sölden.
Anforderungen: T2–3. Gut ausgebauter Höhenweg mäßiger Schwierigkeit, hauptsächlich leicht bergab. Meist erdige Trasse, kurze Passagen über verlegtes Blockwerk, ab und zu auch quer durch steile Hänge, aber nicht sonderlich exponiert. Gemäßigtes Halbtagesprogramm, in umgekehrter Richtung anstrengender.
Einkehr: Keine am Weg.
Beste Jahreszeit: Ende Juni bis Anfang Oktober.
Variante: Abzweig auf den Sonnberg-Höhenweg und damit Anschluss zur Sesselbahn auf Stablein, 2356 m, oder zur Breslauer Hütte, 2844 m.

Vom Großparkplatz am **Tiefenbachferner** ❶, 2793 m, auf Schotterpiste kurz zu einer Anhöhe, wo man nach Bezeichnung links ausschert. Insgesamt schneidet unser Höhenweg die Hanglagen in leicht absteigender

Rostrote Felsgipfel über den Wollgrasböden im Weißkar.

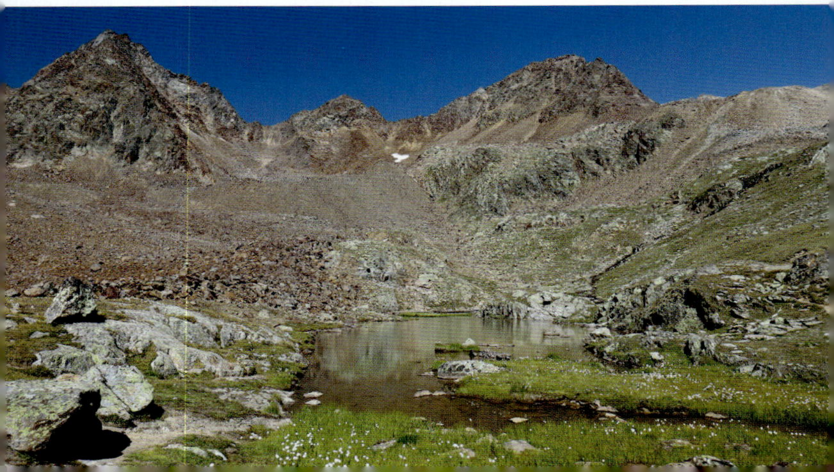

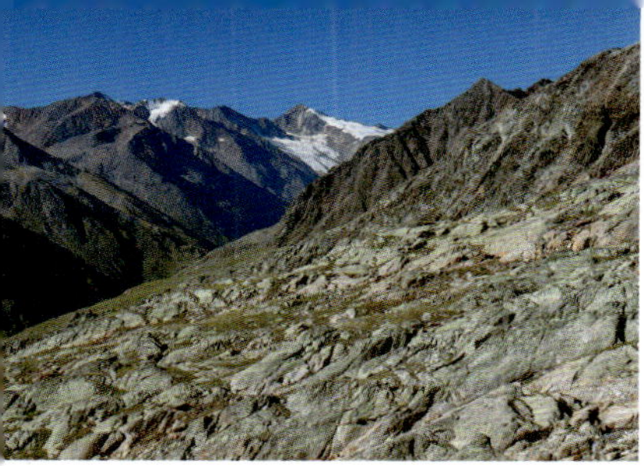

Vor großer Dreitausenderkulisse schneidet der Höhenweg steinige Flanken.

Linie, an manchen Felszonen oder Blockschutthängen aber auch mal ein paar Meter bergauf. Man geht damit die Strukturen des Seiterkars aus und kommt über den Balkon des Mutbodens Richtung **Weißkar** ❷, 2656 m, voran (Wegweiser bei einem kleinen See). Am gegenüberliegenden Hang verlieren wir weiter an Höhe, traversieren einige Blockfelder und umkurven ein markantes Eck. Anschließend eine Weile quer durch abschüssige Flanken – die Trasse ist aber beruhigend breit gefügt. Sukzessive geht es abwärts und am Abzweig des **Sonnberg-Höhenweges** ❸ vorbei. Unser Kurs zieht weiter schräg durch die Mattenflanken, stößt schließlich auf einen Güterweg, den man zunächst kreuzt und später vorteilhaft benutzt, um die Tour hinab nach **Vent** ❹, 1896 m, zu vollenden.

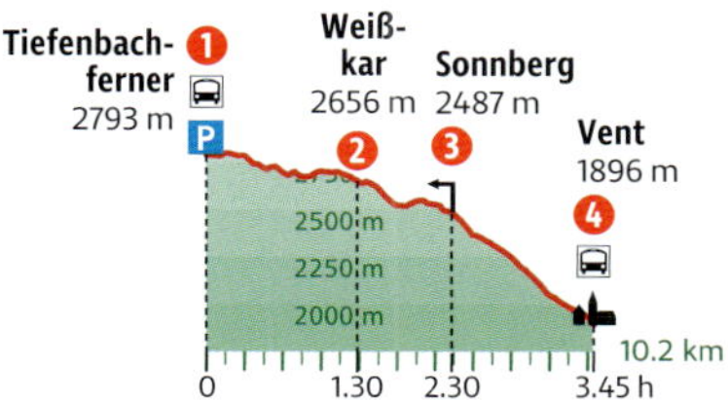

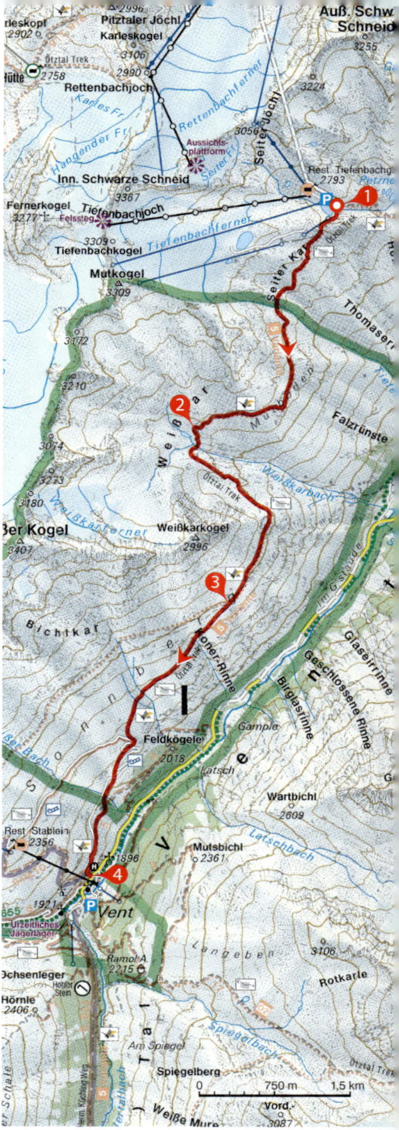

↗ 510 m | ↘ 510 m | 5.5 km

44 Hörnle, 2406 m

2.30 h

Spritztour zur Aussichtskanzel über Vent

Das Venter Hörnle ist kein eigenständiger Gipfel, sondern nur die Schulter der mächtigen Talleitspitze, die den Ort als Kulissenberg prägt wie kaum ein anderer. Am Hörnle erhaschen wir freilich einen perfekten Rückblick auf das malerische Bergdorf und nehmen auch Wildspitze samt Trabanten sowie die Erhebungen des Ramolkammes ins Visier. Allerhand optisches Futter also für eine ausgiebige Rast. Drunten im Niedertal liegt übrigens der »Hohle Stein« am Weg – Forschungen zufolge eine Behausung des Steinzeitmenschen.

Ausgangspunkt: Vent, 1896 m, gebührenpflichtige Parkplätze am Ortsanfang. Endhaltestelle beim Hotel Similaun.
Anforderungen: T2–3. Kehrenreicher Bergweg durch Latschenbuschwerk, zuoberst frei. Keine schwierigen Stellen, aber verhältnismäßig steil (fast schon rot). Trotzdem nur ein Halbtagespensum.

Einkehr: In Vent, sonst keine am Weg.
Beste Jahreszeit: Juni bis Mitte Oktober.
Variante: Auf der gegenüberliegenden Seite gibt es mit dem Mutsbichl, 2361 m, einen weiteren Aussichtsbalkon und die Möglichkeit einer kleinen Rundwanderung über die Ramolalm, 2215 m. Gehzeit ebenfalls gut 2.30 Std.

Kunst am Weg, eingefangen am Eingang ins Niedertal.

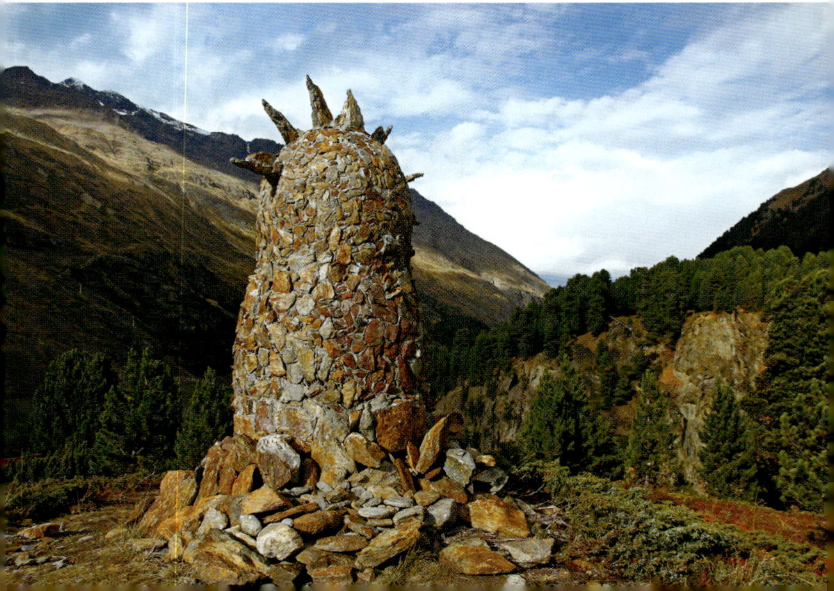

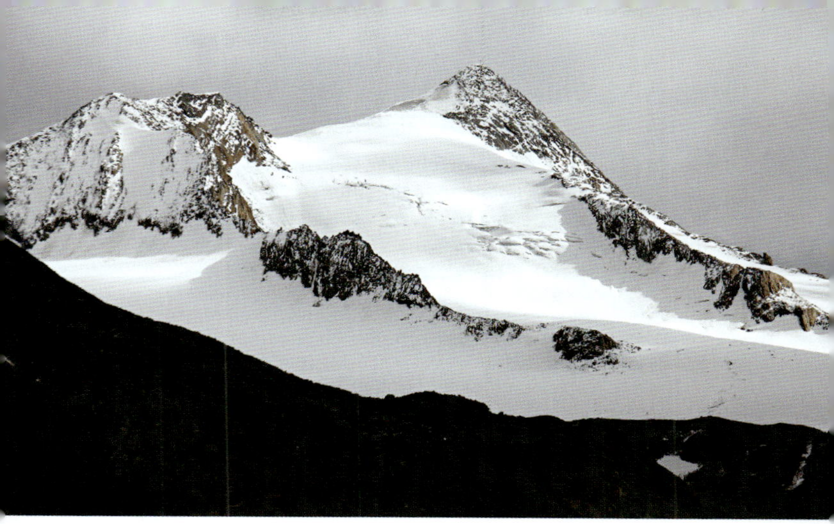

Der Schalfkogel misst über 3500 Meter.

In **Vent 1**, 1896 m, gehen wir durch den Ort und anschließend über die Niedertaler Ache zur Gabelung der Hauptrouten. Ein breiter Karrenweg führt mit einer Schleife ins Niedertal (Abkürzung möglich), wo wir bald rechts abzweigen. Ein minimaler Abstecher zum **Hohlen Stein 2**, 2050 m, ist beschildert. Danach geht es in zahlreichen Kehren am Latschenhang bergauf. Man gewinnt freies Gelände, holt etwas nach links aus und erreicht kurz darauf den Absatz des **Hörnle 3**, 2406 m, am Nordostausläufer der Talleitspitze, die noch genau 800 Meter höher aufragt. Für den Abstieg steht nur derselbe Weg zur Verfügung.

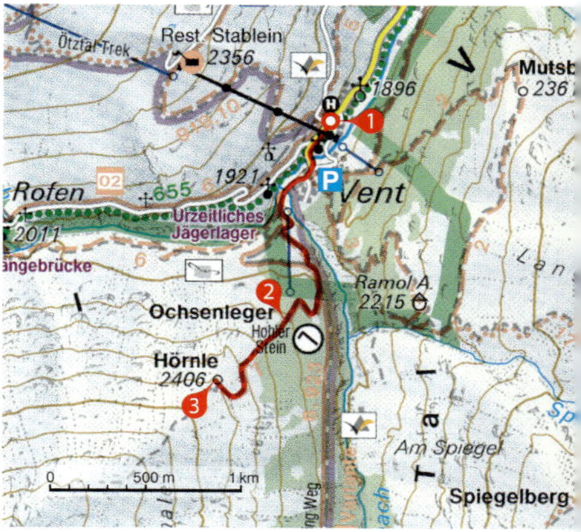

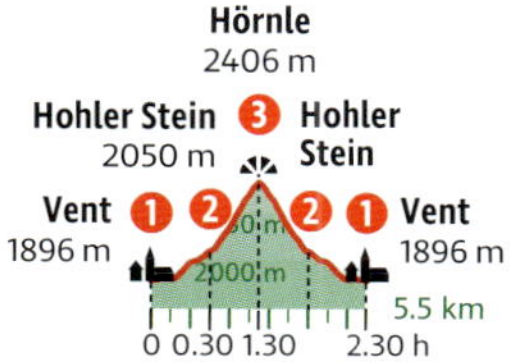

↗ 480 m | ↘ 770 m | 6.4 km

45 Wildes Mannle, 3023 m

3.15 h

Wander-Dreitausender im Vorfeld der Wildspitze

Am Wilden Mannle oberhalb von Vent bietet sich für gemäßigte Wanderer eine gute Gelegenheit, einmal über die 3000-Meter-Marke hinauszugelangen. Topografisch mag diese Kanzel zwar unbedeutend sein, aussichtsmäßig hat man hier allerdings ein großes Los gezogen! Wir genießen nämlich eine exzellente Schau über die gesamte Venter Bergumrahmung bis hin zum Alpenhauptkamm und fühlen uns besonders in Bann gezogen von der überragenden Wildspitze sowie dem zerklüfteten Rofenkarferner. Zwei Steige führen aufs Wilde Mannle, einer direkt von Süden und der andere von der Breslauer Hütte, die somit als Einkehrstation prima einbezogen werden kann.

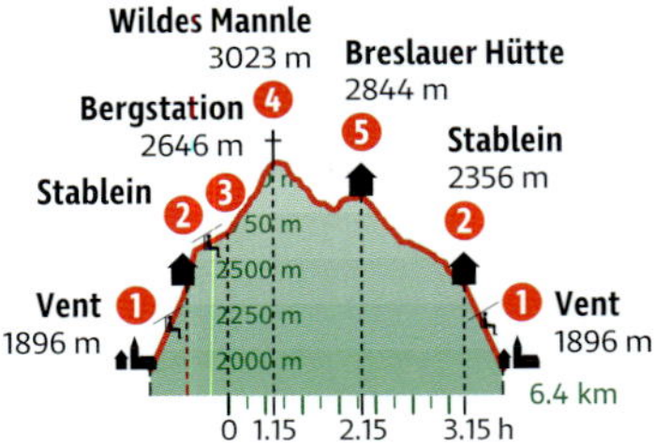

Ausgangspunkt: Talstation Wildspitzlift in Vent, 1896 m, bzw. Bergstation 2646 m, erreichbar in zwei Sektionen, Betriebszeiten Mitte/Ende Juni bis Mitte/Ende September täglich 8 bis 17 Uhr. Gebührenpflichtige Parkplätze. Bushaltestelle Hotel Post in Vent.

Anforderungen: T3. Bezeichnete Steige bis in felsiges Gelände, stellenweise gesichert, jedoch nicht schwierig. Trittsicherheit erforderlich, konditionell moderate Tour, aber Höhenlage beachten.

Einkehr/Unterkunft: Restaurant Stablein, 2356 m, Tel. +43 660 604242. Breslauer Hütte, 2844 m, Mitte Juni bis Ende September, Tel. +43 676 9634596.

Beste Jahreszeit: Ende Juni bis Ende September.

Variante: Bei Verzicht auf den Sessellift benötigt man von Vent aus 6 Std.

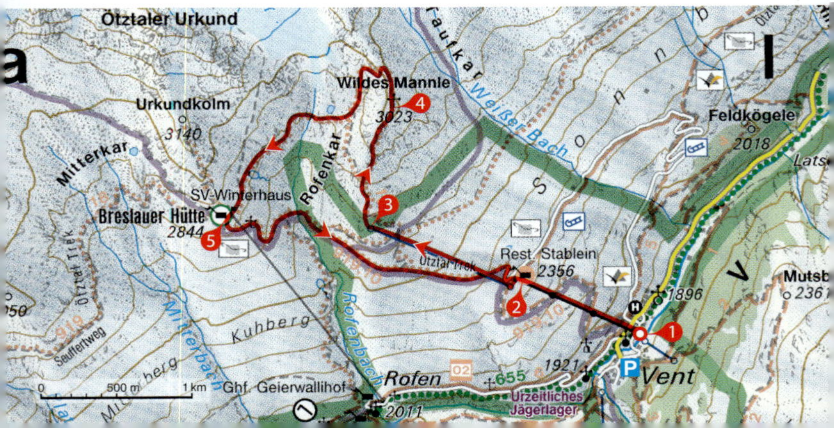

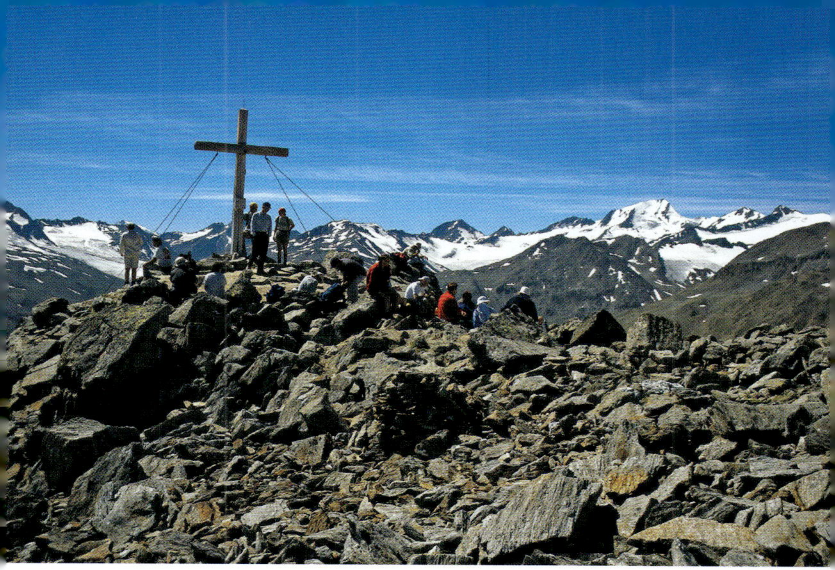

Am Wilden Mannle finden sich »panoramasüchtige« Bergwanderer ein.

Mit dem Wildspitzlift geht es von **Vent** ❶ nach **Stablein** ❷, 2356 m, und mit dem Anschlusslift »Wildes Mannle« hinauf zur **Bergstation** ❸, 2646 m. Wir steigen mit der Wanderung unmittelbar in die Flanke ein, gelangen auf sandiger Trasse, am Abzweig des Rosenkarsteigs vorbei, in felsiges Gelände (etwas Kraxelei) und über Blockwerk von Süden her den Gipfel des **Wilden Mannle** ❹, 3023 m.

Für den Abstieg orientieren wir uns vorerst noch weiter gen Norden, bis uns die Markierung aus einer Einschartung nach links hinablotst (Sicherungen an einer Steilstufe). Etwas tiefer biegen wir wiederum rechts auf den Rofenkarsteig ab (geradeaus wäre es kürzer zurück zum Lift) und queren den Gletscherabfluss. Die Traverse führt durch Schrofen und Blockschutt und steigt Richtung **Breslauer Hütte** ❺, 2844 m, nochmals geringfügig an. Von dort auf dem viel begangenen Hüttenweg Nr. 919 abwärts, über den Rofenkarbach hinweg und zurück zur Liftstation auf **Stablein** ❷. Von dort geht es mit dem Wildspitzlift hinab zum Startpunkt an der Talstation in **Vent** ❶.

Die Wildspitze über dem Rofenkarferner.

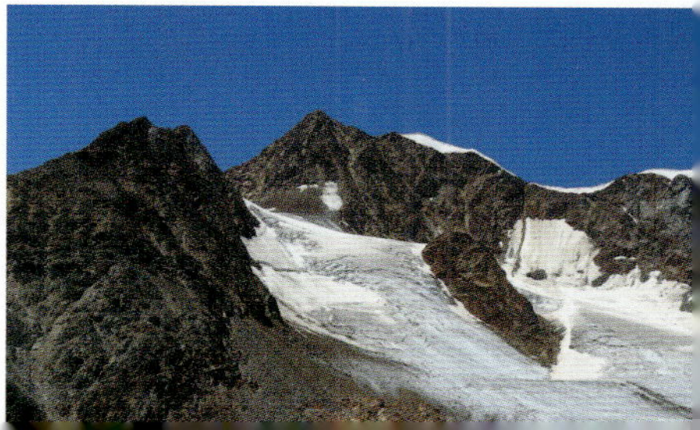

TOP

46

↗ 800 m | ↘ 1250 m | 19.5 km

Breslauer Hütte, 2844 m – Vernagthütte, 2755 m

6.50 h

Auf dem großartigen Seuffertweg

Der Seuffertweg zählt als wichtige Hüttenverbindung an den Südhängen des Ötztaler Weißkammes zu den klassischen Panoramawegen. Er wurde Anfang des 20. Jahrhunderts zeitgleich mit der Vernagthütte eingerichtet und vermittelt eine Fülle landschaftlicher Reize. Vor allem die Gipfel des Kreuzkammes präsentieren sich sehr schön aufgereiht. Verblüffend ist der Moment, wenn wir in den Vernagtkessel einschwenken.

Ausgangspunkt: Talstation Wildspitzlift in Vent, 1896 m (gebührenpflichtige Parkplätze und Bushalt), bzw. Stablein, 2356 m. Betriebszeiten des Sessellifts von Mitte Juni bis Ende September täglich 8 bis 17 Uhr.
Anforderungen: T2–3. Sehr gut ausgebaute Bergwanderwege, der Höhenlage entsprechend mitunter etwas steinig, aber nirgends anspruchsvoll. Am Seuffertweg zuweilen etwas abschüssig und Trittsicherheit vorteilhaft. Voll ausgefüllte Tagestour.
Einkehr/Unterkunft: Breslauer Hütte, 2844 m, Mitte Juni bis Ende September, Tel. +43 676 9634596, breslauerhuette.at. Vernagthütte, 2755 m, Anfang Juli bis Mitte September, Tel. +43 664 7980757, vernagthuette.de. Rofen, 2011 m, zwei Gasthäuser.
Beste Jahreszeit: Ende Juni bis Ende September.
Variante: Von der Vernagthütte über den Höhenweg am Rofenberg in 1.45 Std. zum Hochjochhospiz, 2413 m (vgl. Tour 47/48).

Von **Vent** ❶ zunächst mit dem Wildspitzlift oder – wer früh aufbrechen möchte – in 1.15 Std. über die weit ausholenden Schleifen am südostseitigen Troghang hinauf zur Bergstation **Stablein** ❷, 2356 m. Von dieser Hangverflachung weiter auf komfortabel ausgetretener Trasse durch blockbesetzte Matten bergwärts. Nach einem Abzweig zum Wilden Mannle geht es links haltend über den Rofenkarbach und in Serpentinen bis zur stattlichen **Breslauer Hütte** ❸, 2844 m, empor.
Nun auf dem **Seuffertweg** mit geringen Höhenunterschieden ins Mitterkar hinein, das über mehrere Bäche und Moränenwälle ausgegangen wird. In weiterer Folge queren wir einen vorspringenden Hangrücken durch leicht exponiertes Geschröf sowie das wenig ausgeprägte Platteikar. Bei einem flachgründigen See wird ein markantes Geländeeck erreicht, wo sich erstmals die Vernagt-Arena öffnet. Wir biegen in den großen Taleinschnitt ein und wandern durch typisches Blockschuttgelände leicht abwärts zur massiven

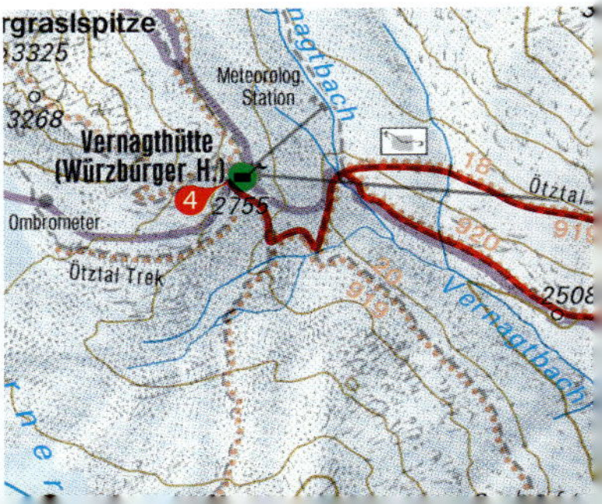

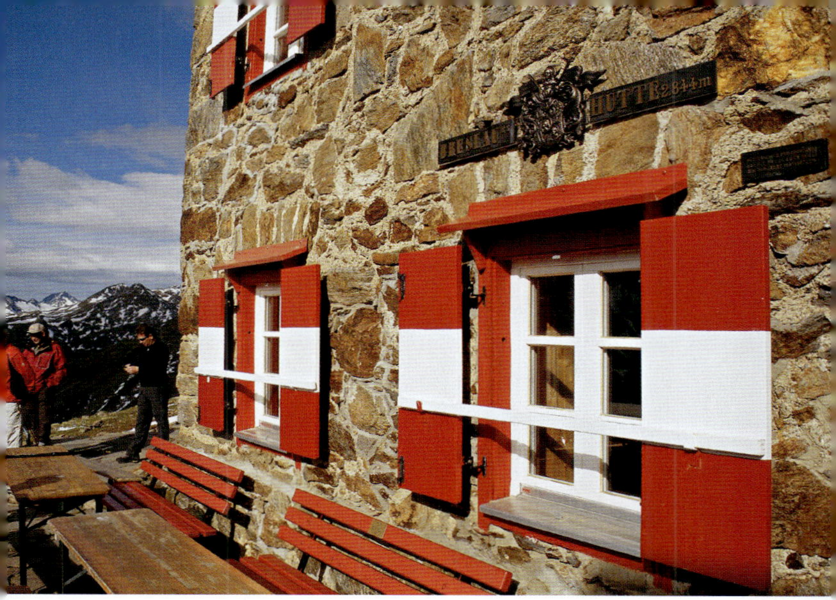

Die sonnenbeschienene Front der Breslauer Hütte lädt zur Rast.

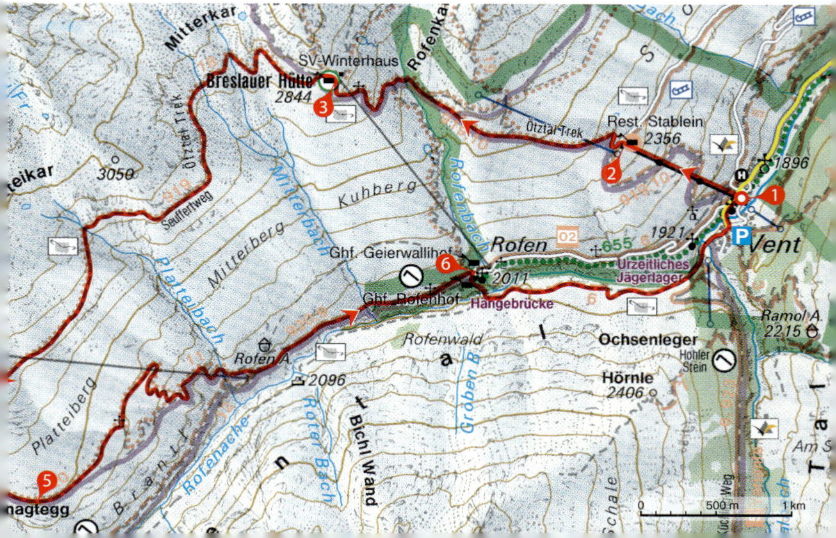

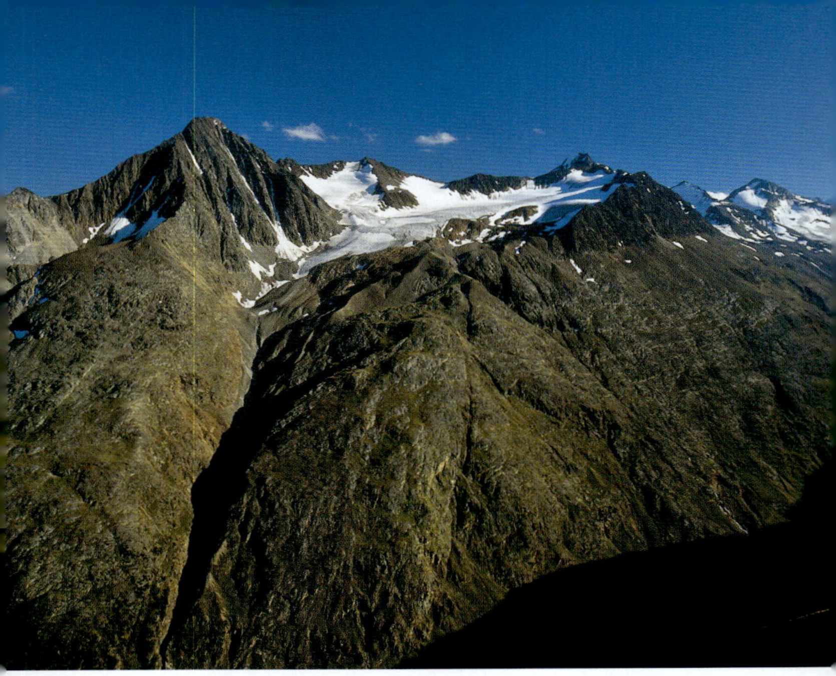

Der Kreuzkamm mit der Talleitspitze (links) vom Seuffertweg aus gesehen.

Brücke über den Vernagtbach. Drüben warten nochmals rund 170 Höhenmeter Gegenanstieg, ehe wir bei der **Vernagthütte** ❹, 2755 m, eintreffen. Zurück beim Bach, schlagen wir den tieferen Weg ein, der um das **Vernagtegg** ❺ herum vorerst nur langsam an Höhe verliert, sich dann am Platteiberg jedoch bis in die Sohle des Rofentals hinunterschraubt. Dort flach talauswärts zu den **Rofenhöfen** ❻, 2011 m, und entweder auf dem Fahrweg oder über die Hängebrücke nach rechts zurück nach **Vent** ❶.

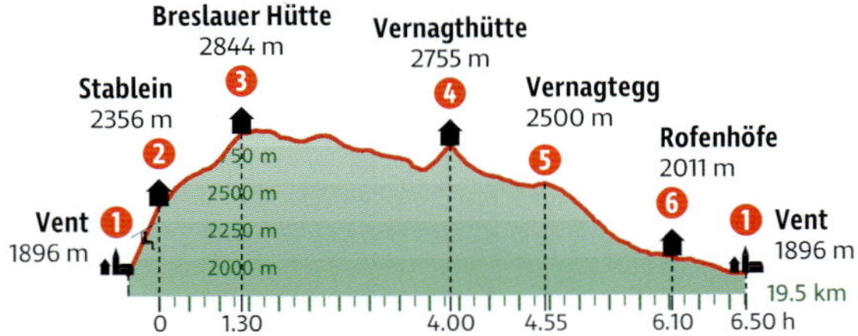

↗ 700 m | ↘ 700 m | 9.5 km

4.45 h

Mittlere und Hintere Guslarspitze, 3147 m

47

Neuer Leckerbissen für Bergwanderer im inneren Rofental

Die Guslarspitzen trennen den Vernagtkessel vom Hintereistrog und eröffnen ein tolles Panorama im Reich der umliegenden Dreitausender. Durch fortschreitenden Eisrückgang sind diese Gipfel mittlerweile wandertaugliches Terrain geworden. Zwei zuverlässig markierte Routen lotsen uns sowohl von der Vernagthütte als auch vom Hochjochhospiz hinauf und erlauben eine vielseitige Überschreitung, die mit der normalen Verbindung über den Flankenweg abgerundet werden kann.

Ausgangspunkt: Vernagthütte, 2755 m. Zugänge wie bei Tour 46 entweder über die Breslauer Hütte und den Seuffertweg oder via Rofental und Vernagtegg.
Anforderungen: T3–4. Auf der Nordseite und im Gipfelbereich gebietstypischer Blockschutt, je nach Jahreszeit auch Schneefelder möglich, aber kein Gletscher mehr. Südseitig geht das Gelände bald in alpine Rasen über; der abschließende Flankenweg zurück zur Vernagthütte ist leicht. Trittsicherheit wichtig, bei guten Bedingungen jedoch für Geübte ohne besondere Hindernisse. Ab Hütte lockere Tagestour.
Einkehr/Unterkunft: Vernagthütte, 2755 m, Anfang Juli bis Mitte September, Tel. +43 664 7980757, vernagthuette.de.
Beste Jahreszeit: Juli bis September.
Variante: Möchte man nach Besteigung der Guslarspitzen nach Vent zurückkehren, wählt man den Weg vom Hochjochhospiz durchs Rofental (Tour 48). Gesamtzeit ab Vernagthütte 5.45 Std.

Beim Aufstieg von der Vernagthütte steht der Fluchtkogel im Fokus.

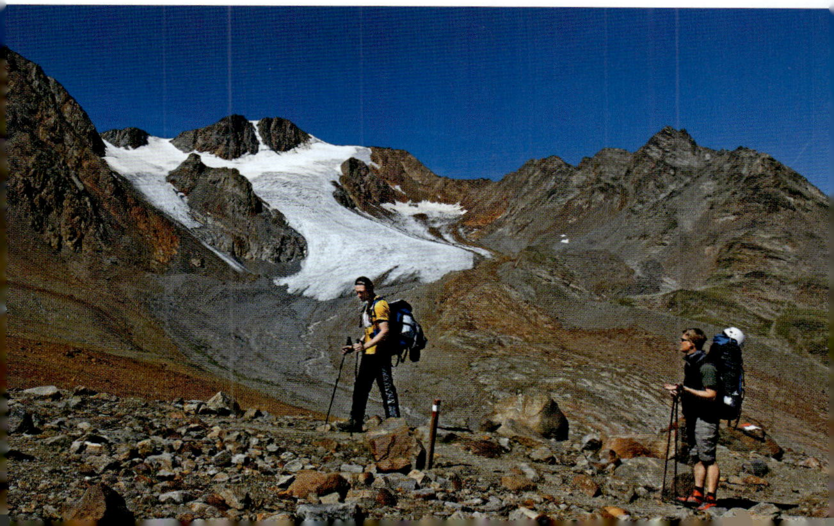

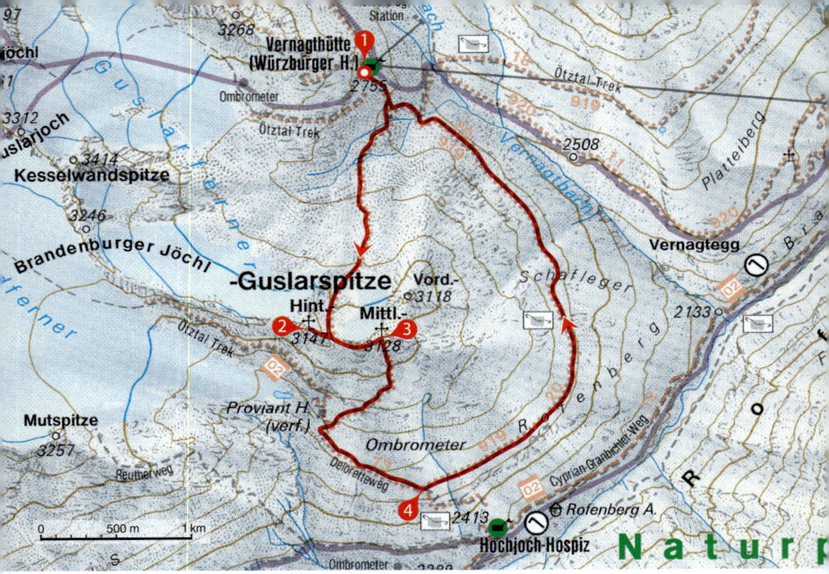

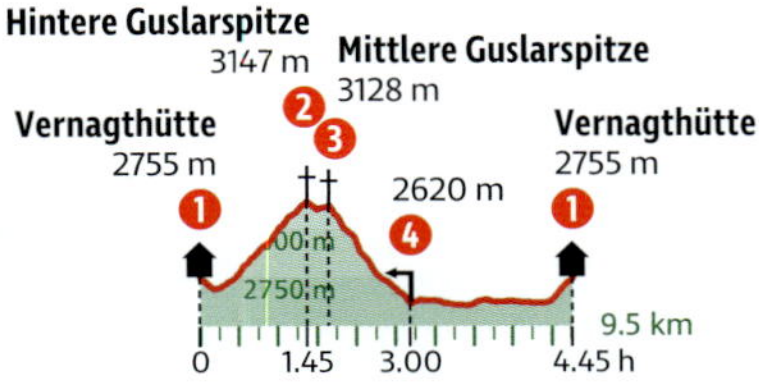

Der neue Weg Richtung Guslarspitzen zweigt etwas unterhalb der **Vernagthütte** ❶, 2755 m, nach rechts ab, kreuzt den Abfluss des Guslarferners (Brücke) und steigt im rotbraunen Blockschuttgelände an. Man orientiert sich mehr auf die Seite der Hinteren Guslarspitze und erreicht steiler den breiten Bergsattel P. 3090. Eine nicht markierte Spur leitet nach rechts auf die **Hintere Guslarspitze** ❷, 3147 m, während die Farbzeichen entgegengesetzt zum Alpenvereinskreuz auf der **Mittleren Guslarspitze** ❸, 3128 m, hinüberziehen. Der Abstieg nach Süden setzt kurz vor dem Gipfel ein und führt auf teils sandiger Spur über diverse Geländeabstufungen tiefer. Rechts haltend zur Einmündung in den Deloretteweg (Nr. 902) und durch die Schafweiden schräg hinab, bis oberhalb des Hochjochhospizes die Verbindung Nr. 919 zurück zur Vernagthütte abzweigt ❹, 2620 m. Dieser Weg schneidet die Flanken auf Höhe des Unteren Rofenberges fast hangparallel und führt über Schafweiden zurück ins steinigere Gelände von Vernagt. Zuletzt mittels Gegensteigung zur **Vernagthütte** ❶.

Kilometerweit schiebt sich die Zunge des Hintereisferners durch den Trog.

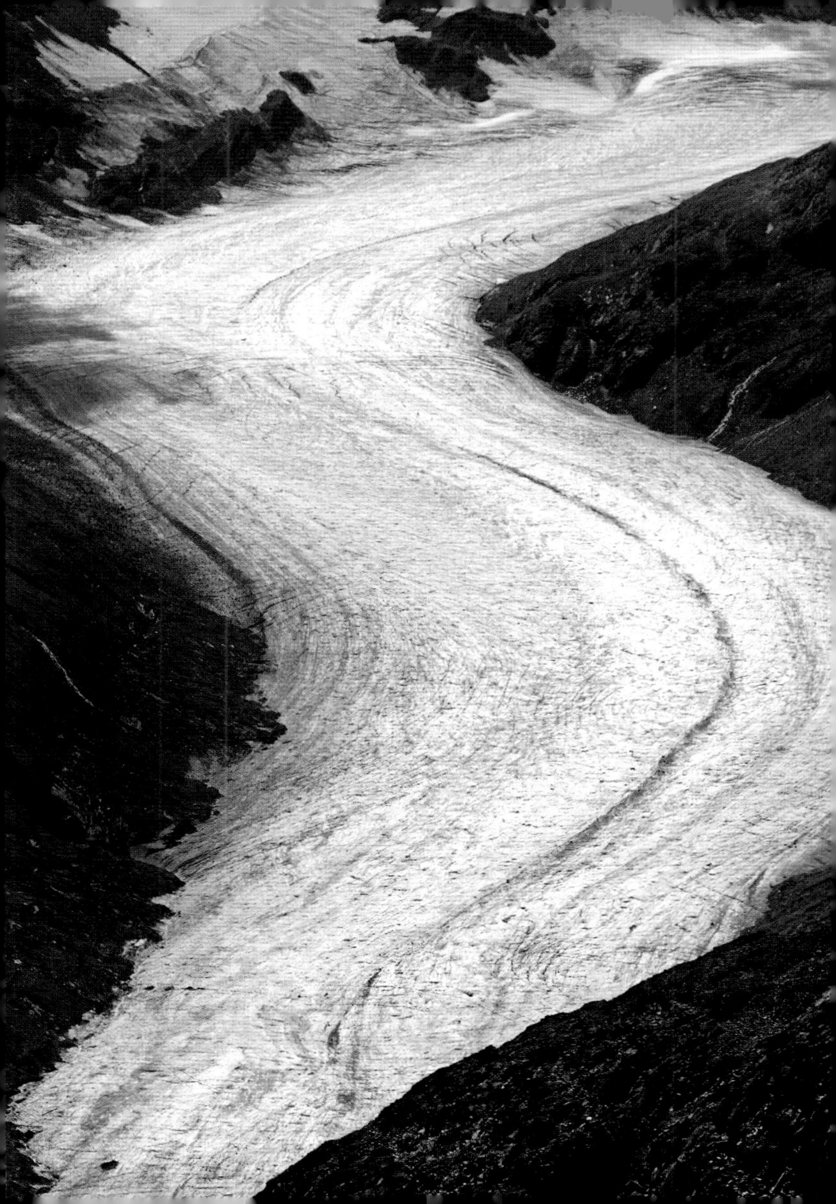

↗ 650 m | ↘ 650 m | 17.9 km

48 Hochjochhospiz, 2413 m

5.30 h

Auf dem Cyprian-Granbichler-Weg ins Rofental

Diese Venter Wanderung führt uns durch ein typisches zentralalpines Hochtal zu einem altehrwürdigen Schutzhaus. Das erste Hochjochhospiz wurde auf Betreiben Franz Senns bereits 1870 ursprünglich auf der anderen Seite der Rofenache gebaut und 1911 von der Sektion Mark Brandenburg (Berlin) erworben, musste aber bald aufgegeben werden. Die Berliner verlegten daraufhin den Standort auf die sonnige Seite des Rofenbergs und weihten 1927 das Hochjochhospiz, wie wir es heute kennen, ein. Es lässt sich von Vent aus bequem in rund drei Stunden erwandern und dient vor allem als »Verteiler« zu den Nachbarhütten und den hochalpinen Übergängen.

Ausgangspunkt: Vent, 1896 m, gebührenpflichtige Parkplätze am Ortseingang. Endhaltestelle beim Hotel Similaun.
Anforderungen: T2+. Unschwieriger und die meiste Zeit flacher oder nur mäßig ansteigender Bergwanderweg, zwischendurch etwas ausgesetzt, aber großzügig trassiert. Beachtenswert ist die Streckenlänge, daher durchschnittliches Tagespensum.
Einkehr/Unterkunft: Rofen, 2011 m, zwei Gasthäuser. Hochjochhospiz, 2413 m, Mitte Juni bis Mitte/Ende September, Tel. +43 720 920311, hochjochhospiz.at.
Beste Jahreszeit: Mitte Juni bis Ende September.
Variante: Ab Hochjochhospiz über Deloretteweg und Kesselwandferner in 3 Std. zum Brandenburger Haus, 3274 m, dem höchsten Stützpunkt in den Ötztaler Alpen (für Wanderer ohne Ausrüstung auch bis zum Gletscherrand auf gut 3000 m lohnend).

Baujahr 1927: das Hochjochhospiz.

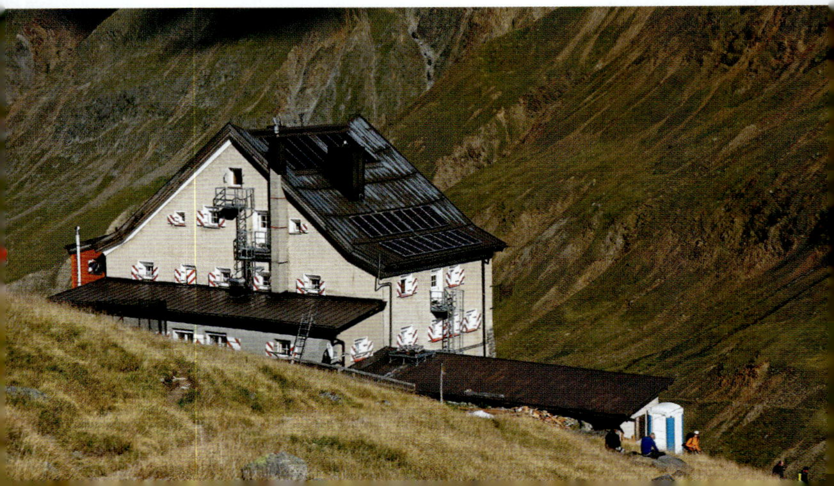

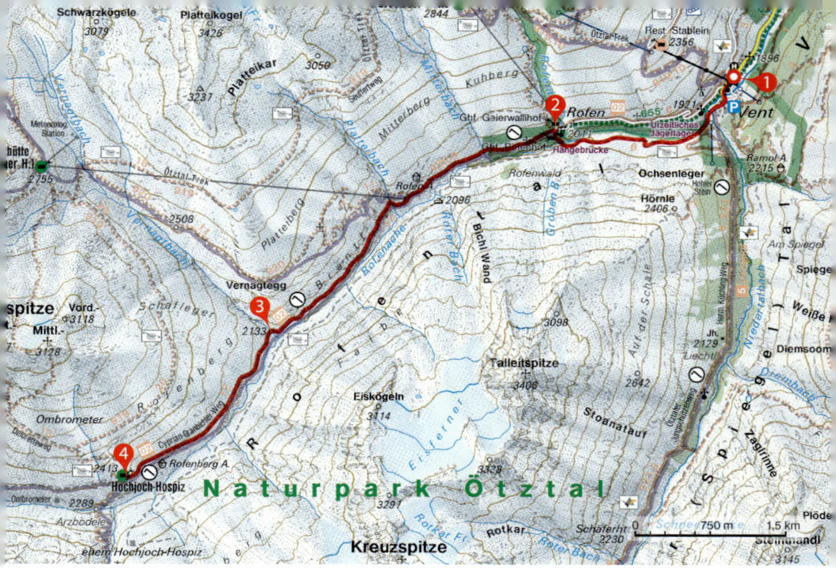

Von **Vent** ❶, 1896 m, am schönsten auf die linke Seite der Rofenache und über die Böden hinein zur Hängebrücke. Bei der sehenswerten Klamm setzt man zu den altehrwürdigen **Rofenhöfen** ❷, 2011 m, der höchsten Dauersiedlung Nordtirols, über. Alternativ kann man natürlich auch den (nicht öffentlichen) Fahrweg nach Rofen benutzen. Anschließend bummeln wir durch liebliche Wiesen weiter taleinwärts. Nach Abzweig des Weges zur Vernagthütte wandelt sich die Szenerie: Die Hänge rücken zusammen, bilden eine fast schluchtartige Enge, in die unser Weg aufwendiger hineintrassiert werden musste (teilweise Drahtseillauf). Einst Titzenthaler-Weg geheißen, hat man ihn mittlerweile nach Cyprian Granbichler, einem Gefährten Senns, umbenannt. Nachdem der wasserreiche **Vernagtbach** ❸, 2133 m, passiert ist, folgt das gemäßigt ansteigende Schlussstück bis zum **Hochjochhospiz** ❹, 2413 m, ringsum eingerahmt von großen Bergen. Der Rückweg ist identisch mit dem Hinweg.

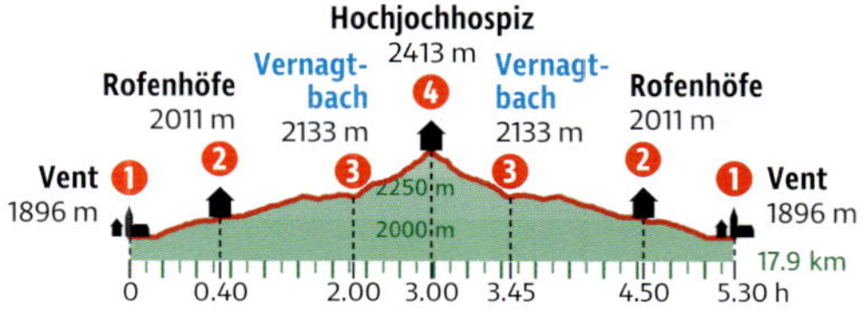

TOP

49 Saykogel, 3355 m

↗ 1070 m | ↘ 980 m | 8.9 km

5.30 h

Vom Hochjochhospiz zur Martin-Busch-Hütte

Die Verbindung vom hinteren Rofental über den Kreuzkamm ins Niedertal führt über den Saykogel (Seikogel), eine immerhin über 3300 Meter hohe Landmarke inmitten ausgedehnter Gletscherfelder. Trotzdem kommt hier auch der reine Wanderer, sofern er alpin erfahren ist, zum Zuge, denn bei optimalen Verhältnissen ist die gesamte Überschreitung eisfrei. Ein Berg also, um auf Tuchfühlung mit den Gletschern zu gehen, ohne sie selbst betreten zu müssen. Die Gesamtgehzeit ab Vent beträgt rund 10 Std.

Ausgangspunkt: Hochjochhospiz, 2413 m. Zugang von Vent siehe Tour 48. **Endpunkt:** Martin-Busch-Hütte, 2501 m. Hüttenweg von Vent siehe Tour 50. **Anforderungen:** T4. Hochalpine Überschreitung auf markierter Steiganlage, abwechselnd über Schafweiden, Blockschutt und zuoberst auch felsige Passagen. Trittsicherheit erforderlich, aber nur wenig Kletterei (kurze Stellen I). Zwischen den Hütten normale Tagestour. **Einkehr/Unterkunft:** Hochjochhospiz, 2413 m, Mitte Juni bis Mitte/Ende September, Tel. +43 720 920311. Martin-Busch-Hütte, 2501 m, Mitte Juni bis Ende September, Tel. +43 5254 8130 oder +43 664 3043151, hotel-vent.at. **Beste Jahreszeit:** Juli bis September.

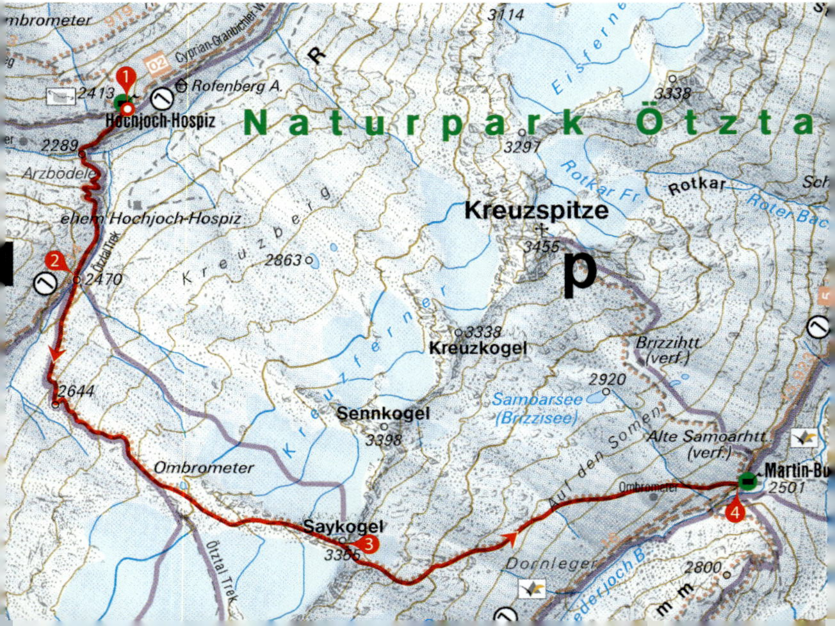

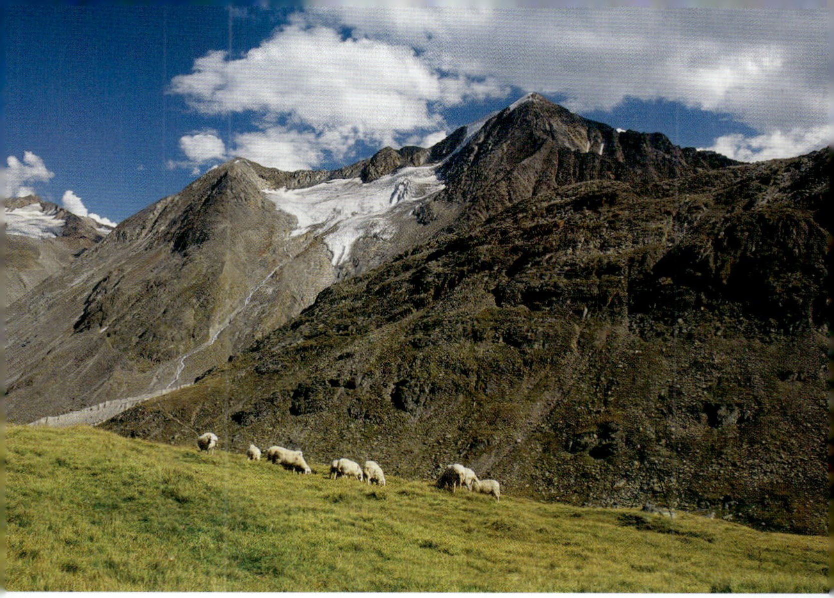

Typische Schafweiden im Niedertal.

Vom **Hochjochhospiz** ❶, 2413 m, das man wie bei Tour 48 beschrieben in 2.45 Std. durchs Rofental erreicht, steigen wir anfangs 15 Min. bis zur Rofenache ab, überschreiten die Hängebrücke bei P. 2289 und gewinnen am Gegenhang in Kehren wieder an Höhe. Man befindet sich hier auf der Route zum Hochjoch und verlässt diese bei P. 2470 ❷ nach links. Damit kommt man auch über den Abfluss des Hochjochferners auf die andere Seite und dort vorerst unweit der Talsohle nur leicht ansteigend weiter. Nach einer Weile geht es zielstrebiger über die Blockschutthänge bergwärts. Richtung 3000-Meter-Marke wird der Steig allmählich holpriger. Wo sich der Nordwestgrat des Saykogels aus den Moränenfluren aufschwingt, passieren wir einen Niederschlagsmesser (Ombrometer) und kommen an der rechtsseitigen Abdachung voran. Weiter südlich erstreckt sich der Hochjochferner. Auf rund 3200 Meter Höhe schließt unsere Route zum blockigen Grat auf. Wir bewältigen einige Kletterstellen (I), weichen unterhalb des Gip-

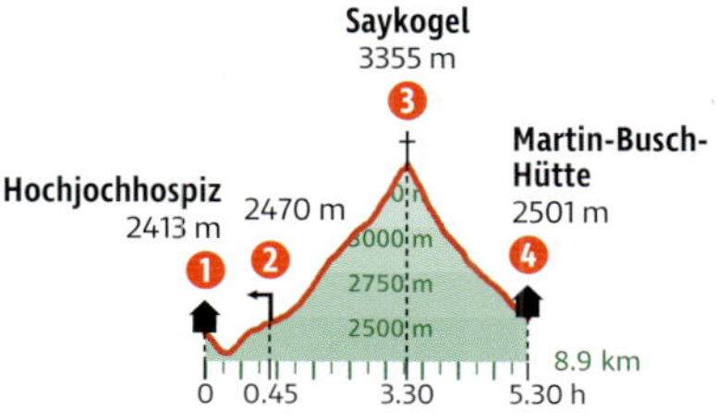

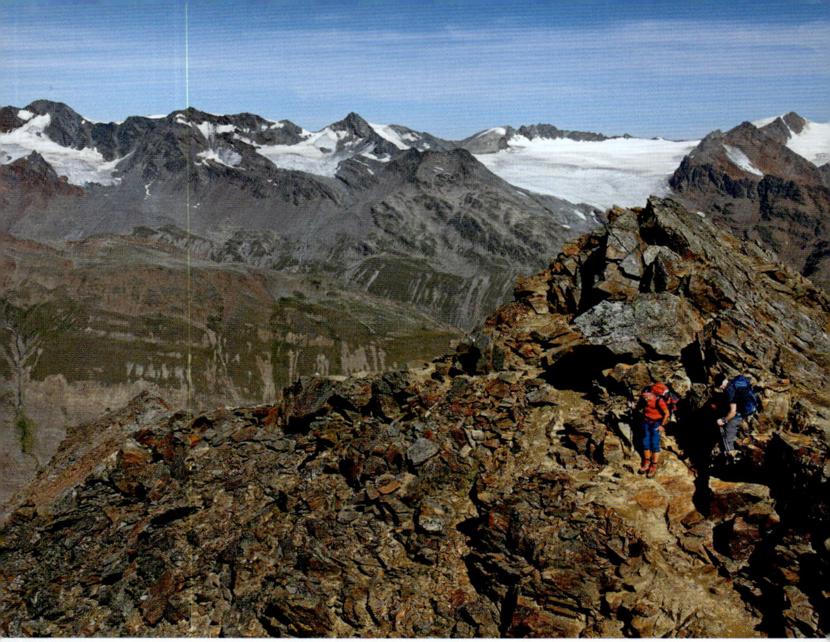

Die Überschreitung des Saykogels führt uns in hochalpines Terrain.

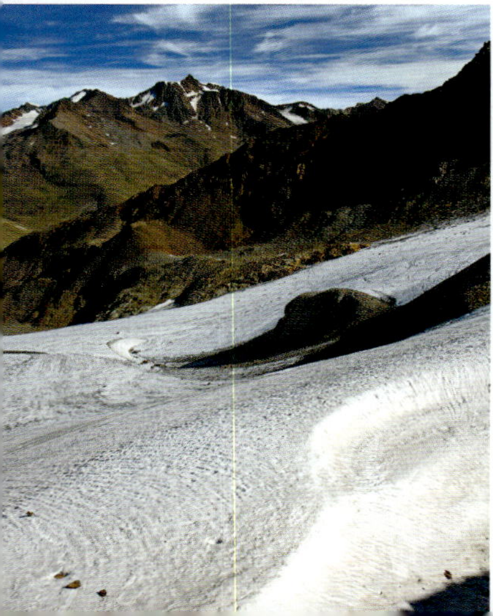

fels nochmals in die Flanke aus und gewinnen den höchsten Punkt des **Saykogels** ❸, 3355 m, zuletzt von Süden mittels kurzen Abstechers.
Im Bergab folgt man anfangs dem Südgrat und wendet sich dann auf die Ostrippe, die sich allmählich in Blockhalden verliert. Links abdrehend schließt sich weiter unten via Grünkachel eine längere Abwärtstraverse über Schafweiden an, die – hin und wieder mal einen Bachlauf kreuzend – bei der **Martin-Busch-Hütte** ❹, 2501 m, im Niedertal ausläuft. Von dort normalerweise in 2 Std. hinaus nach Vent.

Der Kreuzferner flankiert den Saykogel.

↗ 1130 m | ↘ 1130 m | 24.7 km

8.00 h

Martin-Busch-Hütte, 2501 m – Similaunhütte, 3019 m

50

Durchs Niedertal auf die Schwelle des Alpenhauptkammes

Die Similaunhütte liegt genau genommen bereits ein paar Schritte auf Südtiroler Boden, ist aber seit jeher auch stark mit Vent verbunden, zumal die Bewirtschafter von dort stammen. Während es die gemütliche Wanderfraktion mit der Martin-Busch-Hütte bewenden lässt, knacken Ambitionierte oben am Niederjoch sogar die 3000-Meter-Marke. Beim Blick über den Alpenhauptkamm kommt uns der legendäre, archaisch anmutende Schaftrieb in den Sinn. Alljährlich im Juni treten einige Tausend Tiere die Wanderung aus dem Südtiroler Schnalstal über das Niederjoch an, um auf den Hochweiden des inneren Ötztals zu sömmern – ein altes, verbrieftes Recht der Südtiroler Bauern, das trotz der Staatenteilung nicht erloschen ist. Beide Hütten werden übrigens rege frequentiert, denn die Umgebung ist ein wahres Tourendorado.

In 3000 Meter Höhe auf der Schwelle zwischen Nord und Süd: die Similaunhütte.

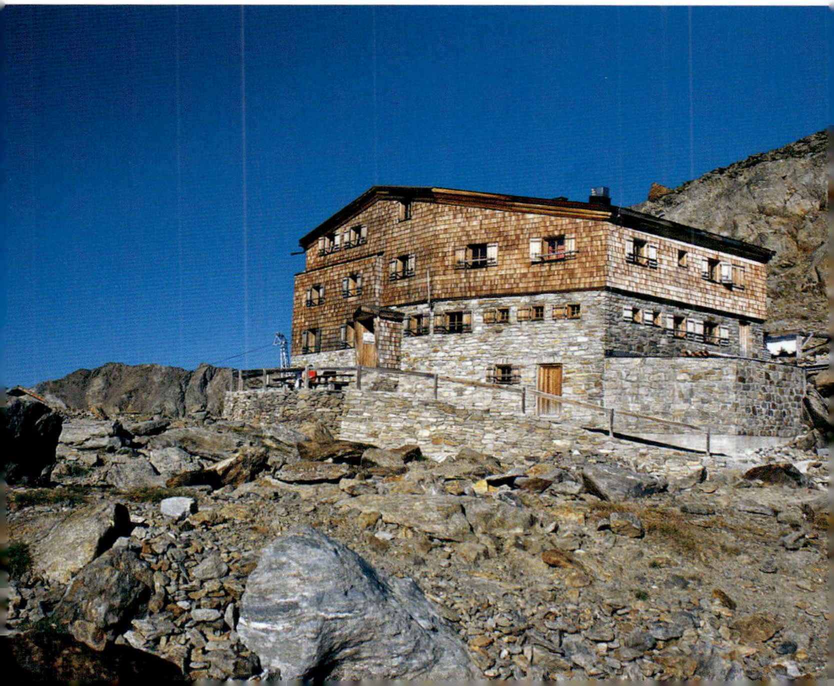

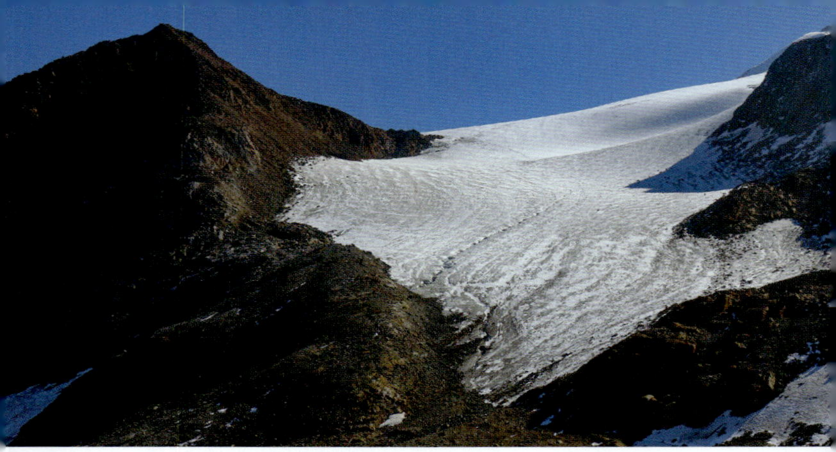

Über den Niederjochferner führt die Normalroute auf den Similaun.

Ausgangspunkt: Vent, 1896 m, gebührenpflichtige Parkplätze am Ortseingang. Endhaltestelle beim Hotel Similaun.
Anforderungen: T3. Bis zur Martin-Busch-Hütte denkbar einfache Wanderung auf Fahrweg (T1, 610 m). Anschließend Steig mit alpinem Charakter, weiterhin nicht besonders steil. Hin und zurück großes Tagespensum, besser mit Übernachtung.
Einkehr/Unterkunft: Martin-Busch-Hütte, 2501 m, Mitte Juni bis Ende September, Tel. +43 5254 8130 oder +43 664 3043151, hotel-vent.at. Similaunhütte, 3019 m, Mitte Juni bis Ende September, Tel. +39 0473 669711, similaunhuette.com.
Beste Jahreszeit: Ende Juni bis Anfang Oktober.
Hinweis: Ein Teil des Fahrwegs war zuletzt gesperrt, ggf. Umleitung auf die andere Bachseite (ca. 20 Min. länger).
Variante: Von der Similaunhütte kann das Denkmal bei der Ötzi-Fundstelle am Tisenjoch besucht werden, gut 1 Std. auf alpinem Steig (T3–4).

In **Vent** ①, 1896 m, überschreiten wir noch im Ortsbereich die Venter Ache sowie die Niedertaler Ache. Anschließend geht's mit einer Schleife (bzw. gerade auf kleiner Abkürzung) ins Niedertal hinein, stets auf breitem, be-

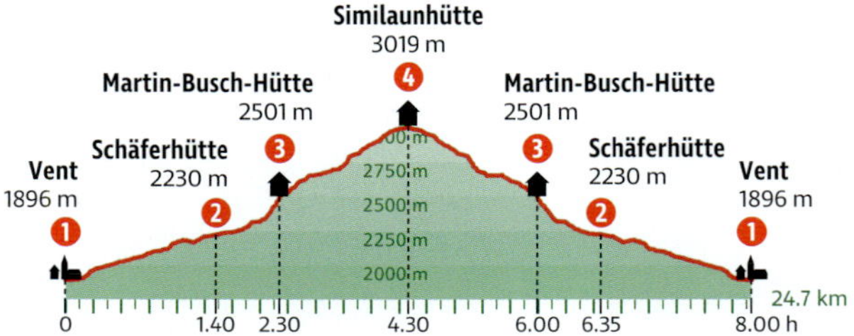

festigtem Weg rechts oberhalb der eingekerbten Bachsohle. Nach einer ganzen Weile passiert man die karge **Schäferhütte** ❷, 2230 m, und steuert im weiteren Verlauf ein wenig steiler die stattliche **Martin-Busch-Hütte** ❸, 2501 m, an.
Wir setzen unseren Weg in den inneren Talbereich fort und folgen dem unteren Weg Richtung Similaunhütte. Bald prägt Blockschutt den Untergrund. Vor einem der diversen Seitenbäche lotst uns der Wegweiser kurz rechts hinauf, womit die ehemalige Wegführung verlassen wird. Man gewinnt an den Moränen an Höhe, wandert unterhalb der Sayplatten entlang und kommt nach dem Abzweig zur Ötzi-Fundstelle durch eine Geländebucht zu einer kurzen gesicherten Passage. Im letzten Stück abermals über Moränen zum Niederjoch und zur knapp jenseits der Grenze gelegenen **Similaunhütte** ❹, 3019 m. Der Abstieg verläuft auf demselben Weg.

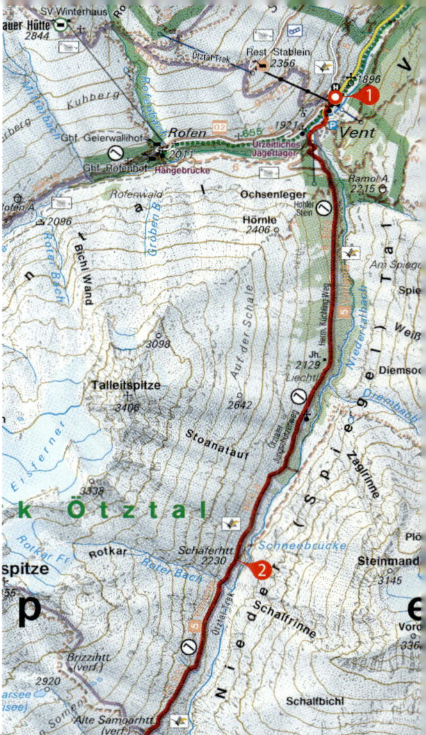

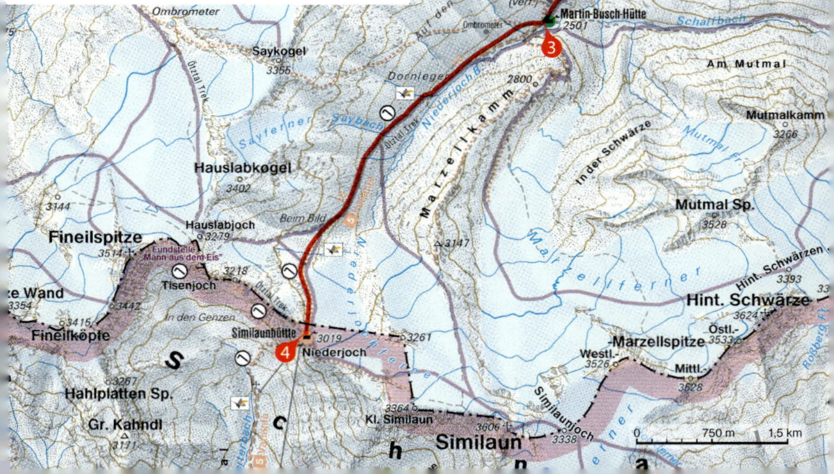

↗ 950 m | ↘ 950 m | 6.6 km

4.30 h

51 Kreuzspitze, 3455 m

Begehrtes Gipfelziel oberhalb der Martin-Busch-Hütte

Die Kreuzspitze erlangte schon bei den Altvorderen enormen Stellenwert. Wo zahlreiche Dreitausender ringsum jede Menge Hochtourenerfahrung verlangen, ist dieser stolze Gipfel auch von tüchtigen Bergwanderern zu schaffen und hat daher als legendäre Panoramaloge Berühmtheit erlangt. Man sieht praktisch alles, was zwischen Weißkamm und Hauptkamm Rang und Namen hat.

Auf der Kreuzspitze wartet ein legendär großartiges Panorama.

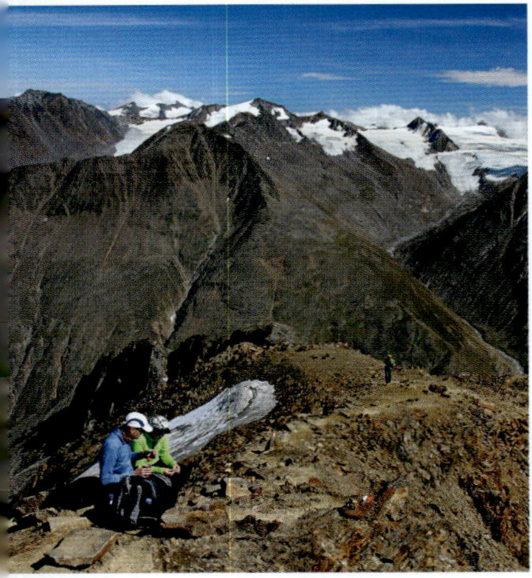

Ausgangspunkt: Martin-Busch-Hütte, 2501 m, erreichbar in 2.30 Std. von Vent (siehe Tour 50).
Anforderungen: T3–4. Hochalpiner Steig von beachtlicher Steilheit, jedoch bei optimalen, schneefreien Bedingungen ohne besondere Hindernisse. In steinigem Terrain Trittsicherheit obligatorisch (viel Blockschutt) und wegen der Höhe Akklimatisierung. Ab Vent lange, ab Hütte hingegen moderate Tagestour.
Einkehr/Unterkunft: Martin-Busch-Hütte, 2501 m, Mitte Juni bis Ende September, Tel. +43 5254 8130 oder +43 664 3043151, hotel-vent.at.
Beste Jahreszeit: Juli bis September.

Direkt von der **Martin-Busch-Hütte** ❶, 2501 m, windet sich der Steig über die begrünten südostseitigen Hänge kräftig bergauf. Nach rund einer Stunde gewinnt man die Verflachung »Auf den Sömen«, wo man

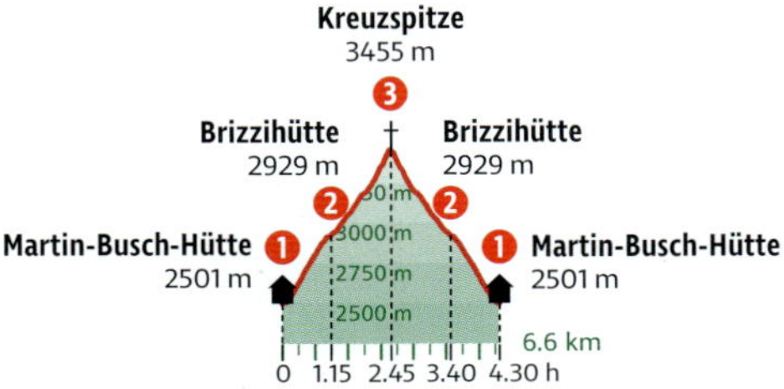

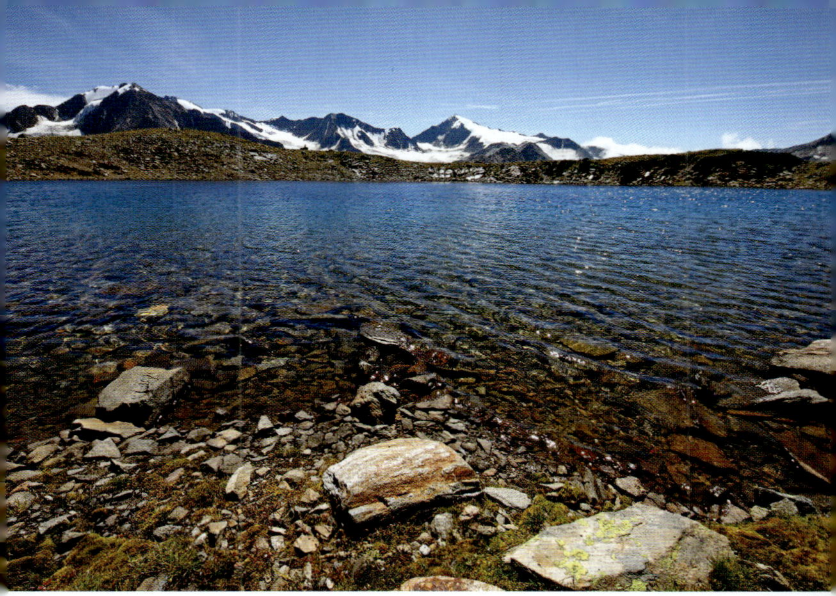

Kleinod auf halber Höhe: Der Samoarsee setzt die Gletscherkulisse zwischen Hinterer Schwärze und Similaun in Szene.

links den kurzen Abstecher zum **Samoarsee**, 2920 m, nicht versäumen sollte. Wunderschön spiegeln sich darin die Gletscherberge um Similaun und Co. Anschließend zurück zur markierten Gipfelroute und an den Ruinen der ehemaligen **Brizzihütte** ❷, 2929 m, vorbei über zunehmend schuttbedecktes Gelände bald wieder recht steil weiter. Auf einer weiteren Verflachung legt sich ein etwas unwegsames Blockfeld in den Weg, ehe man sich dem oberen Ostgrat nähert und auf diesem die finalen gut 100 Hm bis zum Gipfel der **Kreuzspitze** ❸, 3455 m, absolviert. Der Abstieg erfolgt auf derselben Route wie der Aufstieg.

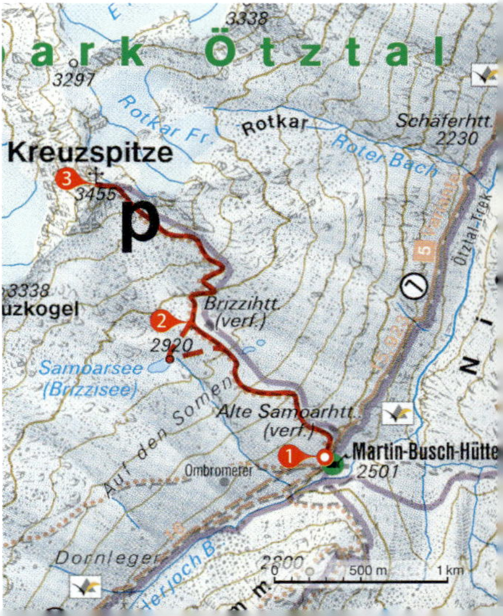

Region Obergurgl

Folgt man ab Zwieselstein dem Lauf der Gurgler Ache, so kommt man über die kleinen Streuweiler von Untergurgl nach Obergurgl, das sich aus einem verschlafenen Bauernnest zu einem stattlichen, von typischen Tiroler Hotels geprägten Touristenzentrum entwickelt hat. Der Schwerpunkt liegt – ähnlich wie in Sölden, aber ganz im Gegensatz zu Vent – auf der Wintersaison, wofür nicht zuletzt die Retortensiedlung Hochgurgl ein sichtbares Zeichen sein mag. Da bewegt man sich in einer – aufgrund der Höhenlage – nahezu waldfreien, heiteren und vielseitig erschlossenen Umgebung und kann sich kaum ausmalen, wie abgeschieden diese Gegend noch bis ins 20. Jahrhundert hinein war.
Von den diversen Anlagen sind im Sommer die Hohe-Mut-Bahn und die Hochgurglbahnen auf den Wurmkogel (etwas marktschreierisch »Top Mountain Star« genannt) in Betrieb. Unter den verkehrstechnischen Erschließungen muss auch die mautpflichtige Timmelsjoch-Hochalpenstraße genannt werden, lockt sie zwischen Juni und Oktober doch einen regen Ausflugsverkehr zwischen dem Ötztal und dem Südtiroler Passeiertal an. Der Scheitelpunkt am Alpenhauptkamm befindet sich auf 2500 Meter Höhe.

Obergurgl schmückt sich mit dem Titel »höchstgelegenes Kirchdorf Österreichs«.

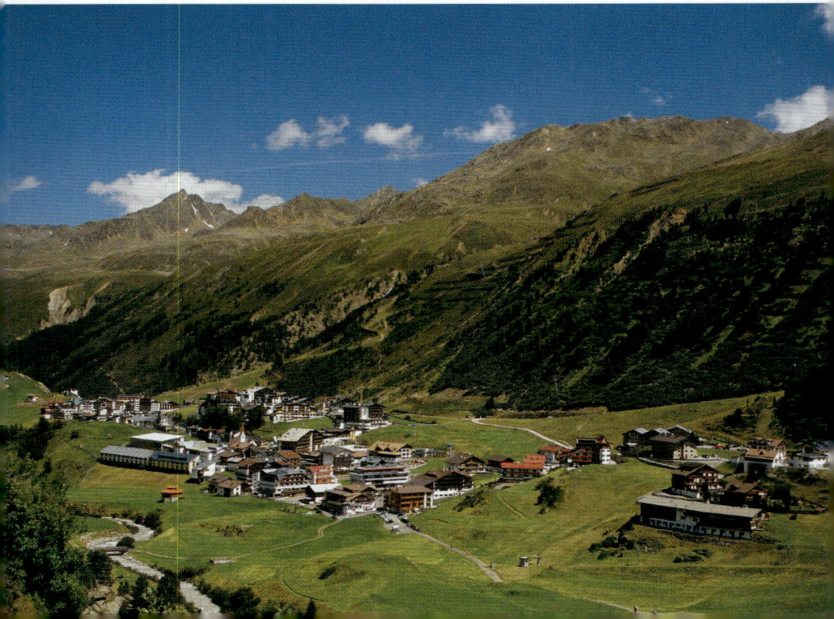

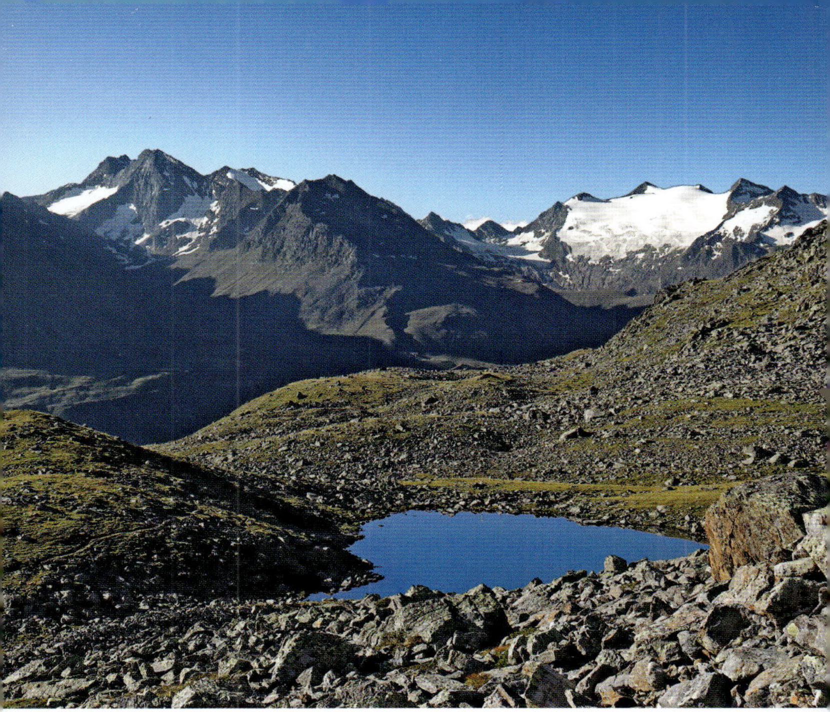

Beim Nedersee präsentiert sich die erhabene Szenerie des Ötztaler Hauptkamms. Der große Gletscher rechts gehört zu den Seelenkögeln.

Freilich öffnet sich Österreichs höchstes Kirchdorf auch dem Wanderer und Bergsteiger, der mit eigener Muskelkraft die Umgebung entdecken möchte. Das beginnt am Erlebnispfad durch den Zirbenwald ganz locker, steigert sich mit schönen Balkonrouten auf der linken wie rechten Talseite sowie neuen archäologischen Themenwegen (»Ötzis« Geist taucht im Ötztal ja fast zwangsläufig immer wieder auf) und findet seinen Höhepunkt im hochalpinen Talschluss, wo der Gurgler Ferner eine respektable Eisdecke auslegt. Prächtige Kulissen können wir auf dem Festkogel, dem Hangerer oder bequemer auf der Hohen Mut bewundern, mitten hineinlaufen auf den Wegen zum Ramolhaus bzw. zum Hochwildehaus. Wow, hier strahlt der Gurgler Ferner alle Erhabenheit aus! Die meisten Gipfel ringsum bleiben natürlich den mit Seil, Pickel und Steigeisen »bewaffneten« Experten vorbehalten, aber das erscheint in unmittelbarer Nähe zum Alpenhauptkamm ja kaum überraschend.

↗ 1480 m | ↘ 1480 m | 10.9 km

52 Nederkogel, 3163 m

7.30 h

Auf das alpine Wahrzeichen von Sölden und Zwieselstein

Mit dem Ramolkamm entsendet der Ötztaler Hauptkamm einen mächtigen Seitenast, der die Talschaften von Vent und Gurgl scheidet und als nördlichsten Ausläufer den Nederkogel (eigentlich Nörderkogel) aufwirft. Den Söldenern schaut dieser stolze Dreitausender von Süden in die Stuben. Seine vorgeschobene Position lässt eine großartige Aussicht erwarten. Allerdings muss man dafür ein zäher, ausdauernder Berggänger sein, dem auch unaufgeräumtes Blockschuttgelände in dünner Luft nicht viel entgegenzusetzen hat.

Ausgangspunkt: Parkplatz, ca. 1685 m, an der Gurgler Straße in der Nähe des Sahnestüberls (auch Bushaltestelle).
Anforderungen: T3+. Markierter, phasenweise steiler Bergsteig bis in hochalpines Gelände (Schutt, Blockwerk und eventuell auch Schneefelder). Bis zum Nedersee problemlose Wanderung (T2, blau), gipfelwärts anstrengend und Trittsicherheit unerlässlich, aber ohne wesentliche Kletterei (rot, obere Grenze). Lange Tagestour.

Einkehr: Lenzenalm, 1896 m.
Beste Jahreszeit: Juli bis September.
Varianten: 1. Alternativer Startpunkt gut 2 km hinter Zwieselstein Richtung Gurgl, wo eine Forststraße abzweigt.
2. Mit dem idyllischen Nedersee, 2436 m, auf halber Höhe finden gemäßigte Wanderer auch schon ein nettes Ziel (2.30 Std. Aufstieg, blau).
3. Vom Nedersee toller Höhenweg Richtung Obergurgl und Verbindung zu Tour 53.

Vom Parkplatz **Sahnestüberl** ❶ ist die **Lenzenalm** ❷, 1896 m, als erster Etappenpunkt über schöne Waldwege bald erreicht. Nun folgt eine Querung nach Süden, bei einer Gabelung halb rechts und eine Viertelstunde später wieder deutlicher bergauf. Unser Steig führt vorerst noch durch urwüchsig von Zirben und Buschwerk bestandenes Gelände und gewinnt dann die freien Hanglagen oberhalb der Baumgrenze. Durch die Schatz-

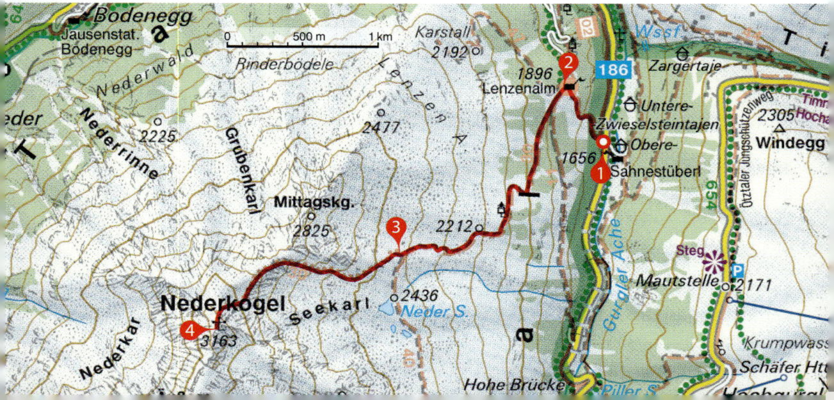

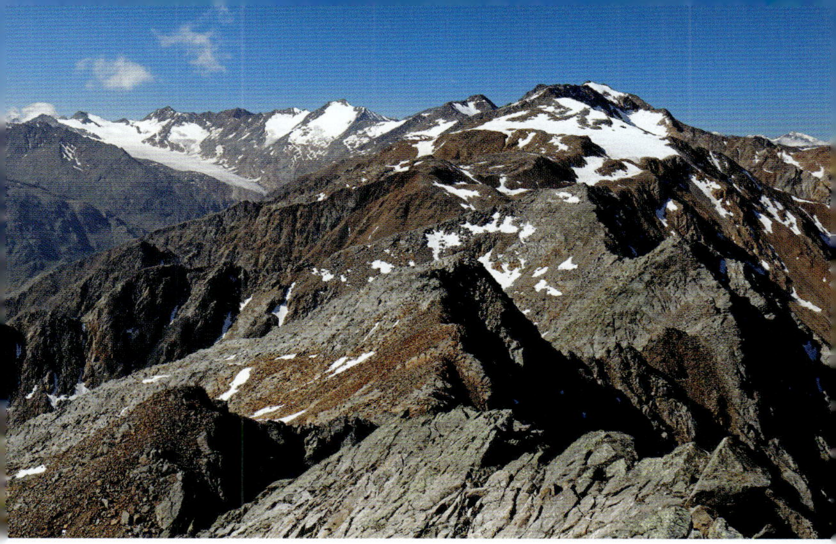

Am Gipfel öffnet sich der Blick über den gesamten Ramolkamm.

grube geht es gegen eine Schwelle mit der **Abzweigung zum Nedersee** ❸, 2420 m, empor. Dieser bleibt jetzt links liegen, ist aber auf dem Rückweg in jedem Fall einen Abstecher wert. Die Gipfelroute vollzieht etliche kleine Kehren in der Begrenzung des Seekarls und schließt damit steil zum blockreichen Gipfelrücken links vom Mittagskogel auf. Hier achten wir gut auf die Markierung nebst angedeuteten Steigspuren, wie sie sich geschickt durch das zum Schluss nochmals aufsteilende Trümmergelände der relativ breiten Abdachung winden. Somit erreichen wir von Nordosten her das Kreuz auf dem **Nederkogel** ❹, 3163 m, und die ersehnte Rundsicht über weite Bereiche des hinteren Ötztals. Der Abstieg erfolgt auf dem Hinweg.

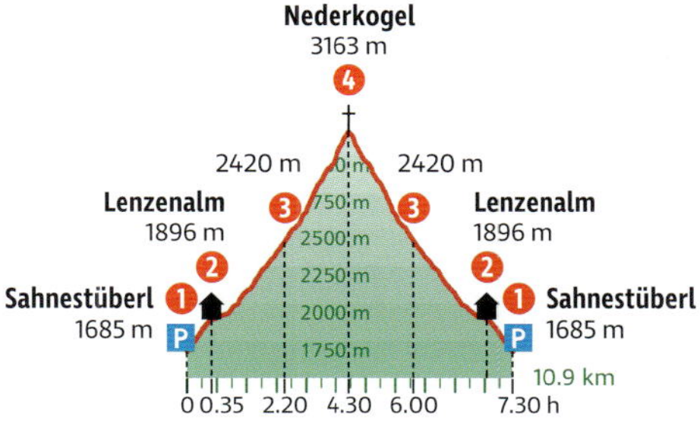

↗ 880 m | ↘ 880 m | 11.5 km

53 Obergurgler Seenplatte-Weg

5.00 h

Am Sonnenbalkon über dem Gurgler Tal

In zentralalpinen Gebieten breiten sich auf halber Höhe zwischen Tal und Gipfeln oft reizvolle Hangterrassen aus – eine Folge der glazialen Reliefprägung. Entlang einer solchen Trogschulter verläuft auch der Gurgler Höhenweg, den wir hier auf einen engeren Zirkel bei Obergurgl beschränken wollen. Am Auslauf des Hallwartkars finden wir sogar eine kleine Seenplatte.

Ausgangspunkt: Obergurgl, 1907 m, kostenpflichtiges Parken im Zentrum, gratis bei der Festkogelbahn. Bushaltestelle Hotel Hochfirst.
Anforderungen: T2–3. Gut angelegte Bergwege, im Auf- und Abstieg teils steilere Hänge, oben fast horizontaler Verlauf. Elementare Trittsicherheit vorteilhaft; normale Tagestour.
Einkehr/Unterkunft: Keine am Weg.

Beste Jahreszeit: Mitte Juni bis Mitte Oktober.
Varianten: 1. Vom Soomsee führt ein Steig weiter über den Itlsee bis ins Gurgler Schartl, 2932 m. Dies ist aber kein gebräuchlicher Übergang nach Vent.
2. Beim Abstieg dem Archäologischen Rundweg (Nr. 9A) folgend zum Beilstein, 2123 m, und dann parallel zur Hauptroute nach Obergurgl.

Immer wieder begeistert uns der Panoramablick über Obergurgl.

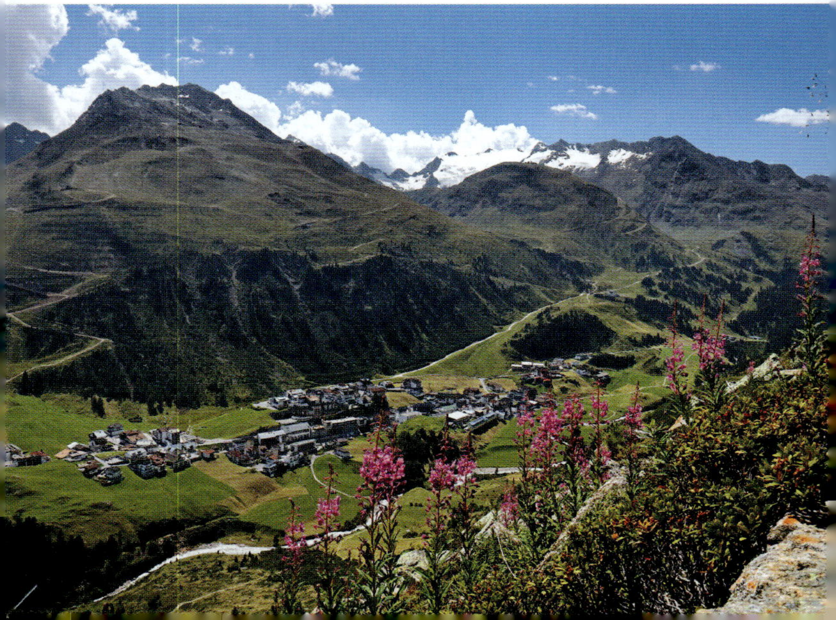

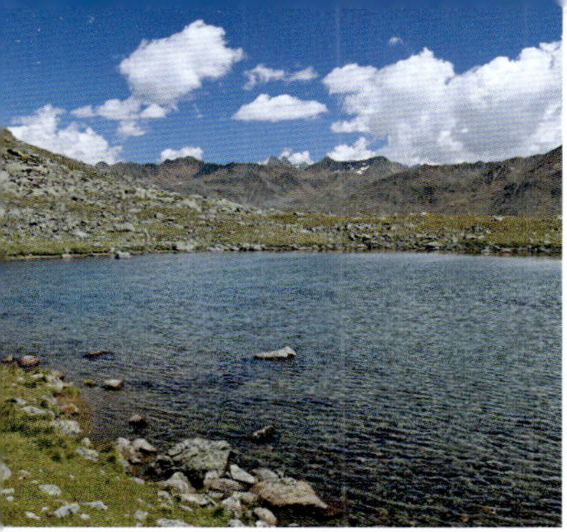

Der Soomsee am gleichnamigen Geländebalkon.

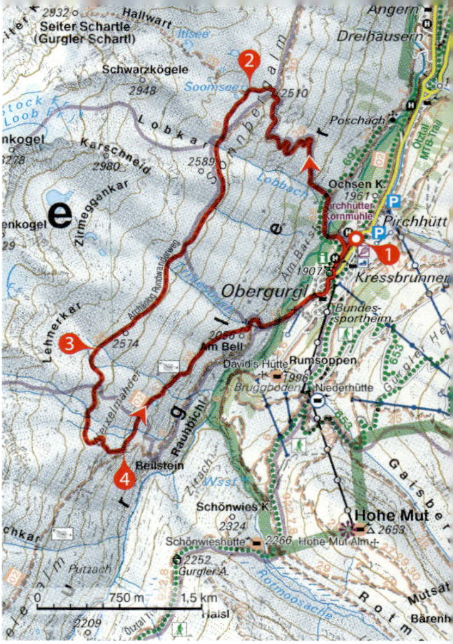

Aus dem Ortskern von **Obergurgl 1**, 1907 m, starten wir mit einem kleinen Abstieg zur Gurgler Ache, die überschritten wird. Nach Kreuzen eines Seitenbaches scheren wir mit Nr. 38 vom Karrenweg aus und wenden uns bergwärts, zunächst diagonal nach rechts, dann mit einigen Schleifen bis zu P. 2510 am »Soom«, wo wir auf den Höhenweg vom Nedersee stoßen. 10 Gehminuten oberhalb sind wir beim **Soomsee 2**, ca. 2560 m, angelangt. Der Wegweiser lotst uns nun in Grundrichtung Südwest, wo man hindernisarm über den meist grasigen, zuweilen von Blockzungen durchbrochenen Geländebalkon wandert, phasenweise auch nahe am Abhang entlang. Bis zur höchsten Wegstelle, die im **Lehnerkar 3** auf gut 2600 Metern liegt, geht es nochmals ein bisschen bergauf, bevor sich die Route allmählich absenkt – nach Kreuzen des verästelten Maningbachs sogar recht deutlich. Wir kommen in die Nähe der **Küppelealm 4**, 2303 m, und drehen mit dem breiteren Ramolweg in die entgegengesetzte Richtung ein. Nun also nordostwärts schräg durch die Flanken hinunter zur Gurgler Ache und jenseits der Brücke P. 1898 zurück nach **Obergurgl 1**.

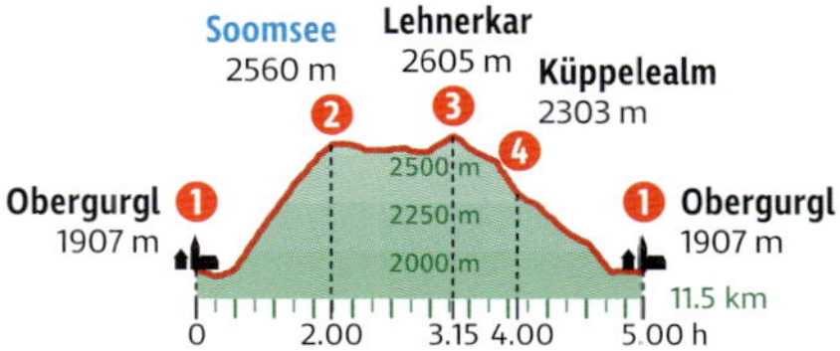

TOP

54 Ramolhaus, 3006 m

↗ 1150 m | ↘ 1150 m | 15.7 km

6.45 h

Logenplatz vor dem Gurgler Ferner

Wohl nur wenige Hüttenstandorte können mit jenem des Ramolhauses konkurrieren. Aus fast exakt 3000 Meter Höhe bewundert man die gewaltige, vom Gurgler Ferner ausgefüllte Geländeschüssel, die am Hauptkamm in Hochwilde und Karlesspitze kulminiert. Hier oben einmal die Nacht zu verbringen und das Erwachen des neuen Tages zu erleben, ist unvergleichlich! Schon beim Anmarsch über den Ramolweg putzt sich die hochalpine Kulisse immer prachtvoller heraus.

Ausgangspunkt: Obergurgl, 1907 m, kostenpflichtige Parkplätze im Ort oder gratis bei der Festkogelbahn.
Anforderungen: T2–3. Gut angelegter Hüttenweg, meist nur mäßig steil, aber bis in große Höhen. Neben elementarer Trittsicherheit vor allem Ausdauer nötig; volle Tagestour.
Einkehr/Unterkunft: Ramolhaus, 3006 m, Ende Juni bis Mitte September, Tel. +43 5256 6223, edelweiss-gurgl.com.
Beste Jahreszeit: Juli bis September.

Variante: Durch den Trog des Gurgler Ferners (das Eis hat sich in den letzten Jahren deutlich zurückgezogen und Gletscherschliffe sowie Sander freigelegt) kann man hinüber zu Hochwildehaus bzw. Langtalereckhütte wechseln und damit Tour 55 integrieren (T3, insgesamt ca. 10 Std., auf 2 Tage verteilbar). Seit dem Sommer 2017 erleichtert außerdem eine Hängebrücke (Piccard-Brücke) den Übergang auf die andere Talseite.

Das Ramolhaus ist eine echte Bergsteigerhütte geblieben.

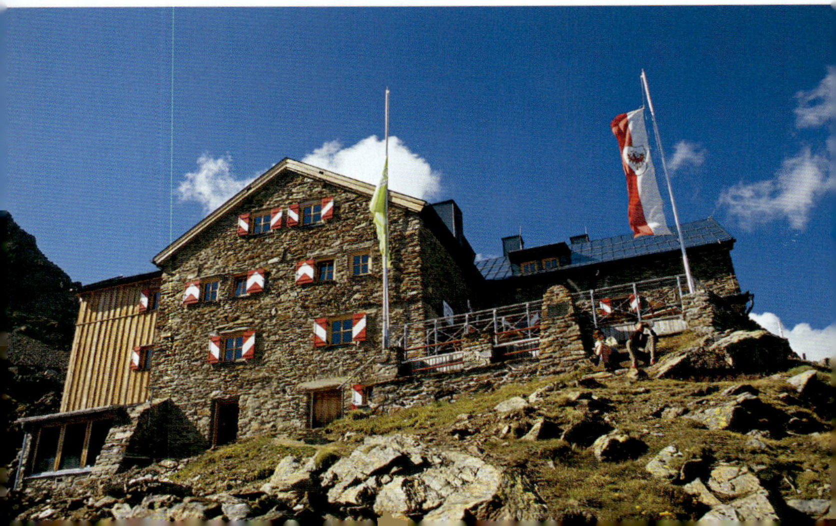

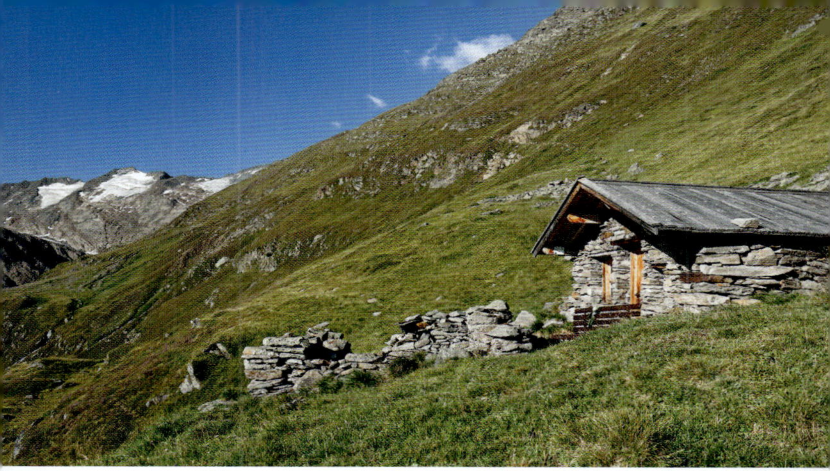

Nach anderthalb Stunden passieren wir die Küppelealm.

Aus dem Ortsgebiet von **Obergurgl** ❶ zunächst in die Talsenke hinunter und auf die andere Seite der Gurgler Ache. Nun setzt an der Barstleite mit dem Ramolweg ein beständiger Diagonalanstieg ein, der uns nach und nach höher über den Trog hinausbringt. Wir ignorieren den Abzweig zum Beilstein und – kurz bevor hinter einem kleinen Eck die aufgelassene **Küppelealm** ❷, 2303 m, auftaucht – auch

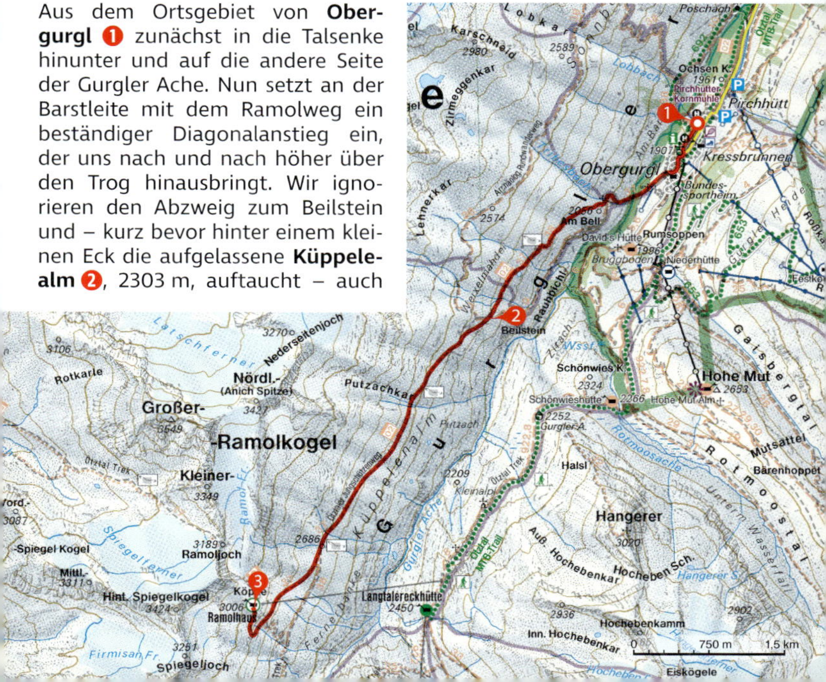

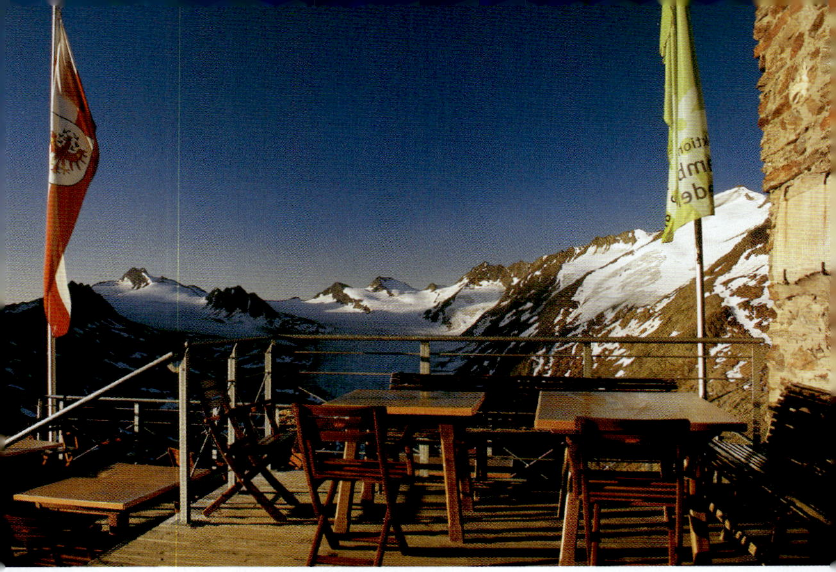

Frühmorgens auf der Hüttenterrasse mit Blick über den Gurgler Ferner.

jenen Richtung Obergurgler Seenplatte. Vorübergehend wird in den Flanken etwas deutlicher an Höhe gewonnen, dann teils auch querend und in Abständen über diverse Bachläufe, die höher gelegene Kare entwässern, hinweg. Bei P. 2686 stoßen wir auf den ersten Abzweig zur Piccard-Brücke, wandern in den Schafweiden mit dem Hauptweg allerdings weiterhin schräg bergauf, und passieren am Fuß der Felsnase, auf dem unser Ziel thront, auch den zweiten Abzweig. Gegen Ende vollziehen wir noch einen ganz markanten Rechtsknick, um das **Ramolhaus** ❸, 3006 m, schließlich von Süden her über einen Blockschutthang anzulaufen. Abstieg auf dem Hinweg.

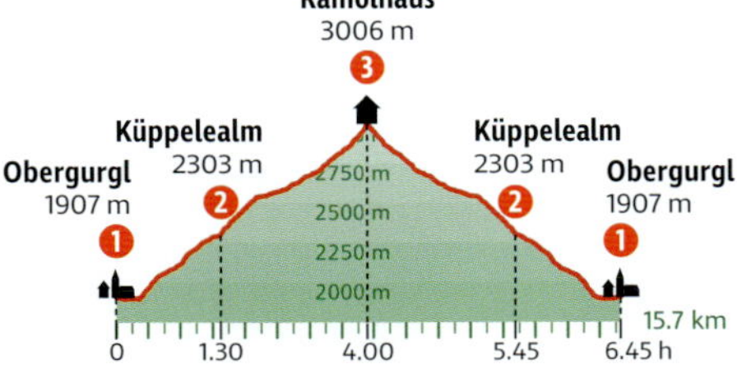

↗ 1300 m | ↘ 1300 m | 21.5 km

8.00 h

Langtalereckhütte, 2430 m – Hochwildehaus, 2883 m

Von Obergurgl bis an den Rand des ewigen Eises

Auch diese Tour führt uns in den Bannkreis des imposanten Gurgler Ferners. Auf der orografisch rechten Seite des Troges fand seinerzeit die Alpenvereinssektion Karlsruhe ihr Arbeitsgebiet und drang schon Ende des 19. Jahrhunderts mit der kleinen Fidelitashütte am »Steinernen Tisch« bis an den Rand des Gletschers vor. Daneben entstand später das Hochwildehaus. Zudem baute man am Langtalereck noch einen Zwischenstützpunkt, sodass wir heute – inklusive der Jausenstation Schönwieshütte im Nahbereich von Obergurgl – eine regelrechte Hüttenstafette absolvieren können. Leider hat das toll gelegene Hochwildehaus 2016 seine Pforten geschlossen.

Ausgangspunkt: Obergurgl, 1907 m, kostenpflichtige Parkplätze im Ort oder gratis bei der Festkogelbahn. Bushaltestelle Obergurgl Zentrum.
Anforderungen: T3. Bis Langtalereckhütte breites Sandsträßchen ohne jegliche Schwierigkeiten (T1, blau), danach guter Bergweg mit einer gesicherten Steilstufe, die etwas Trittsicherheit erfordert. Bis Hochwildehaus als Tagestour konditionell anspruchsvoll.
Einkehr/Unterkunft: Schönwieshütte, 2266 m (keine Übernachtung), Tel. +43 660 5192382. Langtalereckhütte, 2430 m, Mitte Juni bis Anfang Oktober, Tel. +43 664 5268655, alpenverein-karlsruhe.de.
Beste Jahreszeit: Juli bis September.

Am Moränenweg zum Hochwildehaus staunt man über den Gurgler Ferner.

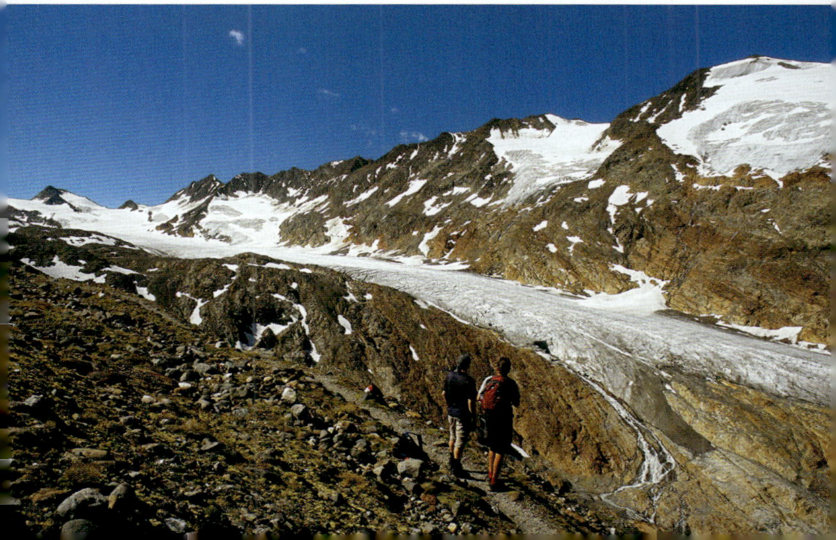

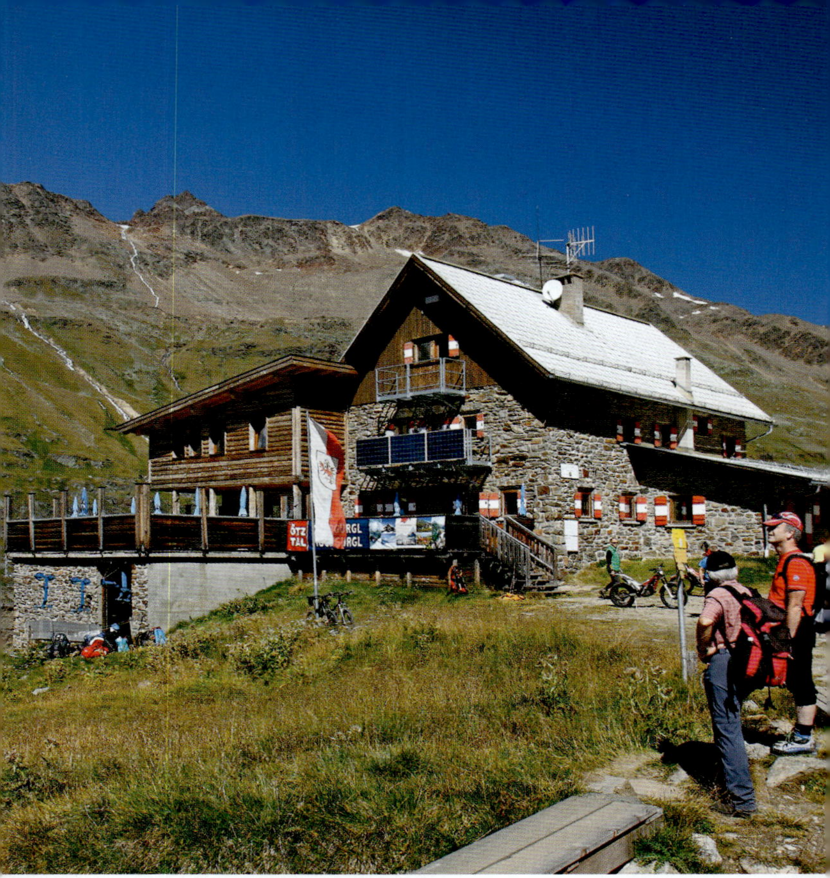

Mit der Zwischenstation Langtalereckhütte werden sich viele Wanderer bereits begnügen.

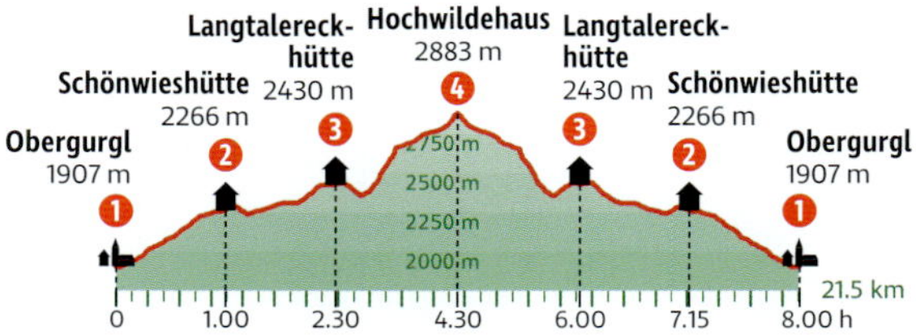

Man läuft zuerst durch die Hotelstraßen von **Obergurgl** 1, 1907 m, und folgt vor dem Bundessportheim dem Hinweis zu unseren Hütten. Nach einer Rechtskehre zieht der breite Fahrweg schräg durch die Hänge, kreuzt bei P. 2064 den Gaisbergbach und bringt uns in den Einschnitt des Rotmoostals, wo uns gleich hinter dem Bach die neue **Schönwieshütte** 2, 2266 m, empfängt. Die breite Trasse setzt sich um den Hangerer herum über einen schwachen Geländesattel fort und verliert Richtung Gurgler Alm wieder ein paar Meter. Oberhalb der tief ausgeschürften Trogschlucht weiter südwärts talein (kurze Abkürzung einer Straßenschleife), bis jenseits einer kleinen Anhöhe plötzlich die **Langtalereckhütte** 3, 2430 m, auftaucht. Dahinter büßt man zunächst wieder knapp 100 Höhenmeter ein, damit der Abfluss des Langtalerferners auf stabiler Konstruktion übersetzt werden kann. Der folgende Felsriegel wird – steil und mit einigen Fixseilen versehen – geschickt im Zickzack überlistet. Oberhalb gelangen wir dann auf das schönste Wegstück am Scheitel der Seitenmoräne, die uns an zwei Abzweigen Richtung Ramolhaus vorbei direkt zum sogenannten Steinernen Tisch, einer plateauartigen Verbreiterung, hinaufführt. Hier steht das nunmehr verwaiste **Hochwildehaus** 4, 2883 m, in unmittelbarer Nähe zum »ewigen Eis«, das hier immer noch alle Erhabenheit ausstrahlt. Retour nehmen wir denselben Weg, der sich ziemlich zieht.

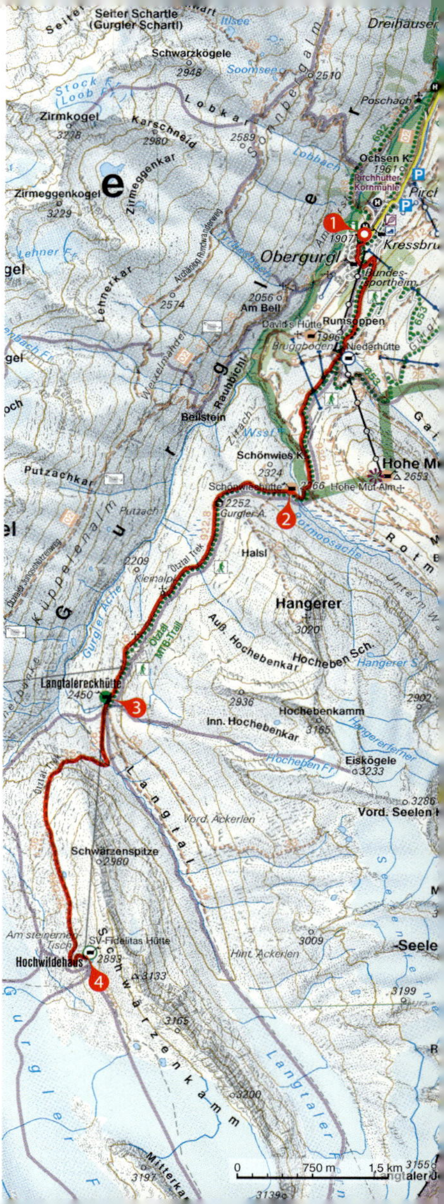

↗ 1120 m | ↘ 1120 m | 13.1 km

56 Hangerer, 3020 m

5.10 h

Einer der besten Gurgler Aussichtspunkte

Wer die Bergwelt rund um Obergurgl von einem hoch gelegenen und nicht massentouristisch geprägten Punkt in Augenschein nehmen möchte, dem sei der Hangerer empfohlen. Damit kann man sich immerhin einen Dreitausender ins Tourenbuch schreiben. Zwar ist die hohe Blockschuttflanke etwas eintönig zu begehen, doch das Panorama entfaltet sich letztlich überwältigend. Wir mustern den gesamten Gurgler Kamm an der Grenze zu Südtirol und gegenüber den Ramolkamm – beide mit respektablen Fels- und Eisgipfeln gespickt.

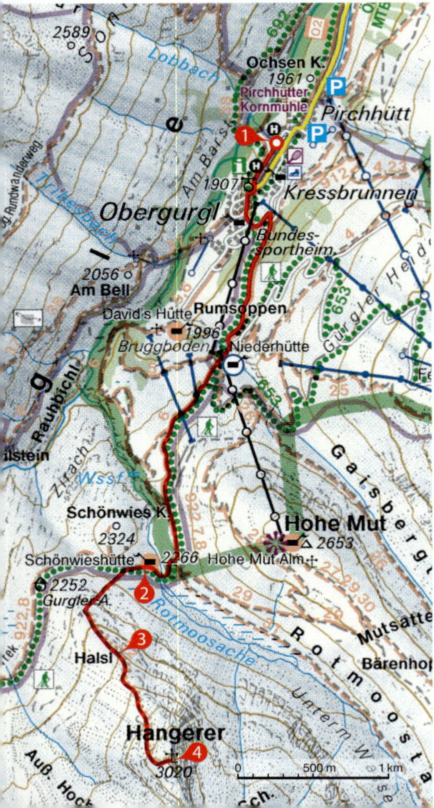

Ausgangspunkt: Obergurgl, 1907 m. Im Ort kostenpflichtiges Parken, gratis hingegen bei der Festkogelbahn. Bushaltestelle Obergurgl Zentrum.
Anforderungen: T3. Markierter Steig in steindurchsetzten Matten und Blockschutt. Keine Kletterstellen, aber mitunter ziemlich steil, solide Trittsicherheit angezeigt. Durchschnittliche Tagestour.
Einkehr: Schönwieshütte, 2266 m (keine Übernachtung), Tel +43 660 5192382.
Beste Jahreszeit: Anfang Juli bis Anfang Oktober.
Variante: Beim Rückweg kann man auch reizvoller und nur wenig länger durch den Zirbenwald gehen (siehe Tour 57).

Man läuft zuerst durch die Hotelstraßen von **Obergurgl** ❶, 1907 m, und folgt vor dem Bundessportheim dem Hinweis zu den diversen Hütten im Talschluss. Nach einer Rechtskehre zieht der breite Fahrweg in wechselnder Steigung schräg durch die Hänge, kreuzt bei P. 2064 den Gaisbergbach und bringt uns in den Einschnitt des Rotmoostals, wo uns gleich hinter dem Bach die **Schönwieshütte** ❷, 2266 m, empfängt. Knapp oberhalb erfolgt der Linksabzweig über die Wiese. Die Route schließt zum Nordwestrü-

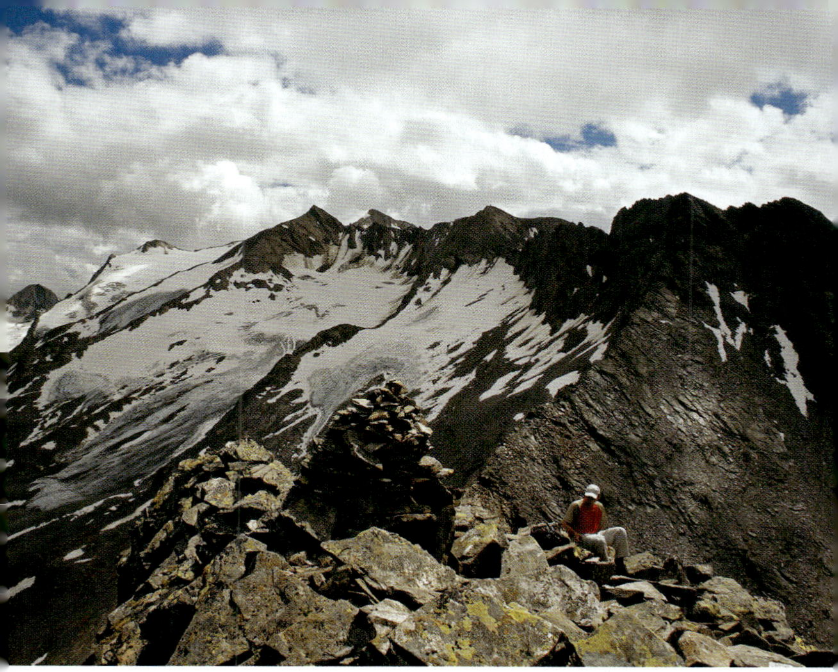

Rast auf den Gipfelblöcken; im Hintergrund Eiskögele und Vorderer Seelenkogel.

cken auf, wo man es vorerst mit blockdurchsetztem Grasgelände, später allerdings nur noch mit Schutt und Blockwerk zu tun hat. Nachdem am **Halsl** ❸, 2605 m, ein Absatz passiert ist, hält man sich mehr rechts in die Nordwestflanke, zieht diagonal aufwärts (eventuell Firnfelder) und gewinnt den **Hangerer** ❹, 3020 m, am Ende über den Westgrat. Der Abstieg erfolgt auf derselben Route.

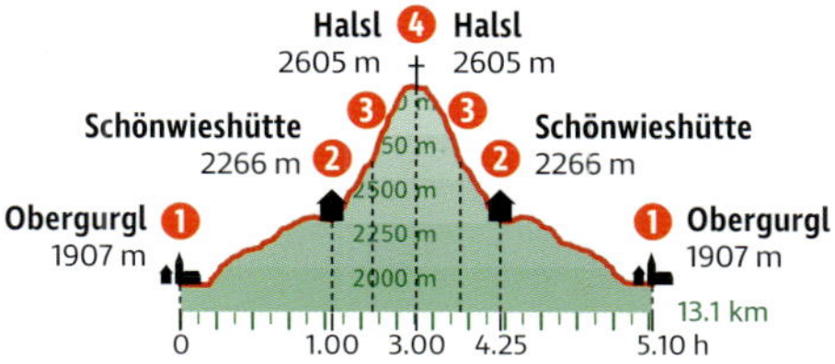

↗ 100 m | ↘ 850 m | 10.4 km

57 Hohe Mut, 2653 m – Rotmoostal

3.30 h

Seilbahnwanderung in einen imposanten Talschluss

Der Ausstrahlung inneralpiner Gletscherszenerien kann man sich auch auf bequemen Wanderrouten hingeben, wie sie etwa durch die Hohe-Mut-Bahn eröffnet werden. Über den herrlichen Laufsteg eines sanften Wiesenrückens hinein ins Vorfeld des Rotmoosferners und durch seinen Trog wieder hinaus – das ergibt einen unwiderstehlichen Höhenbummel im Angesicht Respekt heischender Steilgletscher und kantiger Urgesteinsgipfel. Immerhin steht mit Granatenkogel, Hohem First, Liebenerspitze, Heuflerkogel und den Seelenkögeln eine stattliche Dreitausenderkulisse Spalier.

Ausgangspunkt: Obergurgl, 1907 m. Bushaltestelle im Zentrum. Mit der Seilbahn auf die Hohe Mut, 2653 m, Betriebszeiten Ende Juni bis Mitte September von 9 bis 16 Uhr.
Anforderungen: T2. Überwiegend flache, wenig schwierige Bergwanderwege, am Mutrücken über alpine Rasen, im oberen Rotmoostal geröllreich. Wenig anstrengende Halbtagestour.
Einkehr: Restaurant Hohe-Mut-Alm, 2653 m, Tel. +43 5256 6260551. Schönwieshütte, 2266 m, Tel. +43 660 5192382. Zirbenalm, 1946 m, Tel. +43 5256 6332.
Beste Jahreszeit: Ende Juni bis in den Oktober (im Herbst ohne Seilbahn).
Variante: Man kann alternativ auch ins parallele Gaisbergtal absteigen und von dort nach Obergurgl hinauswandern (etwas kürzer und ebenfalls blau).

Der Buckel der Hohen Mut vor den schroffen Dreitausendern zwischen Gaisbergtal (links) und Rotmoostal.

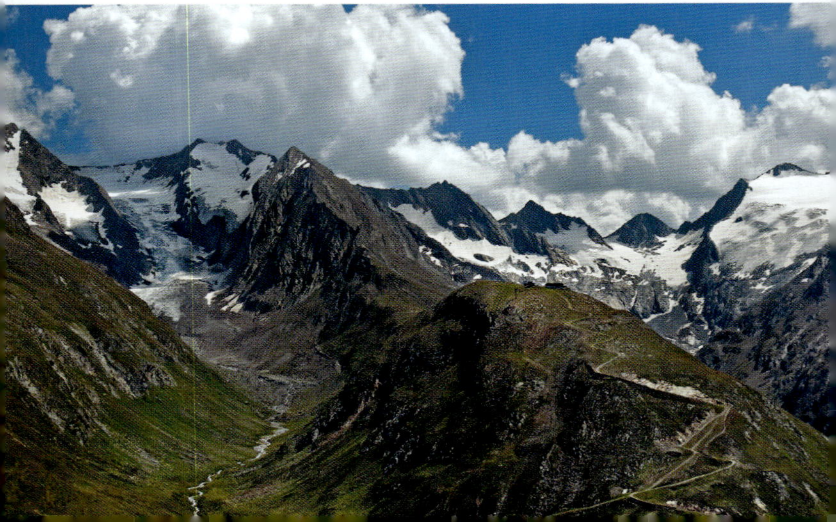

Zuerst gelangen wir mit der Seilbahn in zwei Sektionen von **Obergurgl** 1 auf die **Hohe Mut** 2, 2653 m. Ab Bergstation bzw. Panoramarestaurant folgt man dem markierten Weg auf der rechten Seite des Kammrückens leicht abwärts Richtung Südosten. Kurz vor dem **Mutsattel** 3, 2556 m, könnte man bereits ins Rotmoostal ausscheren. Wir bleiben jedoch auf der Höhe, passieren eine Forschungshütte der Universität Innsbruck und ignorieren beim folgenden leichten Gegenanstieg auch den Linksabzweig ins Gaisbergtal. Herrlich kommen die schroffen, oft gletscherverzierten Gipfel im Hintergrund zur Geltung. Unter einem Grataufschwung weichen wir rechts in die Flanke aus und steigen bald zur Moräne des Rotmoosferners ab. Hier liegt der Umkehrpunkt 4, sprich der Richtungswechsel talaus. Über typisches Moränengeschiebe in den flachen Grund des **Rotmoostals** und auf der rechten Seite über sukzessive vegetationsfreundlichere Böden. Bei einem Speicherteich 5 in der Nähe der **Schönwieshütte**, 2266 m, schwenken wir auf den breiten, staubigen Fahrweg ein, der an der Mittelstation vorbei zurück nach Obergurgl führt. Reizvoller ist zum Ausklang der in Kürze abzweigende Steig über der Rotmoosklamm ein Stück gegen die Gurgler Ache hinunter. Man folgt dem urwüchsigen Zirbenweg, macht noch an der **Zirbenalm** 6 Station und läuft schließlich über ein Sträßchen wieder in **Obergurgl** 1 ein.

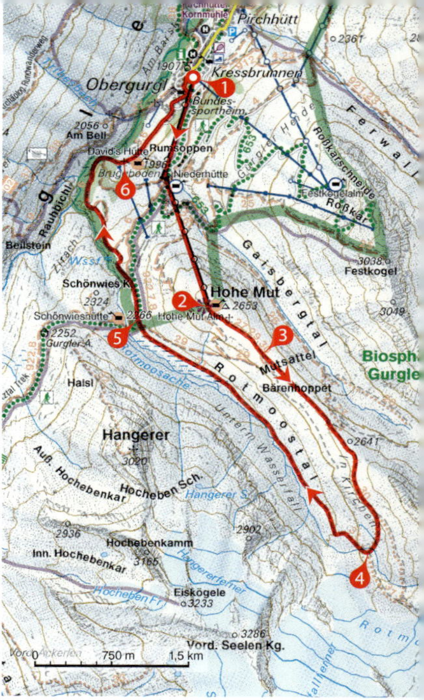

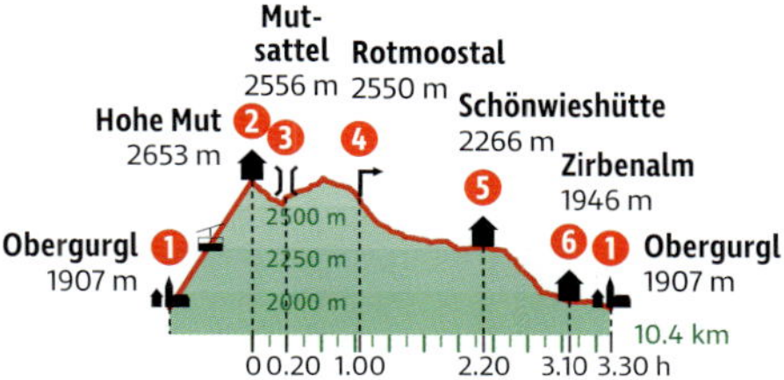

↗ 730 m | ↘ 980 m | 13.1 km

58 Königsjoch, 2825 m

5.00 h

Ein Blick nach Südtirol

Aus dem Gurgler Tal ergeben sich zwei mögliche, eisfreie Übergänge auf die Südtiroler Seite des Hauptkammes, zum einen das Apere Ferwalljoch und zum anderen das Königsjoch. Besondere touristische Bedeutung besitzen sie nicht, obwohl dem Verfasser kurioserweise das Apere Ferwalljoch als jener Punkt im Gedächtnis bleiben wird, wo er zum ersten Mal in seinem Leben Südtiroler Boden betreten hat (und zwar während eines ausschweifenden Trekkings beim Übergang ins Seebertal). Solch ein Wechsel wird heutzutage kaum noch praktiziert, doch im Rahmen eines stillen Bergerlebnisses wenigstens den Blick hinüber zu werfen, soll durchaus von Interesse sein.

Ausgangspunkt: Hochgurgl, 2154 m, Hotelsiedlung an der Timmelsjochstraße (kurz vor der Mautstelle).
Endpunkt: Obergurgl, 1907 m. Busverbindung zurück nach Hochgurgl.
Anforderungen: T2–3. Ordentliche Bergwege bis in hochalpines, von Blockschutt geprägtes Gelände, dabei kaum steilere Abschnitte und keine besonderen Hindernisse (abgesehen von Schneefeldern im Frühsommer). Etwas Trittsicherheit vorteilhaft; konditionell normale Tagestour.
Einkehr: Keine am Weg.
Beste Jahreszeit: Ende Juni bis Mitte Oktober.
Varianten: 1. Übergang ins Südtiroler Seebertal zur Oberglaneggalm. Von der Timmelsjoch-Südrampe Rückkehr per Bus möglich (in der Hauptsaison vier Kurse täglich).
2. Als Extra ist eine Besteigung des Königskogels, 3050 m, interessant, vom Joch auf Steigspuren und am Gipfelaufbau mit etwas Kletterei (T4–5, schwarz).

In **Hochgurgl** ❶ kurz mit der Wurmkogel-Route aufwärts bis zur Gabelung des Fahrweges. Wir setzen jetzt zu einer längeren Hangtraverse nach rechts an, wobei die breite Trasse bei einem Skilift in einen schmaleren Wanderweg übergeht und

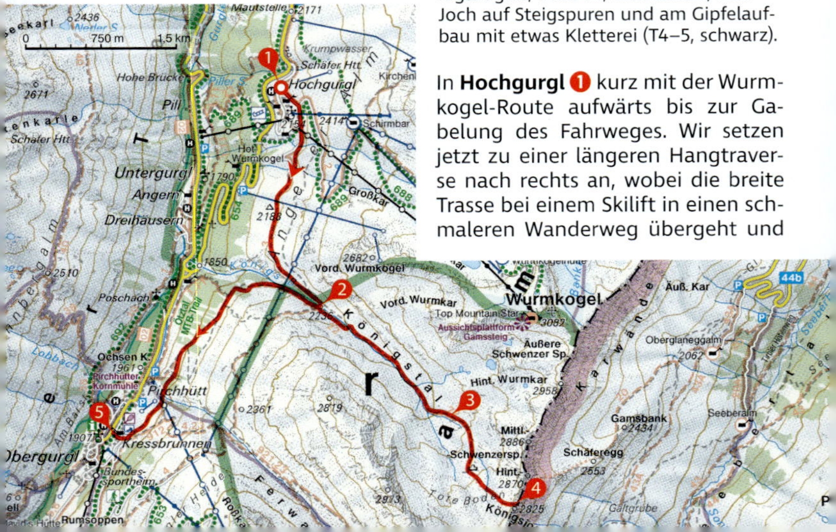

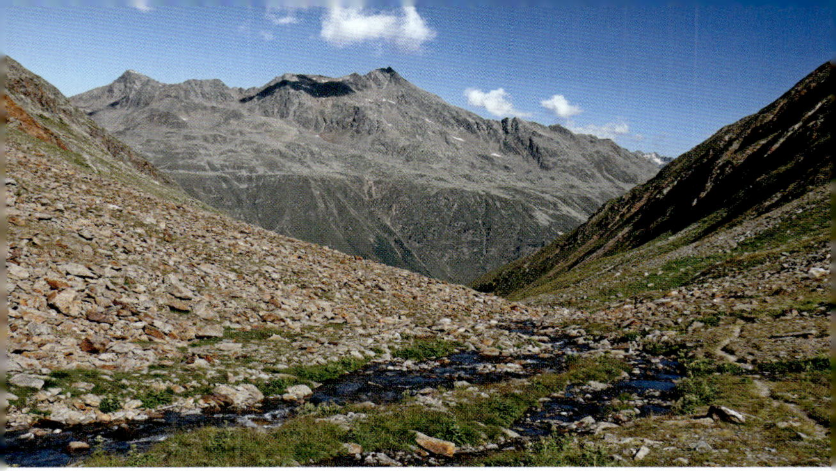

Blick aus dem Königstal gegen den Nederkogel im Ramolkamm.

bald um eine Hangkante links ins **Königstal** einschwenkt (etwas abschüssig). Mit geringem Höhenverlust zur Bachbrücke und zur Vereinigung mit dem Zugang von Obergurgl bei P. 2236 ❷. Wir wechseln bald wieder auf die linke Bachseite und setzen den Aufstieg noch eine ganze Weile in Grasterrain fort. Im weitläufigen inneren Kessel holt man etwas nach links aus, passiert eine Abzweigung zum Wurmkogel ❸ und schließt zur schon länger richtungsweisenden ehemaligen Zollhütte auf. Sie steht auf den kargen Blockschuttfluren der Toten Böden, die an den finalen, etwas aufsteilenden Hang zum **Königsjoch** ❹, 2825 m, heranführen.
Im Abstieg bleiben wir bei P. 2236 ❷ auf der orografisch linken Bachseite, tauchen bald in Zirbenbestände ein und drehen linker Hand zu einer Hangtraverse ab, später allmählich wieder fallend. Wir nähern uns **Obergurgl** und orientieren uns entweder gleich vorn zur Festkogelbahn oder queren noch ein Stück leicht auf und ab bis zur Ausmündung des Ferwalltals und gehen schlussendlich ins Zentrum ❶.

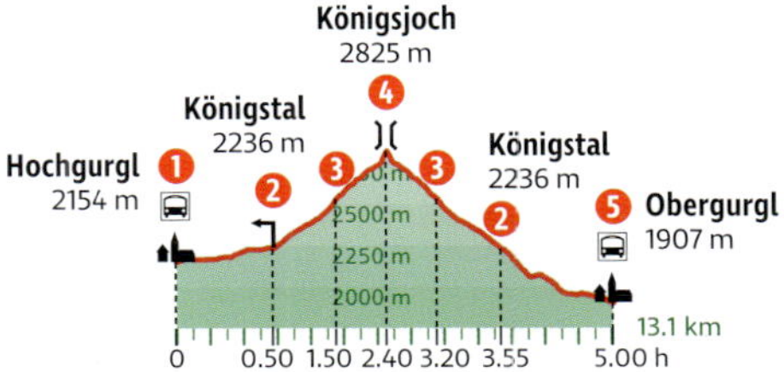

STICHWORTVERZEICHNIS

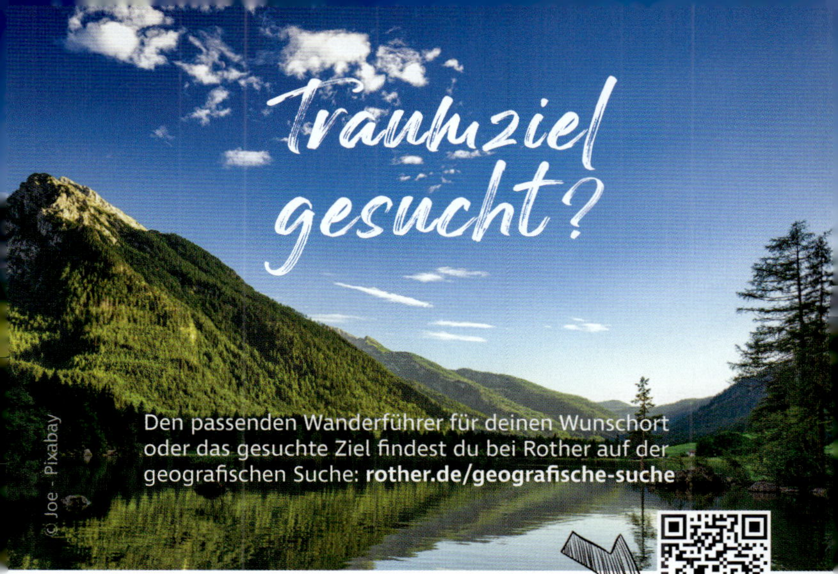

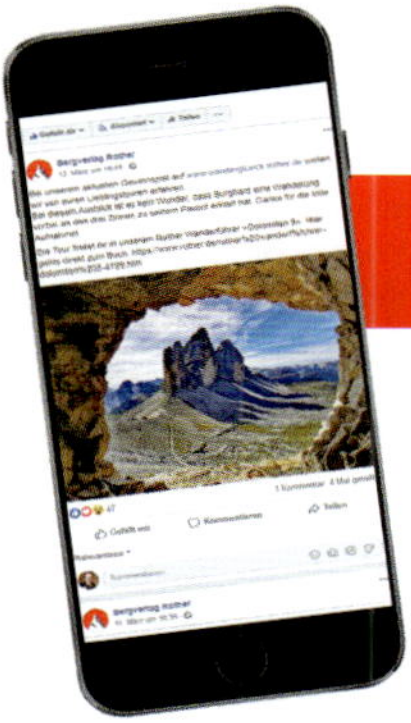

Nichts verpassen!

Monatliche Neuerscheinungen, Tourentipps und Gewinnspiele im Rother Newsletter

Gleich anmelden:
rother.de/newsletter

700 Ziele auf
rother.de

ROTHER
BERGVERLAG